Right Recovery for You

Wie du dich selbst ermächtigst, über jegliches Sucht- und Zwangsverhalten hinauszugehen

Right Recovery for You

Wie du dich selbst ermächtigst, über Sucht- und Zwangsverhalten hinauszugehen

von Marilyn Maxwell Bradford

MSSW, MEd, CFMW

Right Recovery for You (Wie du dich selbst ermächtigst, über Sucht- und Zwangsverhalten hinauszugehen)
Originaltitel: Right Recovery for You
Übersetzt von Corinna Kaebel

Copyright © 2014 von Marilyn Maxwell Bradford
ISBN: 978-1-63493-114-4
Innengestaltung: Karin Kinsey

Verlegt von Access Consciousness Publishing, LLC
www.accessconsciousnesspublishing.com

Gedruckt in den Vereinigten Staaten von Amerika
Erstausgabe

INHALT

Einführung

Hallo, mein Name ist Marilyn Bradford und ich möchte dich zu einer anderen Möglichkeit einladen, Abhängigkeiten hinter dir zu lassen.

Mein Verhältnis mit Abhängigkeiten begann in meiner frühen Kindheit. Als ich sieben Jahre alt war, war ich so süchtig nach Zucker, dass meine Eltern einschränken mussten, wie viel Geld ich täglich für Süßigkeiten ausgeben konnte. Später entwickelte ich Abhängigkeiten von Zigaretten, Essen und Alkohol sowie von bestimmten Verhaltensweisen – wie mich selbst als falsch zu beurteilen und zu versuchen, es „richtig" zu machen. Damals verstand ich nicht, dass ich meine Sucht wählte, um damit klarzukommen, dass ich nicht hineinpasste, mich grundsätzlich falsch fühlte und überwältigt war von der Flut an Gedanken, Gefühlen und Emotionen in meinem Kopf. Meine Wiedergesundung war ein langwieriger und schwieriger Prozess. Wie schade, dass ich damals nicht wusste, was ich jetzt weiß!

In den nächsten Jahrzehnten fuhr ich damit fort zu trinken, zu rauchen und zu viel oder zu wenig zu essen. Schließlich, als meine Ehe in die Brüche ging und ich mich fast jeden Abend bis zur Besinnungslosigkeit betrank, begann ich mit einer Psychotherapie. Ich hatte das Glück, einen talentierten, unkonventionellen Therapeuten zu finden, der mir half, damit anzufangen, mein verrücktes

Netz an Lügen und Glaubenssystemen zu entwirren. Nachdem wir eine Weile zusammengearbeitet hatten, schickte er mich zu einem 12-Schritte-Programm, das mir helfen sollte, mit dem Alkohol aufzuhören, da dies damals als die beste Option erschien. Inzwischen war meine Ehe vollständig gescheitert, ich hatte mit Depressionen zu kämpfen und war von meiner Familie entfremdet. Dennoch erhaschte ich langsam kurze Blicke auf ein Leben, das erfüllter und aufregender war als irgendetwas, das ich für möglich gehalten hätte.

Kurz darauf begann ich zu studieren, um Therapeutin mit dem Schwerpunkt Abhängigkeit zu werden. In meiner Ausbildung wurde die Wichtigkeit dessen betont, Menschen dazu zu ermächtigen, mehr Wahl und Kontrolle in ihrem Leben zu haben. Nach meinem Abschluss arbeitete ich dreieinhalb Jahre in einer psychiatrischen Klinik, wo ich die Trauma-Abteilung für Erwachsene (Adult Trauma Unit) leitete und mit Abhängigen arbeitete. Dann machte ich eine Privatpraxis auf. In den nächsten Jahren rang ich mit dem Paradox, einerseits daran zu arbeiten, trocken zu bleiben, indem ich meine Machtlosigkeit eingestand und mein Leben und meinen Willen an jemanden bzw. etwas abgab, das größer war als ich, während ich andererseits mit einer Theorie arbeitete, die auf der Wichtigkeit beruhte, andere zu ermächtigen.

Ich machte es mir zur Aufgabe, etwas über andere Wiedergenesungsprogramme zu erfahren, und probierte sie alle aus. Irgendwie erschien es enorme Anstrengung zu kosten, jemand anderes Antwort auf meine Abhängigkeit anzuwenden, und das Resultat war unbefriedigend. Ja, ich blieb trocken, aber mein Wesen zahlte einen hohen Preis dafür. Mir wurde gesagt, ich müsse eine ständige Identität als Alkoholikerin haben und jeden Tag stundenlang daran arbeiten, trocken zu bleiben. Die Schwierigkeit bestand für mich darin, dass ich mir wünschte, ein Leben zu haben, das auf so viel mehr basierte als einem restriktiven Wiedergenesungsprogramm – und ich wollte meinen Klienten diese großartigere Möglichkeit ebenfalls anbieten.

Was für eine Erleichterung war es, Access Consciousness® zu finden! Endlich gab es wirklich ermächtigende Werkzeuge, Techniken und Prozesse, die ich auf alles, was in meinem Leben vorging, anwenden konnte, auch meine verbliebenen Schwierigkeiten mit Abhängigkeit. Diese Werkzeuge waren so effektiv, dass ich begann, sie meinen Klienten beizubringen, mit erstaunlichen Ergebnissen. Es war nicht mehr nötig, die Abhängigkeit auf jemand anderes Weise anzugehen. Die Werkzeuge befähigten jeden meiner Klienten zu entdecken, was wirkliche Wiedergenesung für ihn oder sie persönlich bedeutete. Die Ergebnisse waren so radikal anders als jene aus der Psychotherapie oder herkömmlichen Suchtbehandlung, dass ich Gary Douglas, den Gründer von Access Consciousness®, fragte, ob wir ein Programm für Abhängigkeiten auf der Basis von Access Consciousness® starten könnten. Dies war der Anfang von Right Recovery for You, LLC.

Wenn du bereit bist, eine radikal andere Herangehensweise an Abhängigkeit in Betracht zu ziehen, ist dieses Buch für dich. Right Recovery for You bietet kein System an, in das du dich einpasst. Es sagt dir nicht, was du tun musst, oder gibt dir Antworten auf dein Leben. Was es anbietet, sind Werkzeuge, Techniken, Informationen und Prozesse, die du verwenden kannst, um deine Themen mit Abhängigkeit zu klären und ein Leben jenseits jeglichen abhängigkeitsbestimmten oder zwanghaften Verhaltens zu kreieren. Dies ist deine Wahl. Es mag zu Anfang ein wenig beängstigend erscheinen, aber mit Mut und Entschlossenheit kannst du über das Abhängigkeitsverhalten hinausgehen, von dem du dachtest, es würde dich für den Rest deines Lebens in der Hand haben.

Dank

Gary Douglas

Das *Right Recovery for You*-Programm wäre nicht möglich gewesen ohne Gary Douglas, den Gründer von Access Consciousness®. Er hat nicht nur viele der Werkzeuge, Techniken und Clearings beigesteuert; er hat auch meine Bemühungen und alles im Zusammenhang mit *Right Recovery for You* massiv unterstützt. Seine Genialität, unermüdliche Ermutigung und wahre Freundlichkeit und Großzügigkeit des Geistes haben mich ermutigt mich zu ändern, zu kreieren und auf Arten sichtbar zu werden, die ich niemals für möglich gehalten hatte. Ich habe keine Worte, um ihm angemessen zu danken, also sage ich einfach: unermesslichen Dank an dich, Gary Douglas. Du rockst!

Dr. Dain Heer

Dain ist von Anfang an ein Befürworter meiner Arbeit mit *Right Recovery for You* gewesen. Er hat mich nicht nur ermutigt, Kurse zu geben; er hat auch eine entscheidende Rolle bei meiner Bereitschaft gespielt, mehr von mir zu sein und zu haben. Er sah scheinbar vom ersten Mal, seit wir uns trafen, Möglichkeiten für mich, die weit über alles hinausgingen, was ich mir vorstellen konnte. Und er bringt mich zum Lachen! Danke dir so sehr, Dain, für deine Unterstützung und deinen unglaublich geistreichen unorthodoxen Humor. Du zeigst auf, was dumm und verrückt ist, auf eine Art, die erlaubt, es mit Leichtigkeit zu ändern.

11

Dona Haber

Vielen Dank an Dona, meine großartige Lektorin, für ihre inspi-
rierenden Ideen und Fähigkeiten als Redakteurin, für unendlich
viele Tassen Ingwertee und für die Leichtigkeit, mit der sie mich
durch den Prozess begleitet hat, dieses Buch zu schreiben. Und für
die vielen Male, die wir gelacht haben und eine schöne Zeit hatten
mit etwas, was einige Leute als ein schweres Thema ansehen. Dona
ist ein Juwel!

Simone Milasas

Ich möchte Simone dafür danken, dass sie Right Recovery for You
aktiv unterstützt und keine Mühe gescheut hat, um mich auf jede
nur erdenkliche Art zu unterstützen. Ich habe so viel Respekt vor
Simone – vor ihrer Klarheit, ihrer Weisheit und ihrer Fähigkeit zu
sehen, was ist und wohin Dinge sich entwickeln können. Ihr Gewahrsein für die Möglichkeiten in Kombination mit ihrem Prag-
matismus und der „Lass es uns jetzt anpacken"-Haltung gegenüber
dem Leben sind ein großes Geschenk.

Suzy Godsey und Charlie

Ich möchte Suzy und Charlie dafür danken, dass sie sich mit mir
angefreundet haben und mir eine wundervolle Bleibe gegeben haben, während ich in Santa Barbara an dem Buch arbeitete, und für
all ihre Freundlichkeit. Bei Access wissen wir alle, dass Suzy der
netteste Mensch auf der Welt ist, und ich durfte erkennen, dass
Charlie der netteste Hund auf der Welt ist. Danke euch beiden,
dass ihr so einen wunderbaren Raum zum Ausruhen, Regenerieren
und Spaßhaben kreiert habt.

Blossom Benedict

Blossom war immer bereit, mir Fragen über Right Recovery zu stellen, und mit mir zu teilen, was sie mit ihrem Right Voice für You-Programm gemacht hat. Sie hat eine wunderbare Großzügigkeit des Geistes und die Bereitschaft beizutragen. Ich schätze auch ihr freudvolles Wesen und die Leichtigkeit, die sie bei allem einbringt, was sie tut. Blossom inspiriert immer dieses Gefühl: „Ich möchte, was sie hat" und ich habe dies benutzt, um mich selbst zu motivieren, mehr zu wählen. Danke, Blossom!

Pam Houghteling, Donnielle Carter, Cynthia Torp und Stephen Outram

Ich möchte auch Pam, Donnielle, Cynthia und Stephen dafür danken, dass sie solche unglaublich professionellen, scharfsinnigen, kreativen und großzügigen Wesen sind. Jeder von euch hat mich und Right Recovery for You auf wunderbare und hilfreiche Art unterstützt. Ich danke euch so sehr!

Joy Voeth

Joy Voeth, die Verlegerin von Access Publishing, kam zum Projekt dazu, als es schon angefangen hatte. Ohne sie wäre es vielleicht nie zu Ende gebracht worden! Danke, Joy, für deine unendliche Geduld, deine kreativen Vorschläge, deine unermüdliche Unterstützung und deine Genialität!

KAPITEL EINS

Mythen und Lügen über Abhängigkeit

*Solange du von dem aus funktionierst, was man dir
erzählt hat, das Abhängigkeit ist, – und allen Mythen
und Lügen, die damit zusammenhängen –, wirst du
nie in der Lage sein, darüber hinaus zu wählen.*

Es gibt so viele Fehlinformationen im Zusammenhang mit Abhängigkeit, dass es im besten Fall ein zutiefst verwirrendes Thema ist. Niedergedrückt von Lügen und Fehlinformationen erleiden viele Menschen, die wirklich ihrem Sucht- oder Zwangsverhalten den Rücken kehren möchten, Niederlagen und Enttäuschung, und das nur, weil ihnen zutreffende Informationen und effektive Werkzeuge fehlen. Ich möchte zu Beginn viele der zerstörerischsten Mythen und Lügen über Abhängigkeit ausräumen.

Lass mich dich etwas fragen. Hast du nicht immer irgendwie gewusst, dass viele der Dinge, die dir über Abhängigkeit erzählt wurden, nicht wahr waren? Hast du nicht immer schon gewusst, es müsse Werkzeuge geben, die tatsächlich funktionieren – und dass es eine Möglichkeit gibt, dein Sucht- oder Zwangsverhalten so anzugehen, die alles ändern und dir erlauben würde, es dauerhaft zu beenden?

Du hast Recht. Dein Wissen ist korrekt. Deswegen schreibe ich dieses Buch.

PARADIGMEN

Wir alle funktionieren in unserem Leben von Paradigmen aus. Ein Paradigma ist eine Sammlung von Annahmen, Konzepten, Werten und Praktiken, die die eigene Sicht der Realität ausmachen. Es bestimmt, wie jemand die Welt sieht. So sind beispielsweise alle Religionen Paradigmen. Das Standardmodell der Physik ist ein Paradigma. Die westliche Medizin ist ein Paradigma. Und es gibt ein herkömmliches Paradigma für Suchtbehandlung in unserer Gesellschaft.

Die meisten von uns glauben, dass wir aus einer unvoreingenommenen Position heraus funktionieren, und das trifft häufig zu, zumindest in gewissem Maße. Wir sind unvoreingenommen, wir möchten die Wahrheit erfahren, und wir sind bereit, uns die Fakten anzusehen und andere Ansichten in Betracht zu ziehen. Aber manchmal gibt es Orte, an die wir einfach nicht gehen. Es gibt Ideen oder Möglichkeiten, die wir nicht in Betracht ziehen, weil wir ein Paradigma abgekauft haben, das die Existenz dieses Konzepts nicht erlaubt.

In der Antike glaubte man, die Erde sei wie eine Ebene oder eine Scheibe geformt. Jeder kaufte das Paradigma ab, die sei Welt flach. Man dachte: „Nun, natürlich bin ich neuen Ideen gegenüber aufgeschlossen, aber ich würde nie versuchen, die Welt zu umsegeln, weil die Welt flach ist und jeder weiß, wir würden über die Kante fallen." Das Paradigma bestimmte, was jemand glauben konnte oder nicht – und was er wählen konnte oder nicht.

Hier ist eine wichtige Information über Paradigmen – und sie betrifft die konventionellen Glaubenssätze über Suchtbehandlung und Wiedergenesung ganz unmittelbar. Wenn das Paradigma, an das du glaubst, nicht auf Informationen basiert, die wahr und anwendbar sind, kannst du keinen Erfolg damit haben. Ich sehe dies immer wieder mit intelligenten, großartigen, wunderbaren Menschen passieren, die Abhängigkeiten haben. Sie sehen sich selbst als gescheitert an, weil das Paradigma, das sie verwendet haben, um zu versuchen, ihr Abhängigkeits- oder Suchtverhalten zu beenden, auf Glaubenssätzen oder Annahmen basierte, die nicht zutrafen. Sie haben Mythen, Ideen und Systeme angenommen, die fehlerhaft, ungültig und nicht wahr waren – und diese Mythen und Lügen haben verhindert, dass sie ein zufriedenstellendes oder erfolgreiches Ergebnis hatten, egal wie sehr sie sich anstrengten.

Wissen, was du weißt

Bevor wir weitergehen, möchte ich dich dafür anerkennen, dass du weißt, was du weißt – denn dieses Wissen ist eine ausschlaggebende Komponente dabei, dich von der Abhängigkeit zu befreien. Bei diesem Buch geht es nicht darum, dir die Antworten zu geben. Es wird dir nicht erzählen, dass du es auf diese oder jene Art machen musst. Der Zweck dieses Buches besteht darin, dich zu ermächtigen, indem es dir effektive Werkzeuge und zutreffende Informationen gibt, die du verwenden kannst, um andere Lebensentscheidungen zu treffen und zu verändern, was immer du zu verändern wünschst.

Wann immer ich irgendwelche Informationen vorstelle, bitte ich dich, für dich selbst zu überprüfen, ob sie bei dir einen Widerhall finden. Du weißt, was für dich funktionieren wird – und was nicht. Du weißt, was für dich wahr ist. Vielleicht reagierst du auf diese Aussagen mit: „Hilfe! Ich kann nicht wissen, was ich weiß. Ich habe das versucht. Ich habe immer Unrecht."

Ich verstehe, dass es sich so anfühlen mag, als sei dies so, aber das ist nicht ganz zutreffend. Was deinem Wissen im Wege steht, sind all die Mythen, Lügen und Fehlinformationen, die du über Abhängigkeit abgekauft hast, darüber, wer du bist, wozu du fähig bist und was dein Verhältnis zur Abhängigkeit ist und nicht ist.

Also, lass uns damit beginnen, einige der Mythen und Lügen über Abhängigkeit anzusehen, die heute existieren.

Aber vorher möchte ich dich bitten, dir einen Moment Zeit zu nehmen und vier bis sechs Dinge aufzuschreiben, die dir über Abhängigkeit erzählt wurden. Dies kann helfen, einige der Paradigmen zu klären, die du abgekauft hast, ohne dir dessen überhaupt bewusst zu sein.

Lüge: Einmal abhängig, immer abhängig

Die erste Lüge ist: Einmal abhängig, immer abhängig. Wenn du einmal eine Essstörung hast, wirst du immer ein Problem mit Essen haben. Wenn du einmal ein Problem mit Alkohol hast, wenn du einmal ein Problem mit Missbrauchsbeziehungen hast, wenn du einmal den Zwang hast, andere zu retten, oder was auch immer es bei dir ist, dann wirst du immer ein Problem mit dieser Sache haben.

Nun, das ist die erste Lüge. Du kannst jedes Sucht- oder Zwangsverhalten hinter dir lassen, das derzeit dein Leben begrenzt. Du kannst das Leben haben, von dem du immer gewusst, geträumt und gehofft hast, dass du es haben könntest. Wird es Einsatz kosten? Ja. Und wenn dein Ziel ist, über dein Sucht- oder Zwangsverhalten hinauszugehen, wird es bisweilen vielleicht unbequem.

Ein Fehler, den viele Menschen machen, ist, Unbehagen als schlecht oder falsch anzusehen. Ihnen wurde glauben gemacht, ihr Ziel solle sein, sich behaglich zu fühlen. Das ist okay – wenn du das Leben beibehalten möchtest, das du immer hattest. Aber wenn du mehr möchtest, solltest du wissen, dass sich unbehaglich zu fühlen häufig ein Zeichen ist, dass sich etwas ändern muss oder dass du aus alten Mustern und Paradigmen ausbrichst. Unbehagen ist ein Anzeichen für neue Möglichkeiten und es kann dein Freund sein, nicht etwas, was du zu vermeiden versuchst.

Eine andere Unwahrheit im Zusammenhang mit der Ansicht „Einmal abhängig, immer abhängig" ist die Vorstellung, man solle sich mit seinem Zwangs- oder Suchtverhalten identifizieren. Hast du schon einmal gehört, wie Leute etwa sagten: „Hi, ich heiße Sally, und ich bin abhängig" oder: „Ich bin Bob, ich bin ein Raucher" oder „Ich heiße Susan, und ich bin eine Alkoholikerin"? Wenn du dein Suchtverhalten als eine Identität annimmst, stellt dies sicher, dass du niemals darüber hinwegkommst. Warum? Wenn du die Identität annimmst, abhängig zu sein, musst du deinem Sucht- oder Zwangsverhalten nachgehen – denn das ist es, was du bist. Wenn du dich zum Beispiel damit identifizierst, Alkoholiker zu sein, musst du trinken – denn das ist es, was du tust. Du bist jemand, der Alkohol trinkt.

Bitte höre auf, dich mit deiner Abhängigkeit zu identifizieren. Sage nie: „Ich bin xyz." Was du vielleicht stattdessen sagen könntest, solange das Sucht- oder Zwangsverhalten noch ein großer Teil deines Lebens ist, wäre: „Ich wähle derzeit, dieses Verhalten zu praktizieren." Das ist alles, was deine Abhängigkeit ist. Es ist ein Verhalten. Und du wählst, dich darauf einzulassen. Ich verstehe, dass es sich zu diesem Zeitpunkt so anfühlt, als hättest du keine Wahl. Bitte wisse, dass du auch das ändern kannst.

Ich habe mich früher auch als Abhängige identifiziert. Später wurde mir bewusst, dass das Trinken einfach ein Verhalten war, das ich gewählt hatte, um einigen Dingen zu entkommen, derer ich mir nicht gewahr sein wollte. Ich erinnere mich, wie ich einmal zu einem Treffen ging und anstatt zu sagen: „Hi, ich heiße Marilyn, und ich bin eine Alkoholikerin", sagte ich: „Ich heiße Marilyn und ich war von Anti-Bewusstsein und Unbewusstsein abhängig, und nun treffe ich andere Wahlen." Das gab mir eine Menge Freiheit.

Hier ist ein Werkzeug, das dich auf den Weg bringen wird, dein Sucht- oder Zwangsverhalten als etwas zu sehen, das du wählst auszuüben anstatt etwas, das du bist. Es ist ein großartiger erster Schritt, weil er einen Abstand schafft zwischen dem, wer du bist, und dem, was du tust.

Werkzeug: Momentan wähle ich dieses Verhalten

Jedes Mal, wenn du feststellst, dass du ein bestimmtes Verhalten an den Tag legst, von dem du weißt, dass es dich begrenzt, sage dir nicht: „Oh, ich mache es schon wieder. Ich bin ein ____" und dann fülle die Leerstelle mit dem Wort, das du benutzt, um dich selbst als einen Abhängigen zu bezeichnen, ob es nun *Raucher, Trinker, Drogenkonsument, Spieler* oder irgendetwas anderes ist.

Sage stattdessen: „Okay, momentan wähle ich zu rauchen oder zu trinken" (oder was auch immer es bei dir ist). „Ich habe noch nicht alle Werkzeuge und Informationen, die ich benötige, um andere Wahlen zu treffen, aber ich weiß, dass ich es irgendwann ändern werde, wenn ich dies wünsche" – und du wirst in der Lage dazu sein.

GENUSS, MISSBRAUCH UND ABHÄNGIGKEIT

Du kannst ein beliebiges Suchtmittel oder -verhalten, sagen wir Alkohol, nehmen und es genießen, im Sinne von: „Oh, es wäre so schön, ein Glas Wein zum Abendessen zu trinken." Du wählst es dann, weil du weißt, dass es ein Genuss wäre. Es besteht keine Notwendigkeit, es zu trinken.

Oder du kannst ein bestimmtes Suchtmittel oder -verhalten *missbrauchen*, was der Fall ist, wenn du dir gewahr bist, dass du diese bestimmte Sache wählst, um mit einer Situation zurechtzukommen, mit der du dich nicht auseinandersetzen möchtest. Das ist nicht zwanghaft. Es ist eher: „Uff, das war ein harter Tag heute! Der Lehrer meines Sohnes hat angerufen, weil er wieder in der Schule in Schwierigkeiten geraten ist. Ich weiß, ich sollte mich mit ihm hinsetzen und reden, aber weißt du was? Ich schnappe mir lieber zwei Schüsseln Eis, um mich zu beruhigen, weil ich gerade nicht damit umgehen kann, und ich brauche etwas, um mich abzulenken." Einer der Schlüssel zu dieser Art von Missbrauch ist, dass du das Suchtmittel oder ein Verhalten (in diesem Fall das Essen von Eis) auf eine Art benutzt, die nicht vorgesehen ist.

Dann gibt es eine Form des Missbrauchs, der einen Übergang zwischen Missbrauch und Abhängigkeit darstellt. Nehmen wir einmal an, du hast Schwierigkeiten mit deiner Schwiegermutter und musst sie besuchen. Du sagst dir selbst: „Ich habe wirklich keine Lust, meine Schwiegermutter zu besuchen. Ich frage mich, was ich sonst noch machen könnte. Ich glaube, ich rauche einen Joint, bevor ich rübergehe." Du machst das, und dann denkst du: „Wow, das hat wirklich geholfen." Das nächste Mal, wenn du deine Schwiegermutter besuchen oder etwas anderes tun musst, mit dem du dich nicht auseinandersetzen möchtest, erinnerst du dich daran, dass es dir geholfen hat, einen Joint zu rauchen, also tust du es, und nach einer Weile wirst du automatisch denken: „Ich glaube, ich rauche zuerst einen Joint."

Dies ist ein Beispiel davon, wie wir die Zwanghaftigkeit einer *Abhängigkeit* kreieren können. Wir beginnen, indem wir ein Suchtmittel oder -verhalten verwenden – was wir als Missbrauch bezeichnen könnten –, um uns dabei zu helfen, mit etwas umzugehen, mit dem wir uns nicht auseinandersetzen möchten – und beschließen, dies sei die Lösung, um mit solchen Dingen umzugehen. Und dann lassen wir zu, dass es die Oberhand gewinnt und zur einzigen Art wird, wie wir Erleichterung in diesem bestimmten Bereich erfahren können. Anstatt uns selbst zu vertrauen, in einer Situation präsent zu sein und zu tun, was auch immer angemessen ist, schreiben wir einem Suchtmittel oder verhalten die Fähigkeit zu, etwas für uns zu tun, von dem wir beschlossen haben, wir können es nicht alleine.

Lüge: Abhängigkeit „passiert" nur einer kleinen, versifften Randgruppe

Ein anderer großer Mythos bzw. eine große Lüge über Abhängigkeit wird oft nicht offen ausgesprochen. Das ist die Vorstellung, die mehr oder weniger leise öffentlich vertreten wird, nämlich, dass Abhängigkeit nur einer kleinen, versifften Randgruppe passiert.

Du weißt schon, der Person, die unter der Brücke lebt, oder dem durchgeknallten Drogenabhängigen. Das ist niemand, den du kennst – und auf keinen Fall sind das du oder ich. Das sind diese paar heruntergekommenen Leute da drüben.

Diese Lüge bewirkt unter anderem, dass Abhängigkeit dadurch so tabu, verschwiegen und schambehaftet wird, dass sie sich niemand anschauen möchte. Das kreiert auch eine Trennung zwischen dir und diesen Leuten. Das ist ein „Wir gegen die"-Universum. Du musst wählen, zu einer Gruppe zu gehören, und das schneidet dein Gewahrsein davon ab, was mit dir vor sich geht und was möglich wäre. Wenn du jemals beginnst zu denken, du hättest ein Problem mit Abhängigkeit, verdrängst du den Gedanken ganz schnell wieder. So kann es sein, dass du dir zum Beispiel sagst: „Dieses Verhalten fühlt sich für mich zwanghaft an. Ich weiß nicht, was ich tun soll." Aber du möchtest noch nicht einmal einen Moment lang in Betracht ziehen, du seist einer dieser grässlichen, versifften abhängigen Leute, also verbannst du den Gedanken sofort aus deinem Kopf. Und das hindert dich daran, irgend etwas zu ändern.

Lüge: Abhängigkeit bezieht sich nur auf einige wenige Suchtmittel oder Verhaltensweisen

Die meisten Menschen denken, Abhängigkeiten seien auf Dinge wie Alkohol, Drogen, Zigaretten, Essen, Spielen und Sex beschränkt. Dies sind die offensichtlichen Abhängigkeiten. Was, wenn ich dir sagte, dass Abhängigkeit viele Formen annehmen kann, von denen du nie gewusst hast? Einige dieser Dinge wären etwa: bewerten, kritisch sein, Recht haben müssen, sich selbst falsch machen, Sachen durch Denken ergründen, sich geringer fühlen als ..., die Ansichten anderer Menschen wichtiger machen als seine eigenen und auf alles eine Antwort haben müssen. Abhängigkeit kann sich in Beziehungen zeigen. Sie kann mit Essen und Essstörungen, mit Sport, mit Geldausgabemustern oder Internetnutzung zu tun haben. Was ein bestimmtes Mittel oder eine Tätigkeit zu einem Suchtfaktor macht, ist nicht das *Objekt* – der Alkohol, der Tabak, die Droge oder das Verhalten –, sondern *die Art ihrer Verwendung.*

Viele Menschen durch alle Bevölkerungsgruppen hindurch gehen Abhängigkeiten nach. Einige Süchte gelten in der Gesellschaft als schlecht, schrecklich und falsch, doch einige gelten als positiv oder gar bewunderungswürdig. Wenn du eine Arbeitssucht hast, Perfektionssucht, eine Sucht recht zu haben, eine Sucht, gut auszusehen oder viel Geld zu machen, bekommst du möglicherweise viel Unterstützung von dieser Kultur dafür. Diese Unterstützung kann sich wirklich gut anfühlen. Aber ich möchte dich anregen, hier zwei Fragen zu stellen:

- Dient dieses Verhalten – dieser Perfektionismus oder diese Arbeitssucht oder was auch immer es ist – mir wirklich?
- Hilft mir dieses Verhalten, das Leben zu kreieren, das ich wirklich gerne hätte?

Du kannst ein Sucht- oder Zwangsverhalten haben, das gut aussieht in der Gesellschaft, oder eines, das nicht gut aussieht. Du kannst auch eine der subtileren Formen von Abhängigkeit haben. Man sieht Leute mit diesen Abhängigkeiten jeden Tag. Hast du je Leute gekannt, die süchtig nach Trauma und Drama sind? Sie können ihr Leben nicht leben ohne ein eigenes Trauma-Drama zu erschaffen oder an dem von jemand anderem teilzuhaben. Was macht dies zu einer Abhängigkeit? Es ist absolut zwanghaft. Es ist das, worauf sie gewohnheitsmäßig zurückgreifen. Es wird zu einer Grundeinstellung in ihrem Leben. Vielleicht hast du einen Onkel oder einen Cousin oder einen Freund, der dich einfach bewerten muss. Er ist süchtig nach Bewertung. Wenn er nicht bewertet, weiß er nichts mit sich anzufangen. Menschen können auch davon abhängig sein, kämpfen zu müssen. Sie können sogar danach süchtig sein, krank oder ein Opfer zu sein.

Nun, warum sollte eine Kultur jegliche Art von Sucht- oder Zwangsverhalten ermutigen oder unterstützen? Weil es dich kontrollierbar und berechenbar macht. Jegliches Suchtverhalten eliminiert deine Macht zu wählen. Bewusst oder unbewusst gibst du auf, der Kreateur deines Lebens zu sein und wirst zum Effekt eines begrenzten Auswahlmenüs.

Lüge: Das Beste, worauf du hoffen kannst, ist, die Symptome der Abhängigkeit in den Griff zu bekommen

Eine andere Lüge besagt, das Beste, worauf du hoffen kannst, sei die Symptome der Abhängigkeit in den Griff zu bekommen. Das ist es, was herkömmliche Behandlungsprogramme machen. Sie erzählen dir, du müsstest für den Rest deines Lebens ganz hart daran arbeiten, die Symptome deiner Abhängigkeit in den Griff zu bekommen – weil du abhängig bist und es immer sein wirst. Was, wenn diese Lüge immer wieder weitergetragen wird, weil die Leute nicht die Informationen haben, die sie benötigen, um dich an den Kern dessen zu bringen, was tatsächlich die Abhängigkeit kreiert?

Beim Ansatz von *Right Recovery for You* geht es darum, dir zu helfen, zum ursprünglichen Grund dessen zu gelangen, was dein Sucht- oder Zwangsverhalten überhaupt kreiert hat, damit du es dauerhaft klären kannst – und nicht nur die Symptome in den Griff bekommst. Bitte kaufe nicht die Idee ab, das Beste, worauf du hoffen kannst, sei ein Kontrollieren der Symptome.

Wenn man die Symptome deiner Abhängigkeit behandelt, ist das so, als hättest du einen platten Reifen an deinem Auto und man gäbe dir ein Reifenreparatursystem, das drei Stunden anhält. Du bist auf einer langen Reise und du musst alle drei Stunden aussteigen und den Reifen reparieren. Du bist ständig darauf fixiert. „Nun sind schon zwei Stunden und fünfundfünfzig Minuten vergangen. Ich muss aussteigen und den Reifen reparieren." Es steht dir eine ganze Lebenszeit des Reifenreparierens bevor, wenn du die Lüge abkaufst, das Beste, was du machen kannst, sei die Symptome zu behandeln. Du kannst viel mehr tun als das!

Eine der Unwahrheiten, die aus der Überzeugung erwächst, man könne bestenfalls nur die Symptome in den Griff bekommen, ist die Vorstellung, Wiedergenesung bedeute, das Sucht- oder Zwangsverhalten komplett zu stoppen. Der Ansatz von *Right Recovery for You* zwingt den Leuten kein vorbestimmtes Ziel auf. Ich arbeite mit Klienten, die ein Ziel kreieren, das für sie richtig ist – ein Ziel, das sie wählen. Das ist unser Maßstab für Erfolg. Für viele Menschen mag „Erfolg" bedeuten, nicht mehr dem ehemaligen Sucht- oder Zwangsverhalten nachzugehen, aber für andere kann das heißen, in der Lage zu sein, sich ab und zu ein paar Drinks zu genehmigen und eine Zigarette zu rauchen.

ERGEBNISSE HERKÖMMLICHER BEHANDLUNGSPROGRAMME

Der herkömmliche Ansatz in der Suchtbehandlung wird häufig von Ärzten, Therapeuten, Beratern und dem Rechtssystem unterstützt. Hast du dich je gefragt, wie effektiv dieser Ansatz tatsächlich ist?

Ich habe festgestellt, dass er bei vielen Leuten häufig nicht sehr erfolgreich ist. Wenn es dich interessiert, dir die Erfolgsraten herkömmlicher Behandlungsprogramme anzusehen, empfehle ich dir, sie im Internet zu recherchieren. Google ist ein gutes Werkzeug. Ich habe entdeckt, dass die Erfolgsrate zwischen fünf und zwölf oder dreizehn Prozent liegt. Und selten wird berücksichtigt oder erforscht, wie viele Menschen wählen, auf eine unkonventionelle Art aufzuhören.

Wenn du krank wärst, würdest du fraglos eine Behandlung von einem Arzt oder ein Programm akzeptieren, das eine Erfolgsrate von 5 bis 13 Prozent hat?

Lüge: Du bist schwach, selbstsüchtig, unehrlich, unmoralisch, sündhaft, verrucht, kriminell und unethisch, weil du diese Abhängigkeit hast

Mit anderen Worten, wenn du eine Abhängigkeit hast, die nicht sozial akzeptiert ist, bist du furchtbar falsch. Eines der beliebtesten Suchtbehandlungsmodelle fordert von dir, dich täglich zu bewerten, um zu sehen, ob dein Verhalten selbstsüchtig, eigennützig, unehrlich oder von Angst getrieben war. Du wirst aufgefordert, ständig zu schauen, wo du falsch bist.

Ich habe festgestellt, dass viele Menschen mit Sucht- und Zwangsverhalten weit davon entfernt sind, selbstsüchtig zu sein. Sie sind einige der freundlichsten und fürsorglichsten Menschen, die ich je getroffen habe. Viele von ihnen würden lieber die Verantwortung für alle Probleme der ganzen Familie auf sich nehmen, als dass sie sich bei jemand anderem zeigen. Das gilt vielleicht auch für dich. Wenn das der Fall ist, erkenne bitte diese Wahrheit über dich selbst an. Kaufe nicht die Lüge ab, du seist falsch, schlecht und schwach und hättest den Menschen in deinem Umfeld schreckliche Dinge angetan. Alle Menschen um den „Abhängigen" herum spielen eine Rolle in jedem Abhängigkeitsdrama, und alle haben Wahl.

Vor Jahren arbeitete ich als Psychotherapeutin in einem psychiatrischen Krankenhaus. Eines der Konzepte, das wir bei der Behandlung anwendeten, war das Prinzip der „identifizierten Patienten". Die Leute kamen ins Krankenhaus und bekamen gesagt, sie hätten eine Depression oder Alkoholismus oder diese oder jene Krankheit. Die Familie des Betroffenen war auch da und sagte: „Oh ja, Johnny hat dieses Problem. Er hat uns allen viele Sorgen bereitet und Schmerz gebracht. Er hat so viele Probleme verursacht. Oh, ja."

Wir dachten dann immer: „Hmm, okay, Johnny ist der identifizierte Patient. Ich frage mich, was hier *wirklich* vor sich geht. Ich frage mich, wer wirklich das Problem hat." Und während wir mit der Familie arbeiteten, stellten wir häufig fest, dass auch wenn alle Johnny als falsch hinstellten und mit dem Finger auf ihn zeigten, Johnny nicht wirklich das Problem war. Wenn wir tiefer in die Familiendynamik eindrangen, entdeckten wir, dass Johnnys Suchtverhalten die Familie am Laufen hielt. Wenn Johnny aufhören würde, derjenige zu sein, der falsch war, was würde passieren? Alle anderen müssten sich *ihr eigenes* Verhalten anschauen, und in den meisten Familien, mit denen wir arbeiteten, wollte das niemand tun. Deswegen hatten sie ihren Johnny als den identifizierten Patienten kreiert.

Ich arbeitete einmal mit einer jungen Frau, deren Familie sich einig war, sie habe ein Alkoholproblem, und sie wegen ihrer Abhängigkeit als schwach, selbstsüchtig und unmoralisch ansah.

Nachdem sie und ich einige Zeit zusammengearbeitet hatten, verriet sie mir, dass sie über einen langen Zeitraum sexuell missbraucht worden war von einem Onkel, der der Familie sehr nahestand. Ich erkannte, dass die Familie sich mehr oder weniger deutlich dieses Missbrauchs bewusst war, aber niemand wollte ihn ansprechen. Niemand wollte ansprechen, dass dieser Onkel Annäherungsversuche bei dieser jungen Frau unternommen hatte und immer noch unternahm. Anstatt sich also damit auseinanderzusetzen, richteten sie es so ein, dass sie wegen ihres Trinkens diejenige mit dem Problem war. Sobald meine Klientin sich klarmachte, dass dies wahr war, waren wir in der Lage, etwas zu ändern, und schließlich konnte sie mit dem Trinken aufhören, was ihr Ziel war.

Viele Leute entdecken, dass ihre Abhängigkeit ihnen ermöglicht hat, Missbrauchssituationen zu überleben, bis sie Hilfe bekommen konnten. Vor Kurzem habe ich mit einer Frau gearbeitet, die in der Vergangenheit sehr viel Missbrauch erlebt hat. Sie verurteilte sich hart dafür, dass sie jeden Abend große Mengen an Essen verzehrte. Als ich sie fragte, welcher Beitrag das Essen für sie gewesen sei, kam ihre Antwort wie aus der Pistole geschossen. Sie sagte, das Essen sei etwas Furchtbares, Böses, Schreckliches und Scheußliches und es habe bewirkt, dass sie fett und unattraktiv geworden sei.

Ich fragte sie: „Wenn du all das Essen nicht gehabt hättest, wenn du nicht so oft Essattacken gehabt hättest, wie wäre dein Leben dann heute?" Sie brach in Tränen aus und sagte: „Hätte ich nicht das Essen gehabt, um mit dem Missbrauch klarzukommen, hätte ich mich wahrscheinlich inzwischen schon umgebracht." Sobald sie sehen konnte, dass die Essattacken die beste Art war, die sie damals hatte, um mit dem Missbrauch klarzukommen, begann sie, Veränderungen vorzunehmen, die sie zu einem anderen Verhältnis mit Essen und ihrem Körper führten.

Ich arbeitete mit jemand anders, der sagte, sein Drogenkonsum habe ihm geholfen, nicht sich selbst oder jemand anderen umzubringen, bis er in eine Umgebung kommen konnte, in der Hilfe möglich war. Also bitte verurteile dein Suchtverhalten nicht. Stattdessen könntest du dir selbst folgende Fragen stellen: „War meine Sucht der beste Bewältigungsmechanismus, den ich bisher hatte? Und bin ich nun bereit, einige wirkliche Veränderungen vorzunehmen?"

Was die Lüge, dass du falsch, schlecht und schwach bist, unter anderem so unselig und zerstörerisch macht, ist der Umstand, dass sie einer primären Abhängigkeit zuspielt, die du vor langer, langer Zeit entwickelt hast. Was ich hier meine, ist, dass dem gegenwärtigen Objekt deiner Abhängigkeit eine primäre Abhängigkeit vorausging: die Abhängigkeit, dich selbst zu bewerten, falsch zu sein und überwältigt zu sein von dem, was du als die Verrücktheiten dieser Realität gesehen hast. Du bist an das jetzige Objekt deiner Abhängigkeit gebunden durch den Schmerz der Überzeugung, du seist falsch und müsstest dich verurteilen.

Die primäre Abhängigkeit der Selbstbewertung und des Falschseins wird eingehender in Kapitel 3 erörtert. Ich möchte sie dennoch hier erwähnen, weil die Lüge, du seist schwach, selbstsüchtig und unehrlich – oder welche Bewertung es auch immer ist – die fortbestehende Schwierigkeit fördert, jegliches Sucht- oder Zwangsverhalten zu beenden.

Lüge: Alle in deinem Leben möchten wirklich, dass du dein Sucht- oder Zwangsverhalten ablegst

Eine der größten Lügen, die vertreten werden, ist, dass alle in deinem Leben tatsächlich möchten, dass du dein Sucht- oder

Zwangsverhalten beendest. In Wirklichkeit möchten viele dies nicht. Sie möchten dies nicht, weil sie daran gewöhnt sind, dass du im Hintertreffen bist. Sie sind daran gewöhnt, dass du die „Geringer als…"-Person bist, und selbst wenn du dein Suchtverhalten verbirgst, bekommen sie mit, dass du dich selbst als falsch verurteilst. Einige freuen sich sogar, dass du eine Abhängigkeit hast, auch wenn dies größtenteils unbewusst ist. Das klingt grausam und ich meine es nicht so; es ist einfach etwas, was ich immer wieder gesehen habe. Wenn du als derjenige oder diejenige mit dem Problem identifiziert wurdest, müssen die Menschen, die dir nahestehen, ihr Verhalten nicht in Frage stellen.

Es gab noch ein anderes Konzept, das in der psychiatrischen Klinik, in der ich arbeitete, angewandt wurde. Es nannte sich „Rückgängigmachen", und ich beobachte es häufig, wenn ich mit Leuten arbeite, die Abhängigkeiten haben. Sobald die Person beginnt, sich von ihrem oder seinem Sucht- oder Zwangsverhalten zu lösen, und die Wahl trifft, sich als die- oder derjenige zu zeigen, der sie oder er tatsächlich ist, fängt die Familie oder der Partner an, auf seltsame Weise zu reagieren. Sie haben vielleicht ein Jahrzehnt lang gesagt: „Wir möchten nur, dass es Mary bessergeht." Und dann, wenn Mary anfängt, von ihrem Suchtverhalten abzulassen und nicht länger als diejenige klassifiziert werden kann, die falschliegt oder schlecht ist, die alle verachten oder ihr helfen oder auf die sie Zeit und Energie verwenden müssen, findet die Familie subtile oder auch weniger subtile Wege, Mary dazu zu ermutigen, wieder zu ihrem Sucht- oder Zwangsverhalten zurückzukehren. Warum? Weil sie nicht wirklich möchten, dass sie sich ändert.

Ich habe das selbst erfahren. Mein erster Mann äußerte sich häufig besorgt darüber, dass ich zu viel trank. Er sagte mir oft, ich müsse mir Hilfe suchen, und sprach darüber, wie mein Verhalten unsere Ehe negativ beeinträchtige. Nach einiger Zeit begann ich ihm zu glauben und unternahm Versuche weniger zu trinken.

Ich bemerkte zweierlei Dinge: Zum einen hatte ich einigen Erfolg – wenn auch nicht so viel, wie ich gehofft hatte – dabei, weniger zu trinken; und zum anderen sagte er, je weniger ich trank, Dinge wie: „Ich kann sehen, dass du wirklich gestresst bist. (Ich arbeitete in seinem Büro.) Warum gehst du nicht nach Hause und machst eine Flasche Champagner auf?" Das war sehr verwirrend! Ich brauchte eine Weile, um zu erkennen, dass er es brauchte, dass ich von Alkohol abhängig war. Auf irgendeiner Ebene war er sich bewusst, dass ich, sobald ich mehr ich selbst war, sobald ich einmal eine Ahnung davon bekommen hatte, wozu ich fähig sein könnte, nicht mehr mit unserem kleinen Leben und meiner „Geringer als …"-Position zufrieden sein würde. Er hatte Recht!

Wenn du eine oder zwei Personen in deinem Leben hast, die dich wirklich ermächtigen wollen – denn darum sollte es gehen –, schätze dich glücklich und empfange von ihnen. Und sei dir bewusst, dass es auch viele Menschen geben mag, denen scheinbar an dir liegt und die sagen, sie hätten gerne, dass du dein Sucht- oder Zwangsverhalten beendest, es jedoch vorziehen würden, wenn du nicht alles durcheinanderbringst.

Ich spreche diese Lüge nicht an, um dich zu entmutigen, sondern als etwas, dessen man sich gewahr sein sollte. Sobald du anfängst, mehr du selbst zu sein, wird das für die Menschen, die dir nahestehen, möglicherweise unbequem. Alles ist miteinander verbunden, also muss, wenn sich ein Teil des Systems ändert – das bist du – der andere Teil sich auch ändern und anpassen – das sind sie. Sie möchten das vielleicht nicht und werden dir möglicherweise in Worten oder energetisch mitteilen: „Moment mal. Du bist gerade aus deiner Box rausgegangen. Wenn du in dieser Box bist, weiß ich, wer du bist. Ich kann dich kontrollieren. Du bist berechenbar. Ich muss mir keine Gedanken machen, dass du dich als jemand anders zeigst."

Bist du wirklich bereit, in deiner Box zu bleiben? Oder möchtest du etwas Großartigeres für dein Leben? Meine Vermutung ist, dass du dieses Buch nicht lesen würdest, wenn du nicht tatsächlich etwas Großartigeres haben wolltest.

Lüge: Du bist machtlos gegenüber deiner Abhängigkeit

Diese Lüge ist aus der Erfahrung vieler Menschen entstanden, die versucht haben, sich nicht auf ihr jeweiliges Suchtverhalten einzulassen – keinen Drink zu trinken, keine Zigarette zu rauchen oder sich nicht wieder mit einem Mann oder einer Frau einzulassen, der oder die sie missbraucht. Oberflächlich erscheint das logisch, aber lasst es uns einmal aus einer anderen Perspektive betrachten.

Wenn ich direkt vor einer Mauer stehe und wirklich da durch möchte, aber keine Werkzeuge habe, werde ich mich machtlos fühlen. Ich werde denken: „Ich kann nicht durch diese Wand durchkommen! Hilfe! Es gibt keinen Weg da durch!"

Nun stelle dir vor, jemand kommt vorbei und bietet dir einige Informationen an. Er sagt: „Hey, Marilyn, was wäre, wenn du einen Schritt von der Mauer weggehst? Was siehst du dann?"

Ich trete zurück und kann nun sehen, dass die Mauer nur anderthalb Meter lang ist und dass ich darum herumgehen kann, oder ich sehe, dass sie über zwei Meter hoch ist, aber jemand hat mir eine Leiter gegeben und ich kann hinüberklettern. Tatsächlich bin ich überhaupt nicht machtlos; ich hatte einfach nur keine wirkliche Perspektive auf die Situation oder die Werkzeuge, um sie anzugehen.

Dies trifft auch auf jegliches Sucht- oder Zwangsverhalten zu. Es mag dir in dem Moment so erscheinen, als seist du machtlos, aber wenn du deine Perspektive änderst und beginnst, die Werkzeuge und Informationen in diesem Buch zu verwenden, wirst du feststellen, dass das Suchtverhalten nicht das ist, wofür du es gehalten hast, noch ist es so gewaltig, wie man dir weisgemacht hat.

Die große Schwierigkeit dabei, wenn du die Lüge abkaufst, du seist deiner Abhängigkeit gegenüber machtlos, besteht darin, dass sie dich in eine Position bringt, in der du der *Effekt* im Leben, also ausgeliefert bist, anstatt derjenige, der sein Leben kreiert. Sie nimmt dir deine Macht weg. Diese Lüge bringt dich in die Position, einen Experten zu brauchen, ein Dogma, eine Antwort oder ein Programm, das dir aufgezwungen wird, damit du eine Möglichkeit hast, mit deinem Sucht- oder Zwangsverhalten umzugehen.

Du könntest dir folgende Fragen stellen:

- Wenn ich die Lüge abgekauft habe, dass ich gegenüber meinem Sucht- oder Zwangsverhalten machtlos bin, wo habe ich sonst noch die Lüge der Machtlosigkeit abgekauft?
- Bin ich wirklich machtlos oder fehlen mir einfach gute, anwendbare Informationen und Werkzeuge?

Hast du dich schon oft dabei ertappt, dass du nach dem nächsten „richtigen" Programm, Buch oder Experten suchst, der oder das *die* Antwort auf alle Dinge bei dir und in deinem Leben geben wird, von denen du beschlossen hast, dass du ihnen gegenüber machtlos bist und sie nicht verändern kannst? Was, wenn du aus einer ganzen Auswahl an Werkzeugen und Informationen auswählen könntest, die dir erlauben würden, jeden Teil deines Lebens zu verändern, den du gerne verändern möchtest? Was, wenn du das Material auf dich zuschneiden könntest, anstatt jemand anderes Dogma voll und ganz abkaufen zu müssen? Bitte sei immer sehr vorsichtig, wann immer du beschließt, du seist irgendetwas gegenüber machtlos. Wenn du merkst, dass du das tust, stelle dir die Fragen von oben.

Die Vorstellung, du seist machtlos gegenüber deiner Abhängigkeit, führt zur nächsten Lüge.

Lüge: Nur jemand oder etwas außerhalb von dir kann deine Abhängigkeit beenden

Warum neigen wir dazu, außerhalb von uns nach Antworten zu suchen? Nun, ist uns das nicht unser ganzes Leben lang beigebracht worden? Wir müssen tun, was Mama und Papa sagen, weil sie es „besser wissen". Wir müssen alles glauben, was unsere Lehrer, religiösen Oberhäupter, Ärzte, Politiker und andere Leute, die wir als Autoritäten betrachten, sagen, weil sie die Experten sind und wir auf keinen Fall mehr wissen können als sie. Das ist der Anfang der Lüge, von jemand oder etwas außerhalb von dir selbst abhängig zu sein, um deine Abhängigkeit zu beenden. In Wahrheit fehlt dir nicht die Macht dazu; es hat dich nur nie jemand dabei unterstützt, sie zu entwickeln.

Die Sache ist die: Wenn du eine Lüge abkaufst und versuchst, sie wahr zu machen, bist du nicht zur zum Scheitern verurteilt, sondern schaffst auch innere Unruhe in deinem Leben, weil ein Teil von dir irgendwie weiß, dass es eine Lüge ist. Es ist, also ob du deinen Schlüssel verlierst und weißt, dass er irgendwo im Haus ist, aber die Experten sagen dir, dass die Leute ihre Schlüssel nur außerhalb des Hauses verlieren. Was tust du also? Du verbringst deine ganze Zeit damit, ihn auf dem Rasen zu suchen – obwohl du weißt, dass du ihn irgendwo in deinem Haus verlegt hast.

Hast du nicht schon immer gewusst, auch wenn du das Gefühl hattest, du könntest deinem Wissen nicht vertrauen, dass du derjenige mit den Antworten bist, die du brauchst? Du wusstest mehr über dich als irgendjemand sonst auf der Welt. Was, wenn du jetzt anfangen würdest, deinem Wissen zu vertrauen?

Vielleicht sagst du: „Ich kann meinem Wissen nicht vertrauen. Ich habe mein ganzes Leben lang Unrecht gehabt." In Wirklichkeit gab es Zeiten, in denen du dir erlaubt hast zu wissen, was du weißt. Als du ein kleines Kind warst, wusstest du, was du brauchst. Du hast geweint, wenn du Essen brauchtest, wenn du gehalten werden wolltest oder deine Windel gewechselt werden musste. Die Schwierigkeit ist, dass du nicht anerkannt wurdest, als du größer wurdest. Deine Bedürfnisse wurden kleingemacht oder man hat dich spüren lassen, dass dein Wissen falsch war, und du hast beschlossen nicht wissen zu können, was du weißt. Du kannst diese Fähigkeit zurückgewinnen. Es braucht vielleicht einige Übung, aber sobald du anfängst, dir zu vertrauen, dass du weißt, was du weißt, wirst du feststellen, dass du dich immer wohler fühlst in diesem Gewahrsein.

Lüge: Abhängigkeit ist eine Krankheit

Lass uns eine weitere Lüge über Abhängigkeit ansehen, die Lüge, dass Abhängigkeit eine Krankheit ist. Ist sie eine Krankheit? Ist Abhängigkeit eine Krankheit wie Krebs oder Malaria?

Hat sich die Aussage, Abhängigkeit sei eine Krankheit, seltsam für dich angefühlt? Als ich sie das erste Mal hörte, fragte ich mich, warum irgendjemand zu diesem Schluss kommen sollte. Dann wurde mir klar, dass ein großer Teil der Heil- und Behandlungskultur ein Interesse daran hat, Abhängigkeit als eine Krankheit zu sehen. Tatsache ist, dass der größte Teil der Suchtbehandlung von Staaten, lokalen Regierungen und öffentlichen und privaten Krankenversicherungen in einer Größenordnung von Milliarden von Dollar pro Jahr finanziert wird. Würde Abhängigkeit nicht als Krankheit betrachtet, würden diese Gruppen nicht für individuelle Drogenbehandlungsprogramme, ambulante Wiedergenesungsprogramme oder Krankenhausaufenthalte zahlen. Abhängigkeit muss für jeden in der Branche eine Krankheit sein, um Tonnen von Geld einzubringen. Ich versuche nicht, diese Leute als falsch hinzustellen. Sie sind möglicherweise herzensgute und fürsorgliche Einzelpersonen, die ihren Lebensunterhalt bestreiten müssen. Also stimmen sie bewusst oder unbewusst der Idee zu, Abhängigkeit sei eine Krankheit.

Aber Abhängigkeit ist *keine* Krankheit. Du bist *nicht* krank. Abhängigkeit ist ein eingefahrenes Muster von Vermeidung und/oder Flucht aus einem Leben, das überwältigend, verwirrend und schmerzhaft zu sein scheint. Es ist ein Ort, an den Leute gehen, um nicht zu existieren, um nicht den Schmerz der Selbstverurteilung zu spüren und um dem Gefühl, grundsätzlich falsch zu sein, zu entkommen.

Wenn du Abhängigkeit auf diese Weise betrachtest, verstehst du, dass du die Freiheit hast, sie zu ändern. Du wirst in der Lage sein zu merken, wie du deine Abhängigkeit überhaupt erst kreiert hast und wie du in dieser verwirrenden Situation gelandet bist, die scheinbar keine Wahlmöglichkeiten bietet.

Einer der Aspekte, der mich daran wurmt, wenn Abhängigkeit als Krankheit bezeichnet wird, ist, dass alle mit einer Abhängigkeit in die Position eines Opfers gebracht werden – denn gemäß unserer Kultur kann man wenig bis nichts tun, wenn man eine Krankheit hat. Es ist etwas, was dir einfach passiert. Dann musst du zu einem Experten gehen – dem Arzt –, der dich „heilen" wird. Im Grunde besagt das Krankheitsmodell: „Du weißt nicht, was du tust. Du musst zu uns, den Experten, kommen, und wir geben dir die Antwort."

Der einzige Experte bei all dem bist du. Du bist der Experte für dich. Heißt das, dass du auf niemand anderen hörst? Nein. Vielleicht fehlen dir Informationen. Wenn ich zum Beispiel Schwierigkeiten mit einem Computer habe, gehe ich zu einem Computerexperten. Warum? Nicht, weil ich jemanden brauche, der mein Leben in Ordnung bringt, sondern weil ein Computerexperte Informationen hat und mir Werkzeuge zeigen kann, die mir helfen werden, meinen Computer zu bedienen. Ich suche nach jemandem, der nicht versucht, mich herumzukommandieren oder mir zu zeigen, wie falsch ich liege. Ich suche nach jemanden, der sagt: „Hey, ich habe eine Menge Informationen und Werkzeuge in diesem Bereich. Lass mich dir zeigen, was ich habe, damit du das benutzen kannst, was für dich funktioniert."

Deswegen habe ich *Right Recovery for You* geschrieben. Ich würde dich gerne ermächtigt sehen, damit du alles in deinem Leben verändern kannst, was du gerne verändern möchtest – und das umfasst jegliches Sucht- oder Zwangsverhalten, das dich stoppt, begrenzt oder davon abhält, das wahre Geschenk zu sein, das du bist.

Was du tun kannst, wenn du das Verlangen verspürst, deinem Sucht- oder Zwangsverhalten nachzugehen

Halte inne und stelle dir selbst einige Fragen

Wenn du merkst, dass du ein Verlangen hast, deinem Sucht- oder Zwangsverhalten nachzugehen, sind hier einige Fragen, die du dir stellen kannst. Es ist hilfreich, deine Antworten aufzuschreiben.

- Was hat sich direkt vor meinem Wunsch, meinem Sucht- oder Zwangsverhalten nachzugehen, ereignet?
- Wie habe ich auf das Ereignis reagiert?
- (Beispiel: Mein Ehemann/meine Ehefrau hat mich als Idiot bezeichnet und ich bin in mein Falschsein gegangen.)
- Welche Gedanken hatte ich?
- Welche Gefühle hatte ich?
- Wessen war ich mir gewahr, dessen ich mir nicht gewahr sein wollte? (Beispiel: Dass ich wieder in meinem alten Muster war. Ich habe die Meinung meines Ehemanns/ meiner Ehefrau größer gemacht als das, was ich selbst von mir weiß.)
- Was hätte ich unternehmen können, um dieses Muster zu unterbrechen?

Wenn du innehältst und deine Antworten aufschreibst, unterbrichst du das Verhalten, und genau darum geht es bei diesen Anfangswerkzeugen.

Das Verhalten aufschieben

Etwas anderes, was du tun kannst, um das Verhalten zu unterbrechen, ist es aufzuschieben, und sei es nur für zwanzig Minuten. Sage dir selbst: „Ich werde mir selbst die Erlaubnis geben, meinem Sucht- oder Zwangsverhalten nachzugehen, aber erst mache ich eine Pause von zwanzig Minuten. Wenn ich es nach zwanzig Minuten immer noch möchte, werde ich es tun."

Wenn du nach zwanzig Minuten wählst, das Verhalten auszuüben, mach dir selbst das Geschenk, dich nicht zu bewerten.

Wenn du das Verhalten für zwanzig Minuten oder länger aufschiebst, wirst du sehen, dass du tatsächlich durchaus Wahl hast. Du kannst wählen, ob du es tust – oder nicht. Anfänglich mag es dir nicht so erscheinen, als hättest du komplette Wahlfreiheit, aber ich möchte gerne, dass du merkst, dass du durchaus Wahl hast – sonst könntest du es überhaupt nicht aufschieben.

Stelle noch einige weitere Fragen

Setze dich hin und sage dir selbst: „Okay, ich werde vielleicht in zwanzig Minuten meinem Verhalten nachgehen. Bevor ich das tue, werde ich mir selbst einige Fragen stellen und die Antworten aufschreiben."

- Was habe ich beschlossen, dass geschehen wird, wenn ich dieses Mal nicht auf das Verhalten einsteige?
- Habe ich die Konsequenzen davon, das Verhalten nicht auszuüben, größer und mächtiger gemacht als mich?
- Auf einer Skala von 1–10, wie stressbehaftet ist die Vorstellung, dieses Verhalten nicht zu praktizieren?

- Könnte ich die Konsequenzen davon, das Verhalten nicht auszuüben, möglicherweise mit größerer Leichtigkeit aushalten, als ich gedacht habe?
- Welches Gewahrsein versuche ich hier zu vermeiden, indem ich mich auf das Sucht- oder Zwangsverhalten einlasse?
- Wie wäre es, wenn ich bereit wäre, dieses Gewahrsein zu haben?
- Wenn ich keine Vorgeschichte mit diesem Verhalten hätte, welches Verhältnis hätte ich dazu?
- Wie viel von dem, was ich mit meinem Sucht- oder Zwangsverhalten mache, hat mit der Vergangenheit zu tun und allem, was ich beschlossen habe, das die Vergangenheit ist – oder nicht ist?

Die Vergangenheit muss nicht bestimmen, wie dein Leben heute ist. Du kannst etwas anderes wählen.

Wenn du wählst, deinem Sucht- oder Zwangsverhalten nachzugehen, mache es mit Gewahrsein

Erlaube dir, dich selbst mit jedem Zug an einer Zigarette, jedem Bissen Kuchen oder jedem Schluck Alkohol mehr wahrzunehmen. Frage dich: „Okay, jetzt habe ich das gerade genossen. Möchte ich tatsächlich mehr?" Wenn du dir des Verhaltens bewusst wirst, das du wählst, kreiert das einen Raum, in dem das Verhalten weniger zwingend für dich wird.

Diese Fragen und Übungen sind einfach nur Vorschläge. Wähle die, die für dich funktionieren. Sie werden dir helfen, bewusster zu werden und mehr wahrzunehmen, was mit deinem Suchtverhalten vor sich geht.

Bitte denke daran, deine Antworten auf die Fragen aufzuschreiben. Du bekommst jedes Mal viele tolle Informationen und wirst erkennen, dass du durchaus Wahl hast und dass du dich (zu diesem Zeitpunkt in deiner Wiedergenesung zumindest bis zu einem gewissen Grad) von deinem Sucht- oder Zwangsverhalten trennen kannst, was dir erlaubt, es aus einem anderen Raum zu betrachten.

KAPITEL ZWEI

Das Gegenmittel zur Abhängigkeit

Je mehr du von dir hast, je mehr du wirklich du bist, umso weniger können Sucht- und Zwangsverhaltensweisen existieren.

Eine Abhängigkeit ist wie ein Gift für dein Wesen insofern, als dass sie jedes Mal, wenn du sie ausübst, deine Fähigkeit präsent, spontan, freudvoll und produktiv zu sein, verringert oder zunichtemacht; mit anderen Worten, sie verringert oder negiert deine Fähigkeit zu sein, wer du wirklich bist.

Viele Menschen haben die Idee abgekauft, es ginge bei einem Gegenmittel gegen die Abhängigkeit darum, außerhalb von sich selbst nach irgendeinem Heilmittel, einer Antwort oder einem Einheitsprogramm zu suchen. Oder sie glauben vielleicht, es gehe darum, die Abhängigkeit zu bekämpfen, sich selbst als falsch dafür zu bewerten, weil sie sie ausüben, oder zu versuchen, ihr Verhalten zu kontrollieren. Aber das ist es nicht. Das Gegenmittel gegen Abhängigkeit ist grundlegender und mächtiger als all diese Dinge. Es geht darum, alle die Teile von dir selbst wieder für dich in Anspruch zu nehmen, die du verleugnet, losgelassen oder unterdrückt hast. Wenn du du bist, ist das das echte Gegenmittel gegen die Abhängigkeit. Das bedeutet nicht, dass du nicht eventuell einige Hilfe am Anfang des Prozesses brauchen wirst, in dem du dich wieder erholst, entdeckst und kreierst. Was es aber bedeutet, ist, dass du schließlich alles haben und sein kannst, das erforderlich ist, um mit deinem Sucht- oder Zwangsverhalten an einen Ort der Wahl zu gelangen.

Lass uns ein Beispiel anschauen, in dem wir deinen Körper verwenden. Nehmen wir an, du hattest irgendeinen Unfall und beide Arme und Beine sind gebrochen. Und nehmen wir an, du hast deine Arme und Beine aus irgendeinem seltsamen Grund selbst gebrochen – vielleicht hat es dich weniger machtvoll gemacht und du konntest dich besser anpassen. Wenn du diese Situation kreiert hättest, würdest du für eine Weile Hilfe brauchen. Aber am Ende würdest du keine Hilfe mehr brauchen, weil du geheilt wärst und deine Kraft wiederhergestellt hättest. Du würdest deiner Hilfe sagen: „Tschüss, ich brauche dich nicht mehr, ciao, bis später", und wärst wieder der Kapitän deines eigenen Schiffes.

Wenn du andererseits beschlossen hättest, du seist so falsch und schwach, dass du für den Rest deines Lebens mit gebrochenen Armen und Beinen leben müsstest, bräuchtest du für immer Hilfe von außen. Du würdest dich nie wieder in die Kraft und dein Vermächtnis zurückbringen, die du wirklich bist – denn du würdest die Lüge abkaufen, deine gebrochenen Beine und Arme und all die Arten, auf die du dich selbst behindert hast, seien dauerhaft. Du würdest immer das Gefühl einer Kraft außerhalb von dir brauchen. Du könntest gar beschlossen haben, dass dies eben so sei, wie es sein muss.

Dieses Beispiel hat immense Konsequenzen für die Abhängigkeit, denn die Wahrheit ist, dass du dich selbst behindert hast. Wenn du ein Sucht- oder Zwangsverhalten hast, dann hast du dich selbst behindert, indem du viele deiner Talente und Fähigkeiten leugnest, die Kraft verringerst, die du hast, oder indem du alle Teile von dir abschneidest, die für deine Eltern, Familienmitglieder,

Lehrer und andere Autoritätsfiguren in deinem Leben als inakzeptabel galten.

Wir werden alle mit verschiedenem Temperament, Talenten und Fähigkeiten geboren, aber wenn deine Familie und die Menschen um dich herum diese Qualitäten nicht wertgeschätzt haben, hast du möglicherweise gedacht, du müsstest sie abstellen, um akzeptabel zu sein. Vielleicht warst du neugierig und klug und hast viele Fragen gestellt, aber deine Familie hat diese Klugheit nicht zu schätzen gewusst. Deine Fragen waren den Leuten unangenehm, also hast du diesen Teil von dir abgeschaltet.

Vielleicht bist du sportlich oder sehr aktiv gewesen. Du konntest sechs oder sieben Dinge gleichzeitig tun und hast das geliebt, aber die Leute sagten dir, du hättest zu viel Energie und müsstest ruhiger werden und dich kontrollieren. Oder vielleicht warst du künstlerisch veranlagt oder unkonventionell und das war nicht, wie man in deiner Familie hat sein sollen. Man erwartete von dir, dass du sesshaft wirst und einen gutbezahlten Job suchst oder das Familienunternehmen weiterführst, also hast du deine Fähigkeiten oder wunderbaren wilden Ideen auf Eis gelegt und sie vergessen.

Oder möglicherweise bist du sehr feinfühlig und gewahr gewesen und man hat dir gesagt: „Du bist einfach zu empfindlich." Du hast Dinge mitbekommen, über die niemand sprechen wollte. Du hast gesagt: „Mama, Onkel Billy kommt mir sonderbar vor", und man hat dir gesagt: „Er gehört zu unserer Familie. Du darfst solche Sachen nicht sagen." Oder vielleicht ist jemand gemein zu dir gewesen, aber wenn du etwas gesagt hast, lautete die Antwort: „Du bist eine Heulsuse." Du hast die Vorstellung gewonnen, niemand wolle dir zuhören, also hast du aufgehört zu sprechen.

Viele Kinder denken, es sei nötig, dass sie sich kleiner machen, weil ihnen gesagt wird, sie hätten eine Verantwortung, zuerst an alle anderen zu denken. Ich sprach mit einem Freund, der mir erzählte, dass er als Junge, wenn er morgens aufwachte, als Erstes versuchte herauszubekommen, was seine Mama und sein Papa brauchten, was seine Oma brauchte, und was sein Lehrer brauchte. Er hat sich selbst so weit unten auf die Liste gesetzt, dass er selten bekam, was er brauchte. War das auch so für dich? Wurde von dir erwartet, dass du die Bedürfnisse aller anderen vor deine eigenen stelltest? Das war eine andere Art, dich kleiner zu machen, weil niemand anerkannte, dass du das Recht hattest, deine eigenen Bedürfnisse und Wünsche zu haben. Und außerdem hast du vielleicht, weil du gelernt hast, deine Bedürfnisse weit von dir weg zu schieben, gar kein Gespür mehr dafür, worin sie bestehen, und zwar so sehr, dass es einfacher ist herauszubekommen, was alle anderen brauchen, als dir gewahr zu sein, was du brauchst.

Der Prozess des „Sich-kleiner-Machens"

Wenn du derartige Erfahrungen gemacht hast, bist du vielleicht zu dem Schluss gekommen, dass du, wie du bist, inakzeptabel bist, und du hast möglicherweise deinen wunderbaren Überschwang und deine Freude, deine Intelligenz, Talente, Interessen und Neigungen stillgelegt. Ich bezeichne das als den Prozess des Abschneidens deiner Einzelteile von dir selbst. Er beginnt sehr früh in unserem Leben.

Kannst du sehen, wie das Abschalten deiner angeborenen Fähigkeiten und Interessen und das Ignorieren deiner Bedürfnisse dich wie die Person mit den gebrochenen Armen und Beinen macht? Abgesehen davon, dass du in diesem Fall vielleicht noch nicht einmal weißt, dass diese Teile von dir weg sind. Du hast möglicherweise eine vage Erinnerung daran, aber du erkennst nicht, dass du nur zu zehn oder zwanzig Prozent dessen funktionierst, was du wirklich bist. Das Erstaunliche ist, dass du höchstwahrscheinlich gut funktionierst mit diesen zehn bis zwanzig Prozent. Stelle dir einen Moment lang vor, wie es wäre, wenn du auch nur zu fünfzig Prozent von dir funktionieren würdest. Oder zu fünfundsiebzig Prozent? Wärst du bereit, das zu haben? Wärst du bereit, hundert Prozent von dir zu haben? Je mehr du wirklich du bist, umso mehr wird die Abhängigkeit eine überflüssige Angelegenheit.

Du bist das Gegenmittel gegen die Abhängigkeit, denn wenn du bereit bist, alles von dir zu haben, musst du deine Abhängigkeit nicht bekämpfen; sie verschwindet einfach. Es gibt keinen Grund sie zu haben. Oder wie einer meiner Klienten es ausdrückte: „Weißt du, Marilyn, ich habe schon seit Wochen nicht mehr daran gedacht, Drogen zu nehmen. Ich habe so viel Spaß dabei, mich wieder zu haben, dass ich es einfach vergessen habe."

Das wünsche ich dir auch. Ich wünsche dir, dass du dich wiedergewinnst und dich so kraftvoll in deinem Sein fühlst, dass du dein Sucht- oder Zwangsverhalten einfach vergisst. Ich möchte, dass du weißt, dass deine Abhängigkeit irrelevant werden kann, wenn du einfach nur du bist. Es wird keinen Grund mehr geben, weiter darüber zu sprechen – nicht, wenn du präsent bist, nicht, wenn du bereit bist, gewahr zu sein, nicht, wenn du das Leben lebst, das du dir wünschst, im Gegensatz zu dem einen Leben, von dem man dir sagte, es sei für dich angemessen.

„Das erscheint einfach unmöglich"

Jetzt wirst du vielleicht sagen: „Das erscheint einfach unmöglich." Oder vielleicht denkst du: „Marilyn, du hast über Paradigmen, herkömmliche Behandlungsprogramme gesprochen, darüber, dass ich mehr ich selbst werde und weiß, was ich weiß. Das ist alles schön und gut, aber was ist mit meiner Abhängigkeit?

Ich habe gerade eher Panik, als müsse ich sie jetzt sofort mit allen Mitteln bekämpfen; sonst wird sich nie etwas für mich ändern."

Das habe ich von vielen Klienten gehört. Ich möchte dich bitten, dir einmal anzusehen, was passiert, wenn du deine Aufmerksamkeit stark auf etwas konzentrierst und anfängst es zu bekämpfen. Nehmen wir einmal an, dein Zahn tut weh. Du fährst immer wieder mit der Zunge darüber und jedes Mal, wenn du das tust, denkst du: „Autsch, das tut wirklich weh." Je mehr du dich auf deinen Zahn konzentrierst, umso mehr tut er weh. Genau so ist es mit Sucht- oder Zwangsverhalten. Je mehr du dich mit einer geladenen Energie darauf fixierst, umso mächtiger scheint es zu werden.

Ist dir je aufgefallen, was passiert, wenn dein Kind, dein Partner oder ein Kollege einen Streit mit dir beginnt und du darauf anspringst und dich wehrst? Wenn du so bist wie ich damals, wirst du vielleicht denken, dass das zu etwas Positivem führt, aber letztendlich verstärkt das nur die negative Beziehung zwischen dir und der anderen Person und lässt das Problem ungelöst. Dasselbe gilt für deinen Kampf gegen die Abhängigkeit. Wenn du deine Abhängigkeit bekämpfst, erreichst du damit nur, dass du dich selbst hart verurteilst und deine Verbindung zu dem Suchtverhalten stärkst, was wiederum zu mehr Schmerz darüber führt, dass du falsch bist, und zu einem verstärkten Wunsch, in die Abhängigkeit zu flüchten.

Die Energie ändern, die du bist

Ich schlage einen Ansatz vor, bei dem es nicht darum geht, dich auf die Abhängigkeit zu konzentrieren oder sie zu bekämpfen. Je mehr du du selbst wirst, umso veränderst du die Energie, die du bist. Dies – das Verändern der Energie, die du bist – erlaubt dir, von deinem Sucht- oder Zwangsverhalten wegzugehen, weil die Abhängigkeit nur mit einer Energie existieren kann, die von der Schwingung her kompatibel ist. Lass mich hier ein wenig Klarheit schaffen, indem ich dich bitte, eine kleine Übung zu machen.

Stell dir jetzt vor, wie du deinem Sucht- oder Zwangsverhalten nachgehst. Tauche wirklich ein in das Gefühl.

Bekommst du ein Gespür für die Energie davon? Halte das einen Moment lang fest und stelle dir dann eine Situation vor, die relativ neutral ist. Es kann sein, dass du herumsitzt und fernsiehst, frühstückst oder in dein Auto einsteigst. Vergegenwärtige dir die Energie davon.

Jetzt erinnere dich an eine Zeit, in der du froh und glücklich warst, am Leben zu sein. Nimm die Energie davon wahr. Tauche wirklich in diese Energie ein und bleibe da einige Augenblicke. Ist dir ein wenig leichter geworden? Hast du ein Lächeln im Gesicht? Kannst du spüren, wie sich dein Körper entspannt? Dies ist die Energie, die dir erlaubt, aus deinem Suchtverhalten hinauszutreten und neue Möglichkeiten zu kreieren. Was ich hier gerne möchte, dass du dir klarmachst, ist, dass du die Wahl treffen kannst, die Energie zu verändern, die du bist, und durch diese Wahl kannst du dein Verhältnis zu deinem Sucht- oder Zwangsverhalten ändern. Zu wählen, die Energie zu ändern, spielt eine sehr große Rolle dabei, eine Abhängigkeit zu beenden. Ändere deine Energie, und Abhängigkeit kann nicht mehr existieren.

Die dichte, zusammengezogene Energie der Abhängigkeit ändern

Wenn Menschen ein Sucht- oder Zwangsverhalten ändern möchten, denken sie bisweilen, dass sie ein intensives Erlebnis haben müssten, um diese Veränderung vorzunehmen. Sie suchen nach etwas, das in der Dichte und Intensität ihrer Abhängigkeit entspricht. Ich kenne zum Beispiel Leute, die gesagt haben: „Ich bin gerade zu einer Körpertherapeutin gegangen und sie hat etwas ganz Intensives gemacht. Ich weiß, dass mir das bei meiner Abhängigkeit helfen wird."

Was ich wahrnehme, ist, dass die Körpertherapeutin der Intensität und Dichte des Suchtverhaltens der Person entsprochen hat; sie hat den Klienten nicht dabei facilitiert, seine oder ihre Energie zu verändern. Diese Körperarbeit wird dem Klienten gar nichts bringen, weil sie überhaupt nicht die Energie des Klienten angesprochen hat. Auf eine gewisse Weise verwurzelt diese Art von Erfahrung das Suchtverhalten noch mehr. Hier ein Beispiel von dem, was ich meine: Wenn du eine Abhängigkeit von Trauma-Drama hast, wirst du immer wieder Trauma-Drama in deinem Leben kreieren. Möglicherweise bist du einer derjenigen, die fragen: „Wie kommt es, dass mir immer alles Schlechte passiert?" Nun, wenn du die Energie von Trauma-Drama bist, wirst du mehr Trauma-Drama kreieren. Du musst eine andere Energie werden, eine Energie der Leichtigkeit, um die Situation zu ändern. Wenn du intensive und möglicherweise schmerzhafte Körperarbeit machen lässt, um dir zu helfen, deine Abhängigkeit von Trauma-Drama zu beenden, denkst du vielleicht, du tust etwas, das dir helfen wird, damit aufzuhören es zu kreieren, aber tatsächlich schließt du nur mehr Trauma-Drama in deinen Körper ein.

Wenn du anfängst zu verstehen, dass *du* tatsächlich das Gegenmittel gegen die Abhängigkeit bist, kannst du anfangen, die dichte, zusammengezogene Energie deiner Abhängigkeit zu einer Energie umzuwandeln, die leichter und ausgedehnter ist. Das ist es, was das Gewahrsein ausmacht. Es bedeutet, präsent zu sein mit dem, was ist. Es bedeutet, in der Leichtigkeit und Ausgedehntheit zu sein, die Gewahrsein bringt.

Ich weiß, dies klingt kontraintuitiv, weil wir denken: „Ich muss stark, intensiv und kraftvoll sein, um meine Abhängigkeit zu überwinden. Dies wird es brauchen, damit ich darüber siegen kann." Und das ist einfach überhaupt nicht wahr. Je mehr du von dir hast, je leichter, ausgedehnter und gewahrer du bist, umso weniger können Sucht- und Zwangsverhalten existieren. Sie können nicht existieren, weil diese Verhaltensweisen sich durch eine Dichte und Zusammengezogenheit auszeichnen, die davon abhängig ist, dass du nicht du bist. Diese dichte Energie kann nicht gleichzeitig mit der Ausgedehntheit existieren, die du kreierst, wenn du bist, wer du wirklich bist.

Je mehr du du bist, umso mehr gewinnst du die vielen Talente, Fähigkeiten und Facetten deiner selbst, die du abgeschnitten oder verleugnet hast, wieder und entdeckst sie von Neuem. Ich habe es viele Menschen tun sehen. Ja, es braucht Zeit. Aber du kannst heute damit beginnen, deine Kraft wiederherzustellen. Und dies ist es, womit wir zunächst arbeiten werden.

Manchmal sagen die Leute zu mir: „Nun, was du gesagt hast, ist schön und gut, aber ich habe diese Arbeit schon in der Therapie gemacht."

Ich habe viele Jahre als Psychotherapeutin gearbeitet und mache es nur noch sehr selten, da nach meiner Erfahrung die Therapie den Menschen nicht hilft zu werden, wer sie wirklich sind; stattdessen hilft sie ihnen, sich besser an die Bedürfnisse ihrer Familie, Kultur und Gemeinschaft anzupassen. Ob es nun um einen Job, eine Beziehung oder irgendeine Art der Selbstentfaltung geht, ist eine Therapie generell darauf ausgelegt dir zu helfen, deinen angemessenen Platz in der Gesellschaft zu finden. Geistige Gesundheit wird häufig an der Bereitschaft einer Person gemessen, sich zu ändern und an das anzupassen, was als angemessene Verhaltensweisen, Verantwortlichkeiten und Rollen festgelegt worden ist. Es gibt eine stillschweigende Übereinkunft, dass dem Klienten geholfen werden solle zu erkennen, wie er oder sie besser in die akzeptierten Paradigmen hineinpassen kann. Wenn dies erfordert, dass man sich von den Teilen seiner selbst trennen muss, die nicht passen, gilt dies als ein akzeptables und notwendiges Opfer deinerseits zum Wohle aller. Wenn du das nicht tust, giltst du als selbstsüchtig. Menschen kommen häufig aus einer Therapie und sagen Dinge wie: „Nun, so ist es halt. Das ist die Realität. Ich muss mich anpassen. So ist das Leben halt." Aber du musst dich nicht anpassen! Du kannst wählen, das zu tun, wenn es deinem Leben ein Beitrag ist – aber du musst es nicht. Du hast andere Wahlmöglichkeiten.

Lass uns einige der anderen Faktoren betrachten, die den Prozess des „Sich-kleiner-Machens" beeinflussen und unterstützen.

Zur Schule gehen

Wie war die Schule für dich? War zur Schule zu gehen eine weitere Erfahrung des „Nichthineinpassens"? Wir sind keine linearen Wesen, aber man macht uns glauben, dass wir linear leben sollten – uns aufstellen, fünfzig Minuten Mathe, fünfzig Minuten Englisch, fünfzig Minuten Sozialkunde. Und jetzt geh raus auf den Schulhof und habe fünfzig Minuten lang Spaß. Hat das für dich funktioniert? Für mich hat es nicht funktioniert und ich wette, für dich hat es auch nicht wirklich funktioniert.

Geht dein Verstand von A zu B zu C? Oder geht er von A zu M und zurück zu B? Was, wenn das die Art ist, wie ein extrem kreativer Verstand funktioniert? Hast du all das abgeschaltet im Versuch, linear zu sein, weil es das war, was gefordert wurde? Und wie hat es dir gefallen in diesen Reihen von Sitzbänken zu sitzen und dich anzustellen und stillzustehen, während du auf das Mittagessen wartetest? Hat dir das Spaß gemacht oder hat es von dir erfordert, dich selbst abzuschalten um dich einzufügen?

Eine andere Art, auf die Schulen die natürliche Neugier und Kreativität der Schüler abtöten, ist, indem sie von allen dieselbe (korrekte) Antwort erwarten. „Was soll daran falsch sein?", fragst du vielleicht. „Gehen wir nicht deshalb zur Schule – um die Antworten zu lernen?" Wenn du dir ansiehst, was eine Antwort tut, erkennst du, dass sie auch erfordert, die Energie abzuschalten. Sie ist das Ende davon zu erkunden, was möglich ist. Sagen wir einmal, du hast eine Antwort auf die Frage haben sollen: „Was waren die Gründe für den Bürgerkrieg in den USA?" und hast eine Liste mit fünf Dingen zum Auswendiglernen bekommen. Du hast dann gesagt: „Oh, okay, ich kann mir diese fünf Dinge merken und im Test hinschreiben." Aber wenn du glaubst, die Komplexität der Antwort seien diese fünf Aspekte, wirst du nie fragen: „Was hätte es noch sein können? Was schauen wir uns hier nicht an?" Du legst deinen wissbegierigen Verstand still zugunsten einer Liste mit fünf Antworten eines Lehrers, die unzutreffend oder unvollständig sein können.

Dies ist es, was die Schule mit ihrer Konzentration auf die Antworten mit den Schülern macht. Wenn du nicht eine ganz andere Erfahrung als die meisten Leute gemacht hast, hat die Schule den wissbegierigen, neugierigen Teil von dir deaktiviert, den Teil, der Dinge in Frage stellt. Und dieser Teil, der Dinge in Frage stellt, ist ein sehr großer Faktor bei dem, was dir hilft, das Gegenmittel gegen die Abhängigkeit zu sein. Denn Fragen erlauben dir jenseits von dem zu suchen, was die einzige wahre Variante zu sein scheint. Sie erlauben dir andere Möglichkeiten zu sehen.

Lass uns hiermit noch ein bisschen weitergehen. Hat man dich in der Schule für Multi-Tasking falsch gemacht? Viele Kinder haben viel zu viel Energie, um still zu sitzen und jeweils nur eine langweilige Sache zu tun. War das bei dir auch so? Bist du abgestempelt worden, kritisiert oder hast sogar Medikamente bekommen, weil es deine natürliche Neigung war, viele verschiedene Dinge auf einmal zu tun?

Viele Kinder, die sich dem Druck gegenübersehen, hineinpassen zu müssen, wählen ihre Energie abzuschalten und die Rolle des braven kleinen Mädchens oder des braven kleinen Jungen einzunehmen – oder sie wählen der Rebell zu werden. Keine dieser Rollen erlaubt es dem wahren Selbst, sich zu zeigen, weil beide Rollen eine Ansammlung an vorbestimmten Reaktionen sind. Also bist du, wenn du ein braves Mädchen oder ein braver Junge oder der Rebell bist, immer noch nicht du. Du sein liegt außerhalb jeglicher Systeme oder bestimmten übernommenen Rollen. Du zu sein hat nichts damit zu tun, im Widerstand gegenüber etwas zu sein und darauf zu reagieren, genauso wenig wie damit, sich nach etwas auszurichten oder damit übereinzustimmen. Es geht einfach nur darum, was wahr für dich ist. Und noch einmal, dies führt uns wieder zurück dazu, dass du weißt, was du weißt.

Und war das nicht auch etwas, was inakzeptabel war in der Schule? Du durftest nicht wissen, was du weißt. Du musstest deine Arbeit zeigen. Nehmen wir an, du hast einen Multiple-Choice-Mathetest gemacht. Die Antworten lauteten: a) 3 ¼, b) 9 ¾, c) 7 ½, d) 5. Du hast sie angeschaut und gesagt: „Oh! Das ist 9 ¾!"

Hat der Lehrer dich gefragt: „Wie hast du die Antwort zu der Matheaufgabe herausbekommen?"

Du sagtest: „Ich weiß es nicht. Ich habe sie einfach gewusst."

Wenn du dein Wissen nicht linear beweisen konntest, war deine Antwort nicht akzeptabel. Der Lehrer sagte: „Nun, wenn du deine Arbeit nicht beweisen kannst, musst du geschummelt oder abgeschrieben haben." Wusstest du insgeheim, dass du wusstest, was du wusstest, hast aber auch erkannt, dass du nicht einfach „Dinge wissen" durftest, und dann versucht, es auf ihre Art zu machen?

Diese Art von Erfahrungen macht das angeborene Wissen, das wir alle haben, kleiner. Bist du jemals auf der Autobahn gefahren und wusstest einfach, dass du eine bestimmte Ausfahrt nehmen musst, auch wenn deine Wegbeschreibung besagte, du sollest erst zwei Abfahrten später rausfahren? Und dann hast du herausgefunden, dass du einen großen Stau aufgrund einer Baustelle oder eines großen Unfalls vermieden hast. Hätte dich jemand gefragt: „Warum fährst du hier ab?", hättest du es ihm nicht erklären können. Du wusstest einfach, dass du es tun musst. Das ist das Wissen. Es ist nicht logisch und es ist nicht etwas, was als akzeptabel gilt oder von vielen Leuten anerkannt wird – besonders in der Schule.

Sein, wie man es von dir erwartet

Als du älter wurdest, hast du da versucht festzustellen, was die Gesellschaft als einen erfolgreichen Erwachsenen definiert hat? Wie viele Informationen gab es da draußen, die dir sagten, was das bedeutet? Hast du die Nachricht bekommen: „Du weißt, dass du erfolgreich bist, wenn du viel Geld verdienst, 2,2 Kinder hast, in einem Haus mit einem weißen Lattenzaun lebst und zu Elternabenden gehst"? War das erfüllend für dich? Oder hast du ein Gespür gehabt, dass es mehr als das für dich im Leben geben könnte?

All dies soll nur illustrieren, dass es in jeder Phase deines Lebens Menschen und Institutionen gibt, die gerne hätten, dass du unterdrückst, wer du *wirklich* bist, damit du in das hineinpasst, was von dir *erwartet wird*. Dies abzukaufen kreiert den Kern für die Abhängigkeit. Es ist unglaublich schmerzhaft nicht zu sein, wer wir wirklich sind.

Vor vielen Jahren hatte ich eine Hauskatze, die auch gerne draußen war. Das war ein mutiges, wildes Kätzchen. Sie ging oft zum Jagen raus und kam dann ins Haus zurück, mit einem Eichhörnchen im Maul, das genau so groß war wie sie selbst. Eines Tages konnte ich sie nirgends finden. Ich suchte und suchte. Schließlich entdeckte ich sie, wie sie hinter der Badezimmertür kauerte. Ihr war etwas Schlimmes passiert, aber mir war nicht klar was. Wir brachten sie zum Tierarzt. Sie hatte einige kleine Verletzungen – vielleicht war sie von einem Auto angefahren worden oder hatte eine Auseinandersetzung mit einem Hund gehabt. Was auch immer es war, es machte ihr wirklich Angst. Es zeigte ihr, dass es falsch war, mutig zu sein, und sie zog sich zu einem kleinen Wesen zusammen, das etwa ein Zehntel von dem war, war sie wirklich war. Wir mussten eine Weile mit ihr arbeiten, um sie wieder zurückzubekommen, und sie wurde wieder das mutige, wilde Kätzchen, das sie immer gewesen war.

Dasselbe passiert mit uns. Etwas geschieht in unserem Leben und wir denken, dass es eine gute Idee ist, sich zusammenzuziehen. Viele von uns haben das in der Kindheit gemacht, weil das die „sichere" Variante war. Wir haben uns so weniger verletzlich gefühlt. Es war besser, nicht da zu sein, wenn Papa schlechte Laune hatte. Du dachtest, wenn der Raufbold auf dem Schulhof war, sei die beste Option, dich klein zu machen. Und tust du das immer noch? Machst du dich noch immer auf die eine oder andere Art unbemerkbar? Dient dir das tatsächlich oder verstärkt es nur die Idee, du seist machtlos?

Übung: *Ausdehnen*

Diese Übung soll dir helfen, aus einem zusammengezogenen Raum zu einem sehr viel ausgedehnteren Raum überzugehen. Die meisten von uns sind daran gewöhnt, unsere Energie sehr zusammengezogen zu halten, aber diese Kontraktion kreiert tatsächlich immense Begrenzungen. Wenn du der Raum bist, der du wirklich bist, hast du eine sehr viel größere Plattform, von der aus du dein Leben kreierst und generierst. Dieser Raum erlaubt es dir auch, sehr viel leichter mit allem umzugehen, was aus dieser Realität zu dir und auf dich zu kommt.

Bevor du mit dieser Übung beginnst, sei dir bitte gewahr, dass dein Wesen nicht im Körper ist. Der Körper ist in deinem Wesen!

Anleitung:

(Vielleicht nimmst du diese Übung am besten auf, damit du die Anweisungen anhören kannst.)

- Setze dich bequem an einem Ort hin, wo du nicht gestört wirst.
- Nun nimm einen tiefen Atemzug und atme dann langsam wieder aus.
- Nimm noch einen tiefen Atemzug und atme langsam wieder aus. Erlaube deinem Körper sich zu entspannen und alle Spannung loszulassen.
- Nun dehne dein Wesen über deinen Körper aus, etwa 20–25 cm. Du musst nicht versuchen, es zu tun – bitte einfach darum und du kreierst es.
- Nimm dir einen Moment, um wahrzunehmen, wie das für dich ist.
- Nun dehne dich aus, bis du das Zimmer ausfüllst, in dem du dich befindest. Nimm dir einen Moment, um wahrzunehmen, wie das für dich ist.
- Nun dehne dich aus, bis du das Gebäude ausfüllst, in dem du dich befindest. Nimm dir einen Moment, um wahrzunehmen, wie das für dich ist.

- Nun dehne dich auf die Stadt aus, in der du bist.
- Nun dehne dich achtzig Kilometer in alle Richtungen aus, auch hinunter in die Erde.
- Nun dehne dich 320 Kilometer in alle Richtungen aus, auch hinunter in die Erde.
- Nun dehne dich 1.600 Kilometer in alle Richtungen aus, auch hinunter in die Erde.
- Nun dehne dich 8.000 Kilometer in alle Richtungen aus, auch hinunter in die Erde.
- Nun dehne dich 32.000 Kilometer in alle Richtungen aus, auch hinunter in die Erde.
- Nun dehne dich 160.000 Kilometer in alle Richtungen aus, auch hinunter in die Erde.
- Nun dehne dich 800.000 Kilometer in alle Richtungen aus, auch hinunter in die Erde.
- Jetzt dehne dich so weit aus, wie du gerne möchtest, auch hinunter in die Erde. Nimm dir einen Moment Zeit, um die Energie und den Raum wahrzunehmen, die du bist. Bleibe für einen Moment oder zwei oder noch mehr da draußen. Wie ist das für dich?
- Jetzt öffne deine Augen und behalte so viel von der Ausdehnung bei, wie du gerne möchtest. Wie ist das für dich? Bist du bereit, regelmäßig so viel Raum zu sein? Das ist tatsächlich möglich.

Die Bereitschaft, Raum zu sein, wird sehr viel mehr Leichtigkeit für dich schaffen. Ich empfehle dir, dies jeden Tag zu üben, bis es einfach für dich wird, sofort der Raum zu sein, der du gerne sein möchtest. Zu Beginn kannst du möglicherweise nur einen kleinen Teil dieser Übung machen. Mach dir keine Gedanken, wenn es so scheint, als könntest du es nicht sofort machen. Vielleicht braucht es ein wenig Übung. Als ich diese Übung lernte, machte ich sie morgens und abends. Vielleicht möchtest du das auch tun.

RIGHT RECOVERY FOR YOU

Diese Übung ist prima, wenn du merkst, dass dich jemand bewertet – oder wenn du dich selbst bewertest –, denn nichts lässt dich so zusammenschrumpfen so klein fühlen wie Bewertung. Je mehr Raum du bereit bist zu sein, umso weniger werden dir Bewertungen etwas anhaben können. Das ist wichtig – denn Bewertungen bringen dich dazu, dich als falsch zu bewerten, und der Schmerz darüber, falschzuliegen und nicht hineinzupassen, ist einer der Hauptgründe, aus denen du ja überhaupt in das Sucht- oder Zwangsverhalten gehst.

Zwei gängige Bewertungen

Im nachfolgenden Abschnitt werden ich über zwei gängige Bewertungen sprechen, die die Gesellschaft Menschen mit Abhängigkeiten zuschreibt. Wenn du eine von ihnen als wahr abkaufst, wirst du dich wieder zusammenziehen und dich kleiner machen.

„Du bist selbstsüchtig."

Menschen, die Sucht- oder Zwangsverhaltens haben, wird häufig vorgeworfen, selbstsüchtig zu sein. Genau genommen ist dies eines der Dinge, die Menschen mit Abhängigkeiten in einigen herkömmlichen Behandlungsprogrammen in der Regel gesagt werden: „Du bist selbstsüchtig."

Selbstsüchtig. Das ist etwas Schlechtes, richtig? Nun, vielleicht nicht. Selbstsucht kann etwas sehr Gutes sein. Wenn ein Kleinkind nicht selbstsüchtig wäre, wenn es seine Bedürfnisse oder Wünsche nicht zum Ausdruck bringen würde, egal was mit anderen Menschen vor sich geht, würde es vielleicht nie gefüttert oder die Windeln gewechselt bekommen. Wenn du dich selbst verleugnest und ständig andere vor dich stellst, bist du nicht in der Gleichung deines eigenen Lebens eingeschlossen. Du bist dann nur da, um zu sein oder zu tun, was andere Menschen brauchen, dass du es bist oder tust. Du verlierst das Gewahrsein für deine eigenen Bedürfnisse – und wie kannst du du selbst sein, wenn du dir dieser Dinge nicht bewusst bist?

Was die meisten Leute meinen, wenn sie dir vorwerfen, du seist selbstsüchtig, ist, dass du ihre Bedürfnisse nicht erfüllst. Du bist selbstsüchtig, wenn du den Tag mit Lesen verbringen und keine Erledigungen mit ihnen machen möchtest. Du bist selbstsüchtig, wenn du nicht erfüllst, was sie als deine Verantwortung und Verpflichtungen beschlossen haben. Sie sagen, dass du falsch bist und sie verletzt. Sie sagen: „Du setzt dich selbst an erste Stelle. Du musst dich für mich zurückstellen." Tatsächlich musst du dich selbst an erste Stelle setzen! Wenn du dich selbst nicht an erste Stelle setzt, kannst du nicht das wahre Geschenk sein, das du für die Welt bist. Das ist weit entfernt davon, selbstsüchtig zu sein.

Ich hatte einst einen Klienten, der als Drogenabhängiger abgestempelt worden war. Seine Frau betrachtete sich als leidgeprüftes Opfer. Sie hatte in Wirklichkeit eine Abhängigkeit davon, kritisch und ein Opfer zu sein. Ihre Ansicht war: „Er ist selbstsüchtig, er tut mir weh mit seiner Abhängigkeit, er macht schreckliche Dinge." Interessanterweise konnte mein Klient, als ich ihn bat, eine Liste mit all den Arten, auf die er seine Frau schädigte, nicht Konkretes nennen. Er erkannte, dass er, wenn er ihre Beschwerden als real abkaufte, ihre Position als die geschädigte Ehefrau bestärkte und ihr zusätzliche Möglichkeiten bot, ihn auszuschimpfen, anzuklagen und kleiner zu machen.

Als der Mann und ich miteinander arbeiteten, wurde er sich der Dynamik der Situation immer bewusster und er war immer mehr bereit, sich in seinem Leben zu zeigen und seinen Drogenkonsum loszulassen. Je glücklicher, kreativer und erfolgreicher er wurde, umso hässlicher verhielt sich seine Frau, bis selbst ihre Kinder nicht mehr in ihrer Nähe sein wollten. Schließlich trennte er sich von ihr. Traurig daran ist, dass sie hätte wählen können, sich zu ändern und ihre Abhängigkeit zu beenden, aber sie hielt immer nur noch stärker daran fest, das kritische und beleidigende Opfer zu sein, das sie wählte zu sein.

Ich empfehle dir anzuschauen, was wirklich bei den Leuten vorgeht, die dich als selbstsüchtig bezeichnen. Geht es dabei um dich? Oder geht es in Wirklichkeit um sie? Eine der Arten, dein Gegenmittel gegen Abhängigkeit zu werden, ist dich zu fragen:

- Bin ich hier in der Gleichung meines Lebens mit eingeschlossen – oder bin ich in jemand anderes Realität hineingegangen?
- Tue ich, was andere von mir wollen, ohne darauf zu achten, was ich brauche?

Wenn du dich selbst in die Realität von jemand anderem einpasst, kannst du nicht deine eigene Realität haben. Du kannst nicht damit beginnen, dir deine Macht zurückzuholen und zu sein, wer du wirklich bist. Und wenn die Realität der anderen Person kleiner ist als deine eigene, musst du dein Gewahrsein verleugnen und dich selbst eng genug zusammenziehen, um in ihr winziges Leben hineinzupassen. Ich will nicht sagen, du solltest die Wirkung deiner Handlungen auf andere außer Acht lassen. Es geht nicht darum, der Elefant im Porzellanladen zu sein. Es geht darum zu erkennen, wenn du oder andere dich als selbstsüchtig bewerten, wenn das, was du tust, eigentlich ein Beitrag und eine Erweiterung für dein Leben ist.

„Du bist unberechenbar."

Bisweilen wird Leuten vorgeworfen, selbstsüchtig zu sein, wenn sie sich unberechenbar verhalten. Wenn du nicht die vorhersehbare Sache tust, auf die andere Menschen zählen, werfen sie dir möglicherweise vor, egozentrisch zu sein. Aber du bist nicht egozentrisch; du bist präsent – und für viele Leute ist präsent zu sein eine der größten Sünden, denn wenn du präsent bist, können sie dich nicht kontrollieren. Du wirst dazu neigen, etwas Unvorhersehbares zu wählen, weil du der Energie im jeweiligen Moment folgst, anstatt auf Autopilot zu funktionieren.

Nehmen wir an, du hast einen in Stein gemeißelten Plan für das, was du an einem Sonntag tust. Dann wachst du eines Sonntagsmorgens auf und freust dich nicht auf den Plan. Er fühlt sich schwer an. Bist du bereit zu fragen: „Was würde sich heute nach Spaß und Erweiterung anfühlen, anstatt zur Frühvorstellung eines Films zu gehen, die Kinder zu Chuck E. Cheese mitzunehmen oder zum Brunch bei den Joneses zu gehen?" Vielleicht würdest du wählen, eine Wanderung zu machen oder einen Park zu erkunden oder zu Hause zu bleiben und Brettspiele zu spielen. Geht es nicht eben darum, im Leben unvorhersehbar zu sein? Damit meine ich nicht, dass du deine Unberechenbarkeit zu einer Last für andere machst. Ich spreche von der Bereitschaft, der Energie zu folgen. Einer der spannenden Aspekte der Abhängigkeit ist nämlich folgender: Abhängigkeit macht dich sehr, sehr berechenbar. Ist dir das nicht aufgefallen? „Nach dem Mittagessen werde ich eine rauchen", „Fünf Uhr ist Zeit für einen Cocktail", „Rendezvous-Nacht, lass uns ins Kino gehen".

Was wäre, wenn du bereit wärst, unberechenbar zu sein, indem du du bist im Moment, gewahr bist und Fragen stellst wie:

• Was würde mir gerade jetzt Spaß machen?

RIGHT RECOVERY FOR YOU

- Welche neue oder andere Aktivität könnte ich heute wählen?
- Was würde mein Leben erweitern?

Wenn du bereit wärst, unvorhersehbar zu sein, wie sehr würde sich dein Leben verändern? Wie viel lebendiger würdest du dich fühlen?

Ein Aspekt der Unberechenbarkeit ist die Bereitschaft, deine Meinung zu ändern. Das ist es, was du tust, wenn du wach, gewahr und empfänglich für dich selbst bist und das, was um dich herum vorgeht. Was wäre, wenn du bereit wärst, deine Meinung alle zehn Sekunden zu ändern? Was, wenn du nicht an irgendetwas festhalten müsstest, nur weil du irgendwann beschlossen hast, es zu machen?

Hast du jemals bei einem Jobangebot zugesagt und wusstest am ersten Tag, dass das keine gute Wahl war? Aber weil du zugesagt hattest, bist du dann sechs Jahre geblieben? Oder vielleicht war es eine Ehe oder eine Beziehung. Hast du beschlossen, ewig bleiben zu müssen, obwohl es euch beiden schlecht damit ging? Was wäre, wenn du dir zugestehen würdest, deine Meinung zu ändern und dich nicht selbst in Ketten legen würdest, um an etwas festzuhalten, das nicht funktioniert? Denn noch einmal, wenn du das tust, lässt du dich selbst aus deinem Leben außen vor.

Ich spreche nicht davon, andere total außer Acht zu lassen. Ich spreche davon, gewahr und ehrlich mit dir selbst zu sein, damit, was funktioniert und was nicht. Du kannst Fragen stellen wie zum Beispiel: „Was würde es brauchen, damit dies für alle erweiternd ist?" Es geht darum, nach Möglichkeiten zu suchen – denn wir sind alle miteinander verbunden und es gibt Wege, wie du ganz du selbst sein und die Menschen einbeziehen kannst, die bereit sind, in deinem Leben zu sein. Wenn deine Ehe nicht funktioniert, ist es wirklich von Vorteil für deinen Ehepartner und die Kinder, daran festzuhalten? Kinder merken, was vor sich geht. Ich hatte so viele erwachsene Klienten, die Dinge sagten wie: „Ich wünschte, meine Eltern hätten sich scheiden lassen. Mein Leben wäre so viel einfacher gewesen, wenn ich nicht inmitten ihrer Streitereien gefangen gewesen wäre." Dasselbe kann auch für einen Job gelten. Wenn du deine Arbeit hasst, kannst du dann überhaupt gute Arbeit für deinen Arbeitgeber leisten? Oder wäre er besser bedient mit jemandem, dem die Arbeit wirklich Freude macht?

WAHL UND GEWAHRSEIN

Die meisten Menschen sehen Wahl als etwas, was sie ausüben können, wenn sie sich verschiedenen Alternativen gegenübersehen. Sie meinen, dass sie sich zwischen Vanilleeis und Schokoladeneis entscheiden können, sie können beschließen, verheiratet zu sein oder geschieden, oder sie können wählen, ob sie ihren Urlaub in Costa Rica, Kalifornien, Hawaii oder Kanada verbringen. Das bezeichne ich als eine Wahl von einem Menü. Dies beruht auf der Annahme, die festgelegten Optionen oder Antworten, die dir vorliegen, seien die einzigen Wahlmöglichkeiten, die du hast.

Nehmen wir zum Beispiel die Aussage: „Du kannst verheiratet sein – oder du kannst geschieden sein." Wenn du dir ansiehst, was die meisten Leute meinen, wenn sie von verheiratet sprechen, wird deutlich, wie sie in der Vorstellung festhängen, nur zwei Wahlmöglichkeiten zu haben. Was wäre nun, wenn du Ehe nicht so definierst wie alle anderen? Was, wenn es nicht bedeutete, 365 Tage im Jahr zusammenzuleben, bestimmte Rollen zu spielen und sich auf gängige Routinen und gegenseitige Erwartungen einzulassen? Was, wenn es darum ginge, den anderen als denjenigen zu achten, der er oder sie wirklich ist, und im Moment präsent mit demjenigen zu sein, anstatt festgelegten Verhaltens- und Handlungsweisen zu folgen? Was, wenn verheiratet zu bleiben eine Wahl wäre, die du jeden Tag triffst, nicht aus der Notwendigkeit, alles zu analysieren, sondern indem du der Energie folgst? Könnte dir das eine andere und expansivere Beziehung eröffnen? Es gibt immer Wahlmöglichkeiten jenseits des „Menüs", das diese Gesellschaft vorgibt. Es sind die willkürlichen Bewertungen und Regeln, die wir übernehmen, die unsere Wahlen begrenzen. Den meisten von uns wird weisgemacht, wir hätten in jeder Situation begrenzte Optionen, aber das ist in der Regel nicht der Fall.

Hier ist ein anderes Beispiel. Ich sprach mit einer Klientin, die sagte: „Ich übertreibe immer. Zu Weihnachten bestehe ich immer darauf, dass wir all die traditionellen Sachen machen – den Weihnachtsbaum aufstellen, ein Truthahnessen ausrichten, Plätzchen backen und jedem Geschenke kaufen. Ich übernehme mich und zwinge am Ende all das meinen Kindern auf, denen das nicht so viel bedeutet. Ich möchte das nicht mehr machen – aber ich möchte Weihnachten nicht auslassen, weil ich es liebe."

Ich sagte: „Warum setzt du dich nicht mit deinen Kindern zu einem Familientreffen zusammen? Ihr könntet Sachen auswählen, die ihr gerne zusammen macht. Wenn ihr Weihnachten am 27. Dezember feiern möchtet, um dem ganzen Trubel zu entgehen, tut das. Oder wenn du alle ins Auto laden und eine Tour über die Feiertage machen möchtest, tut das. Mach etwas, das allen Spaß macht und für sie funktioniert. Du hast immer mehr Wahlmöglichkeiten, als du glaubst."

Sie sagte: „Oh! Das ist so viel befreiender!"

Wahre Wahl bedeutet über die Optionen hinauszugehen, von denen man dir gesagt hat, sie seien deine einzigen. Du hast immer mehr Wahlmöglichkeiten, als du zu haben glaubst.

Wir wählen ständig

Ein Fehler, den die Leute häufig machen, ist, dass sie nicht erkennen, dass wir ständig Wahlen treffen. Wir treffen in jeder Sekunde in unserem Leben eine Wahl. Wir wählen uns gut zu behandeln – oder nicht. Wir wählen, mit jemandem in Verbindung zu treten – oder nicht. Wir wählen, unserem Sucht- oder Zwangsverhalten nachzugehen – oder nicht. Wir wählen selbst dann, wenn wir wählen, uns nicht dessen gewahr zu sein, was wir wählen. Wenn du auf Autopilot funktionierst, wählst du einfach auf Autopilot zu sein. Wenn du jedes Mal, wenn du ein bestimmtes Haus oder Auto oder eine bestimmte Person siehst, automatisch sagst: „Bäh!", wählst du, immer und immer wieder dieselbe Bewertung zu wiederholen.

Wahl kreiert Gewahrsein

Nur wenige Menschen verstehen, dass sie ihr Gewahrsein dadurch steigern, dass sie Wahlen treffen. Viele Menschen versuchen sich gewahr zu werden, was ihre Wahlen kreieren werden, bevor sie wählen. Aber so funktioniert es nicht. Wahl kreiert Gewahrsein. Gewahrsein kreiert keine Wahl.

Bist du jemals mit jemandem ausgegangen und hast fast sofort gemerkt, ob es eine Zukunft mit dieser Person gab oder nicht? Deine Wahl mit ihr auszugehen, hat dieses Gewahrsein kreiert. Manchmal bekommst du das Gewahrsein einfach dadurch, dass du die Wahl triffst. Du musst es nicht tatsächlich durchziehen. Wenn du sagst: „Ich gehe wieder an die Uni und machen meinen Abschluss", bekommst du sofort die Energie davon mit, was diese Wahl kreieren wird. Dann triffst du eine andere Wahl: „Nun gut, vielleicht ist es gerade nicht an der Zeit."

Wählen ist essentiell für Gewahrsein. Mein Vorschlag ist einfach immer weiter zu wählen und zu wählen und zu wählen, was du ja ohnehin tust, dir dabei aber bewusst zu werden, dass du wählst.

In dich hineinhorchen

Horche bitte jetzt einmal in dich hinein und schau, ob du noch immer die Energie der Expansion bist. Wenn du aus irgendeinem Grund wieder dazu übergegangen bist, zusammengezogener zu sein, möchtest du dir jetzt einen Moment Zeit nehmen und dich wieder ausdehnen? Wenn du neue Informationen aus einem Raum der Ausdehnung aufnimmst, ist es viel leichter für dich zu sehen, was wahr für dich ist und was bei dir Widerhall findet, als wenn du versuchst, das von einem Ort der Kontraktion aus zu tun.

Übung: Die Vorfall-Lüge

Eines der Dinge, die uns davon abhalten, das Gegenmittel zu unserem Suchtverhalten zu sein, sind die Beschlüsse, Bewertungen und Schlussfolgerungen, die wir über unsere Erfahrungen in der Vergangenheit gezogen haben und was mir meinen, dass sie über uns und das Universum aussagen. Hier ist eine Übung, die du verwenden kannst, um anzufangen, damit zu arbeiten. Ich nenne sie „Die Vorfall-Lüge".

Bitte suche dir ein oder zwei Ereignisse aus deiner Kindheit aus, die für dich noch eine Ladung haben. Es müssen keine großen Sachen sein. Ich spreche nicht von großen Ereignisse wie einem Todesfall in der Familie oder einem Umzug. Es kann etwas sein, das klein erscheint – etwas, das in der Schule passiert ist oder als du deine Cousins und Cousinen besucht hast. Kein großer Missbrauch, nur etwas, wo noch eine Ladung drauf ist.

Hier ist ein Beispiel aus meinem eigenen Leben. Ich war in der zweiten Klasse. Wir hatten den 31. Oktober, also Halloween. Ich war schon ganz aufgeregt, weil ich mich mit meinem Kostüm verkleiden und mit den Kindern aus meiner Klasse in der Nachbarschaft herumziehen und Süßigkeiten bekommen würde. Wir gingen zu einem Haus, und die Frau dort hatte eine Riesenschüssel mit Süßigkeiten. Sie meinte zu uns: „Nehmt so viel ihr wollt." Ich war begeistert, also griff ich zu und holte zwei oder drei Hände voller Süßigkeiten aus der Schüssel.

Als wir wieder in der Schule waren, erzählte die Lehrerin allen in der Klasse, ich und ein anderer Junge, der auch viele Süßigkeiten genommen hatte, seien gierig und hätten keine Manieren. Sie machte uns so schlecht wie nur möglich. Das ging mir eine ganze Weile nach. Und selbst als Erwachsene hatte der Vorfall eine Ladung für mich. Immer wenn ich daran dachte, wurde mir ganz anders. Das ist die Art von Ereignis, das ich meine.

Aufgrund dieser Erfahrung kam ich zu dem Schluss, ich sei ein böses Mädchen, ich sei gierig und es sei nicht richtig, Sachen zu machen, die Genuss brachten. Mit anderen Worten: Ich war falsch und musste mich zusammenziehen. Ich beschloss auch, ich könne Erwachsenen nicht vertrauen. Obwohl mich die Lady aufgefordert hatte, die Süßigkeiten zu nehmen, fühlte ich mich so gedemütigt durch die Lehrerin, dass ich nie wieder auf das vertrauen wollte, was irgendein Erwachsener sagte. Das ist eine Menge Zeug, das sich aus einem kleinen Ereignis an Halloween ergeben hatte, als ich sechs oder sieben Jahre als war. Und jahrelang danach lebte ich aus diesen Beschlüssen, Bewertungen und Schlussfolgerungen heraus. Sie färbten viele meiner Reaktionen auf die Ereignisse in meinem Leben ein.

Viele Jahre später, als ich zurückging und mir diese Beschlüsse ansah, erkannte ich, dass ich überhaupt nicht gierig war. Die Lady mit der Schüssel voller Süßigkeiten schenkte mir etwas und ich empfing freudig ihr Geschenk – bis die Lehrerin mich ins Unrecht setzte. Ich musste mir den Vorfall aus einer anderen Perspektive anschauen, um zu verstehen, dass nicht ich diejenige war, die in dieser Situation falsch lag; es war die Lehrerin. Endlich konnte ich die Ladung loslassen und sagen: „Wow, ich habe einige unzutreffende Beschlüsse, Bewertungen und Schlussfolgerungen gezogen – und ich habe zugelassen, dass sie mein Leben bestimmt haben. Und alle diese Beschlüsse haben zu meinem Suchtverhalten beigetragen – weil sie mir alle das Gefühl gaben, ich sei falsch und könne weder mir selbst noch anderen trauen."

Als ich diese Übung zur Vorfall-Lüge mit einer Freundin machte, erinnerte sie sich an einen Vorfall, der sich ereignete, als sie fünf Jahre alt war. Sie hatte ihre Kleidung sorgfältig ausgewählt und sich selbst angezogen und ging stolz zu ihrer Mutter, um ihr zu zeigen, wie gut sie das gemacht hatte. Rate mal, was passierte? Ihre Mutter machte sich über die lustig und beschämte sie. Meine Freundin fühlte sich gedemütigt und schlussfolgerte, sie könne sich selbst nicht zutrauen, gute Entscheidungen zu treffen.

Als meine Freundin sich die Situation noch einmal anschaute, erkannte sie, dass es nicht so war, dass sie schlechte Wahlen getroffen hatte; es war einfach so, dass ihre Mutter gemein war. Sie hatte eine gemeine Mutter – einige von uns haben gemeine Mütter. Sie erkannte, dass sie tatsächlich sehr gute Entscheidungen treffen konnte, und sie schaute sich einige Gelegenheiten in ihrem Leben an, wo sie das getan, jedoch nicht anerkannt hatte. Sie konnte ihre Bewertungen über sich selbst nicht loslassen, bis sie sich die Schlussfolgerung ansah, die sie im Alter von fünf Jahren gezogen hatte. Bis dahin hatte sie auch nicht die Information zulassen können, dass sie in ihrem Leben tatsächlich einige sehr gute Entscheidungen getroffen hatte.

Warum ist diese Übung so wirksam? Weil deine Ansicht deine Realität kreiert. Wenn du im Alter von sechs oder sieben Jahren beschließt, du seist gierig und könnest Menschen nicht vertrauen, oder wenn du mit fünf schlussfolgerst, du träfest schlechte Entscheidungen, wirst du Umstände kreieren, die demonstrieren, dass diese Schlussfolgerungen korrekt sind – solange, bis du zurückgehst und sie dir anschaust. Wir kreieren uns selbst Lügen über die Bedeutung der Ereignisse in unserem Leben. Und diese Lügen tragen zu unserem Gefühl bei, falschzuliegen, und dem Sucht- oder Zwangsverhalten, das wir wählen auszuüben.

Also, ich lade dich jetzt ein, dein Ereignis aufzuschreiben. Noch einmal, es geht um ein Ereignis aus deiner Kindheit, das gering erscheinen mag, aber eine Ladung für dich hat. Hast du eines? Schreibe auf, was da für dich passiert ist.

Nachdem du dies gemacht hast, schaue dir bitte die Beschlüsse, Bewertungen und Schlussfolgerungen, die du über dich selbst, das Leben, andere Menschen, Erwachsene und vielleicht Gott oder das Universum getroffen hast, basierend auf diesem Vorfall. Und schreibe diese ebenfalls auf.

Wenn du diesen Teil der Übung abgeschlossen hast, empfehle ich dir, zurückzugehen und dich als den kleinen Jungen oder das kleine Mädchen anzuschauen und dich selbst zu fragen: „Wenn ich außerhalb dieser Situation stehen und sehen würde, dass diese Dinge einem Kind geschehen, was würde ich ihm sagen?" Was hätte dir jemand damals sagen können, das diesen Vorfall für dich in die richtige Perspektive gerückt hätte? Schreibe dies bitte auf.

Nun möchte ich, dass du dir das selbst sagst. Indem du das tust, kannst du die Beschlüsse, Bewertungen und Schlussfolgerungen korrigieren, die du als kleines Kind gezogen hast und die deine Ansicht geformt haben – und dich möglicherweise immer noch dahingehend beeinflussen, wie du in der Welt interagierst. Wenn du die alten Lügen, unzutreffenden Beschlüsse, Bewertungen und Schlussfolgerungen aufspürst, ist dies ein großer Schritt dabei, die Wahrheit dessen zu entdecken, wer du wirklich bist.

Einige Werkzeuge, die du ab jetzt verwenden kannst

Hier sind einige Fragen und Werkzeuge, die dich ermächtigen werden, mehr du selbst zu werden, was der Schlüssel dazu ist, das Gegenmittel gegen die Abhängigkeit zu werden.

Werkzeug: Ist es leicht – oder ist es schwer?[1]*

Ich möchte gerne ein Werkzeug vorstellen, das sich für mich als äußerst wertvoll erwiesen hat: *Das, was wahr ist, bringt dich dazu, dich leicht zu fühlen, und was eine Lüge ist, bringt dich dazu, dich schwer zu fühlen.*

Dies hilft dir vielleicht, das besser zu verstehen: Denke an jemanden in deinem Leben, der dir wichtig ist – jemand, mit dem du gerne zusammen bist und den du bereit bist, nicht zu bewerten. Nimm die Energie davon wahr. Ist das schwer oder leicht? Ich tippe, dass du da eine Leichtigkeit verspürst.

Nun nimm die Energie von jemandem wahr, der dich verraten hat, oder von jemandem, von dem du dachtest, er sei ein Freund, bis du gemerkt hast, dass er oder sie überhaupt nicht freundlich war. Ist da eine Schwere? Das liegt daran, dass es da eine Lüge gibt. Die Lüge war, dass du dieser Person wichtig warst oder sie tun würde, was in deinem besten Interesse ist.

Jedes Individuum nimmt *leicht* und *schwer* unterschiedlich wahr. Manche Leute spüren eine Schwere oder Leichtigkeit in ihrem Körper. Andere hören das Wort – *schwer* oder *leicht*. Manche

---

1 * „Ist es leicht – oder ist es schwer?" ist ein Access-Consciousness®-Werkzeug.

erfahren leicht wie den Tag und schwer wie die Nacht. Es ist nicht wichtig, wie es sich für dich zeigt. Bitte bewerte es nicht. Dies ist nicht etwas, was du richtig hinbekommen musst. Es ist eine Rückmeldung, die sich einzigartig für dich zeigt, und sobald du dir bewusst geworden bist, wie leicht und schwer sich für dich anfühlen, wird es ein äußerst wertvolles Werkzeug. Ich benutze es die ganze Zeit, um mir klar darüber zu werden, was für mich wahr ist und was in meinem Leben vor sich geht. Ich verwende es auch, wenn ich Wahlen treffe oder verschiedene Möglichkeiten in Betracht ziehe.

Wenn ich zum Beispiel überlege, eine Reise zu unternehmen oder einen bestimmten Kurs zu besuchen, werde ich, auch wenn es vom logischen Standpunkt aus eine gute oder schlechte Idee zu sein scheint, mir die Energie bewusst machen, indem ich etwa frage: „Was ist die Energie davon, diesen Kurs zu besuchen oder diese Reise zu machen?" Da wird eine Leichtigkeit oder Schwere sein, und häufig widerspricht die schwere oder leichte Energie dem, was mein logischer Verstand herausbekommen hätte. Ich habe festgestellt, dass, wenn ich der Energie dessen folge, was leicht ist, alles gut läuft. Und wenn ich es nicht tue – wenn ich meinem logischen Verstand folge – die Dinge nie so positiv verlaufen, wie ich gedacht habe.

Ich möchte hier noch einen Vorbehalt anbringen. Das Schwer/leicht-Werkzeug wird nur zutreffen, wenn du bereit bist, keine Ansicht darüber zu haben, wie die Rückmeldung oder das Ergebnis aussehen wird. Wenn du bereits beschlossen hast, dass etwas gut oder schlecht für dich ist, oder dass jemand so oder so ist, wird das Schwer/leicht-Werkzeug nicht funktionieren. Die energetische Rückmeldung auf deine Frage wird sich dem anpassen, was du bereits beschlossen hast. Wenn du beispielsweise beschlossen hast, dass Person „x" die oder der Richtige zum Heiraten für dich ist, und du fragst: „Ist es leicht oder schwer für mich, Person ‚x' zu heiraten?", wirst du ein leicht bekommen. Das Werkzeug kann nicht funktionieren, weil du bereits eine Bewertung vorliegen hast.

Wenn du die Frage stellen möchtest, ob du Person „*x*" heiraten solltest, musst du die Frage aus einer absoluten Neutralität heraus angehen: „Wenn es expansiv für mich ist, Person ‚*x*' zu heiraten, prima. Wenn es nicht expansiv expansiv für mich ist, Person ‚*x*' zu heiraten, prima." Das Schwer/leicht-Werkzeug kann nur von einem Ort aus funktionieren, wo es keine Erwartungen oder erwünschten Resultate gibt.

Du kannst dieses Werkzeug verwenden, wenn du dich animiert fühlst, deinem Sucht- oder Zwangsverhalten nachzugehen, indem du fragst:

- Wie ist gerade die Energie davon, meinem Sucht- oder Zwangsverhalten nachzugehen?
- Ist es schwer oder leicht für mich, dieses Verhalten fünfzehn Minuten lang aufzuschieben?

Selbst, wenn du feststellst, dass es sich schwer anfühlt, deinem Sucht- oder Zwangsverhalten nachzugehen, kannst du es immer noch tun. Der Zweck des Schwer/leicht-Werkzeugs ist nicht, dir vorzuschreiben, was du tun sollst; es geht einfach darum, dass es dir mehr Gewahrsein darüber geben soll, was du tust.

Hier sind noch einige zusätzliche Werkzeuge, wie du dieses Werkzeug bei deiner Abhängigkeit verwenden kannst. Frage:

- Joe unterstützt mich dabei, mich von meinem Sucht- oder Zwangsverhalten zu befreien. Ist das schwer oder leicht?
- Diese (Aktivität oder Idee) wäre mir ein Beitrag dabei, mein Sucht- oder Zwangsverhalten aufzugeben. Ist das schwer oder leicht?

Noch einmal – ich spreche von der Leichtigkeit oder Schwere der Energie. Wenn du anfängst, die leichtere Energie zu erkennen und ihr zu folgen, beginnst du, die Dinge zu wählen, die dir helfen werden, von deinem Sucht- oder Zwangsverhalten frei zu sein.

Wenn du mir auch nur ein wenig ähnlich bist, dann wirst du versucht haben, Sachen herauszubekommen, indem du sie durchdenkst. Bitte erkenne, dass Denken, im Gegensatz zu allem, was man dir erzählt haben mag, nicht funktioniert. Und hier ist noch etwas über das Denken: Jedes Mal, wenn du zum Denken und Ergründen übergehst, schneidest du dein Gewahrsein davon ab, was vor sich geht. Das Denken verhindert genau genommen, dass du präsent bist. Du kannst das eine oder das andere tun, du kannst gewahr sein oder du kannst denken – aber nicht beides zur gleichen Zeit.

Das Denken hat dich dahin gebracht, wo du jetzt bist. Wenn das Denken dich aus deinem Sucht- oder Zwangsverhalten hätte befreien können, wärst du inzwischen da raus. Deswegen ist dieses Werkzeug, das dich einlädt, die Energie einer Situation wahrzunehmen (anstatt zu versuchen, etwas zu durchdenken), so effektiv.

Du kannst das Leicht/schwer-Werkzeug nutzen, um jederzeit Zugang zu deinem Wissen zu bekommen. Wenn es leicht ist, ist es wahr für dich. Es ist keine allgemeingültige Wahrheit; es ist einfach wahr *für dich*. Und wenn es schwer ist, gibt es da eine Lüge – ausgesprochen oder unausgesprochen. Es ist gut zu wissen, dass Lügen manchmal unausgesprochen sind. Du musst auch nach diesen schauen, denn alles, was schwer ist, wird in deiner Aufmerksamkeit festhängen, bis du die Lüge entdeckst.

Nehmen wir zum Beispiel an, jemand sagt zu dir: „Ich kann heute nicht zu deiner Party kommen, weil ich krank bin." Vielleicht sagst du zu dir selbst: „Hmm, das fühlt sich schwer an. Ist

RIGHT RECOVERY FOR YOU

da eine Lüge? Ja. (Das fühlt sich leicht an.) Ist sie wirklich krank? Nein. (Das fühlt sich leicht an). Ah, na gut. Ich verstehe. Sie ist nicht wirklich krank."

Wenn du merkst, dass deine Frage die Energie nicht komplett leichter macht, könnte mehr an der Lüge dran sein. Du kannst fragen:

- Was ist da noch, das eine Lüge ist?
- Was ist hier die unausgesprochene Lüge?
- Was geht hier noch vor sich?

Es könnte etwas sein, was dir derjenige nicht mitteilt, wie etwa: „Nun, eigentlich möchte mein Ehemann nicht, dass ich zu deiner Party gehe, weil er Angst hat, ich könnte mit xyz flirten." Sobald du die unausgesprochene Lüge herausbekommen hast, kannst du sie loslassen. Das wird sich leicht anfühlen. Also ist dies ein sehr praktisches und hilfreiches Werkzeug.

Benutze das „Schwer und leicht"-Werkzeug den ganzen Tag über. Schau, was sich leicht anfühlt, und folge dieser leichten Energie. Schau, was sich schwer anfühlt. Gehe nicht in Widerstand und Reaktion auf die Schwere, denn das hieße, dass du dich dagegen wehrst, und solange du das tust, bleibst du darin. Frage dich stattdessen: „Was kann ich sein oder tun, um hier eine Situation zu kreieren, die leichter ist?" Und während du diese Frage stellst, bekommst du irgendein Gewahrsein. Gehe einfach in diese Richtung.

Wahrheit: Zu wem gehört das?[2]*

Bist du jemals die Straße entlanggegangen und warst ziemlich zufrieden mit deinem Leben, und ganz plötzlich hat dich eine Welle von Sorgen erwischt? Oder vielleicht warst du zu Hause und hast dir einen Film angesehen und gemerkt, dass du sehr wütend wurdest. Würde es dich überraschen, dass viele deiner Gedanken, Gefühle und Emotionen tatsächlich nicht dir gehören?

Viele von uns sind unglaublich hellfühlig; das sehe ich ganz besonders bei Menschen, die Sucht- oder Zwangsverhalten haben. Wenn ich sage „hellfühlig", spreche ich nicht davon, aus einem Kaffeesatz zu lesen oder in eine Kristallkugel zu schauen. Ich spreche von deiner Fähigkeit, die Gedanken, Gefühle und Emotionen von allen um dich herum aufzuschnappen. Wenn dir bewusst ist, dass das eine Fähigkeit von dir ist, ist das kein Problem. Wenn du dir aber nicht bewusst bist, dass du die Gefühle und Gedanken anderer aufschnappst, wirst du annehmen, die Traurigkeit oder die Wut, was auch immer es ist, sei deine und du müsstest etwas damit machen. Es ist jedoch so, dass du nichts daran ändern kannst, wenn es ohnehin nie deines war.

Hier ein Beispiel. Ich machte einmal zu Weihnachten ein paar Weihnachtseinkäufe. Ich habe eine kleine Familie und hatte genug Geld, um die Ausgaben für die Geschenke, die ich kaufen wollte, abzudecken. Als ich nach meinen Erledigungen aus dem Einkaufszentrum herauskam, dachte ich: „Oh mein Gott! Wie werde ich das jemals bezahlen können? Ich weiß nicht, was ich mit meinen Kreditkarten machen soll." Plötzlich merkte ich, dass dies gar nicht mein Gedanke war! Das war, was viele Menschen in dem Einkaufszentrum dachten, während sie zu viel ausgaben

---

2 *„Zu wem gehört das?" ist ein Access-Consciousness®-Werkzeug.

und all ihre Einkäufe auf ihre Kreditkarten setzten. Nachdem ich also wusste, dass diese Gedanken nicht meine waren, ließ ich sie einfach los.

Aber für viele ist das nicht immer so leicht zu erkennen, ganz besonders, wenn sie nicht anerkennen, dass sie die Fähigkeit haben, diese Dinge wahrzunehmen. Und hier setzt das Werkzeug an. Jedes Mal, wenn du einen Gedanken, ein Gefühl oder eine Emotion hast, frage: „Zu wem gehört das?" Wenn es auch nur ansatzweise leichter wird, ist es nicht deins, und du kannst sagen: „Zurück an den Absender."

In meiner langjährigen Arbeit als Therapeutin habe ich Menschen gesehen, die ein ganzes Jahrzehnt an ihrem Wutproblem gearbeitet haben, ohne je irgendetwas zu verändern – weil die Wut überhaupt nicht ihre war. Sie haben sie von einem Elternteil, einem Ehepartner, einem Familienmitglied oder Chef aufgeschnappt und sie für sie ausgelebt. Sobald sie verstanden, dass die Wut nicht ihre war, verschwand sie.

Es ist auch möglich, wenn du physischen oder emotionalen Schmerz hast, dass du den Schmerz anderer Menschen wahrnimmst und ihn als deinen eigenen annimmst. Das passiert die ganze Zeit. Stelle die Frage: „Zu wem gehört das?" Wenn es leichter wird, wirst du wissen, dass du es von jemand anderem aufschnappst, und du kannst es zurück an den Absender schicken.

Du kannst „Zu wem gehört das?" auch im Umgang mit Gedanken, Gefühlen und Emotionen rund um dein Sucht- oder Zwangsverhalten benutzen. Probiere zum Beispiel, die Frage bei allen Gedanken, Gefühlen oder Emotionen anzuwenden, die hochkommen, wenn du erwägst, deinem Sucht- oder Zwangsverhalten nachzugehen oder wenn du ihm nachgegangen bist.

Ich habe dieses Werkzeug einer Frau empfohlen, die ein Problem mit dem Trinken hatte. Sie wurde immer wieder ängstlich und fühlte sich unwohl und wandte sich dann dem Alkohol zu, um sich Erleichterung zu verschaffen. Ich schlug ihr vor zu fragen: „Zu wem gehört das?", wann immer sie sich dieser Ängstlichkeit und Aufregung bewusst wurde. Bei unserer nächsten Sitzung kam sie strahlend herein. Sie hatte entdeckt, dass sie die Aufregung *ihres Ehemanns* aufgeschnappt und für ihre eigene gehalten hatte und dann etwas trank, um wieder ruhiger zu werden.

Werkzeug: Stelle gute Fragen

Eine weitere nützliche und effektive Sache, die du tun kannst, um mehr von dir zu haben und zu werden und um dein Sucht- oder Zwangsverhalten zu beenden, ist, ständig in der Frage zu sein. Fragen ermächtigen. Sie dehnen die Dinge energetisch aus und eröffnen dir neue Möglichkeiten. Jede offene Frage wird dir helfen, dich wieder auszudehnen, wenn du dich zusammengezogen fühlst. Wenn du ständig Fragen stellst, anstatt zu einer Schlussfolgerung, einer Bewertung und einem Beschluss über dein bestimmtes Sucht- oder Zwangsverhalten (oder irgendetwas anderes in deinem Leben) zu kommen, kann dich das empfänglich machen für neues Gewahrsein und Handeln.

Vielen Menschen denken, sie stellen Fragen, während ihre Fragen zumeist keine echten Fragen sind. Sie sind Antworten mit einem Fragezeichen am Ende.

Hier ist ein Beispiel davon, was ich meine. Nehmen wir an, du hast beschlossen, du möchtest, dass sich der Mann deiner Träume in deinem Leben zeigt, und er muss groß, dunkel und attraktiv sein. Vielleicht stellst du eine „Frage" wie: „Was würde es brauchen, damit sich der Mann meiner Träume nächste Woche zeigt?"

Das ist keine echte Frage. Das ist eine Feststellung dessen, was du beschlossen hast zu wollen, mit einem Fragezeichen am Ende. Eine echte Frage lässt die Möglichkeiten offen.

Du denkst, dass du um den Mann deiner Träume bittest, aber da du schon beschlossen hast, wie er aussehen soll, hast du begrenzt, was das Universum dir schenken kann. Was, wenn der Mann, der der größte Beitrag für dein Leben wäre, klein und blond wäre? Was wäre, wenn es einen Monat braucht, bis er auftaucht? Je mehr Anforderungen du in deine „Frage" hineinpackst, umso geringer ist die Wahrscheinlichkeit, dass sich irgendetwas zeigt.

Wenn ich mit Leuten und ihren Abhängigkeiten arbeite, fragen sie manchmal Dinge wie: „Wie kann ich mein Sucht- oder Zwangsverhalten beenden?" Das ist auch keine echte Frage. Das ist die Konstatierung eines Beschlusses, den sie getroffen haben (dass sie aufhören müssen), mit einem Fragezeichen am Ende. Dieser Ansatz führt dazu, dass du dich im Kampfmodus mit der Abhängigkeit auseinandersetzt. Er begrenzt auch, was sich zeigen kann, denn du hast ja schon beschlossen, was passieren muss. Eine bessere Frage wäre: „Was würde es brauchen, damit dieses Verhalten sich ändert?", denn Veränderung kann sich auf alle möglichen verschiedene Arten zeigen. Eine Frage lädt dich ein, dein Gewahrsein zu erweitern. Sie macht dich offen für neue Möglichkeiten.

Einige weitere Fragen, die du zu deinem Sucht- oder Zwangsverhalten stellen könntest, könnten sein:[3*]

- Was geht hier noch vor, dessen ich mir nicht bereit gewesen bin, gewahr zu sein?
- Was ist hier noch möglich?

[3*] Viele dieser Fragen werden im ganzen Buch verwendet. Dies sind einige der wertvollsten Fragen, die du in deinem Repertoire haben kannst.

- Wie wird es noch besser?[4**]
- Was könnte ich hier verändern?
- Was kann ich hier noch anderes tun?
- Welche andere Energie könnte ich sein, die das verändern würde?

4** „Wie wird es noch besser?" ist ein Access-Consciousness®-Werkzeug.

80

KAPITEL DREI

Was ist richtig an der Abhängigkeit?

*Jedes Verhalten hat einen Zweck. Du würdest das Sucht-
oder Zwangsverhalten nicht wählen, wenn es nicht auf
irgendeine Weise ein Beitrag für dein Leben wäre.*

In diesem Kapitel werden wir die Frage erkunden: „Was ist richtig an der Abhängigkeit?" Ich weiß, dass dies wie eine verrückte
Frage erscheinen mag, und ich werde darüber sprechen, weshalb es
so wichtig ist, dass du sie dennoch beantwortest.

Häufig kann ein Sucht- oder Zwangsverhalten als die beste Art erscheinen, um viele Bedürfnisse zu erfüllen, und es war
vielleicht der beste Bewältigungsmechanismus, den du zu der
Zeit hattest. Tatsächlich benutzen viele Menschen ihr Sucht- oder
Zwangsverhalten, um eine Reihe an Bedürfnissen abzudecken. Sobald du beginnst, alle Arten zu erkennen, auf die deine Abhängigkeit dir geholfen hat und richtig für dich war, kannst du überlegen,
ob dies die Art ist, auf die du weiterhin deine Bedürfnisse erfüllen
möchtest.

Wenn ich frage: „Was ist richtig an der Abhängigkeit?",
schauen mich die meisten Leute an, als sei ich verrückt. Sie sagen: „Abhängigkeit ist schrecklich. Sie ist furchtbar. Sie ist das

Schlimmste, was es gibt. Das ist das, was mich davon abhält, ich zu sein. Ich hasse den Alkohol. Ich hasse die Zigaretten. Ich hasse Beziehungen voller Missbrauch. Ich weiß nicht, warum ich das weiterhin wähle."

Ich sage: „Ich möchte dir etwas erzählen, was ich vor langer Zeit gelernt habe. Jedes Verhalten erfüllt einen Zweck. Du würdest kein Sucht- oder Zwangsverhalten wählen, wenn es dir nichts bringen würde. Du würdest es nicht wählen, wenn es nicht auf irgendeine Art ein Beitrag für dein Leben wäre. Du hast deine Abhängigkeit überhaupt nur kreiert, weil du dachtest, du hättest keine andere Wahl. Du hattest nicht die Informationen, die Werkzeuge oder die Fähigkeiten, um etwas anderes zu wählen. Du musstest irgendein Sucht- oder Zwangsverhalten kreieren, um mit dem umgehen zu können, was für dich vorging."

Dir dessen bewusst zu sein ist ein wichtiger Schritt. Aber es ist auch ziemlich paradox – denn die andere Seite dieses Beitrags war eine Begrenzung. Und du musst dir beide Seiten des Beitrags/der Begrenzung ansehen, um dich von deinem Sucht- oder Zwangsverhalten zu befreien.

Ich habe vor Kurzem mit einer neuen Klientin zu arbeiten begonnen, die als Kind schwer misshandelt worden ist. Sie sagte: „Ich bin Alkoholikerin."

Ich fragte: „Was bedeutet das?"

Sie sagte: „Ich trinke fast jeden Abend."

Ich fragte: „Wie viel?"

Sie sagte: „Mehr als eine Flasche Wein. Ich trinke, weil ich einfach nicht damit klarkomme, wie ich mein Leben vermasselt habe und wie schwierig alles für mich ist."

Ich fragte sie: „Hast du Dankbarkeit für das Trinken und den Alkohol?"

Sie sagte: „Nein! Warum sollte ich dankbar dafür sein?"

Ich sagte: „Frage dich selbst: ‚Wenn ich nicht den Alkohol gehabt hätte, um mit dem Schmerz des Missbrauchs und darüber, wie falsch ich bin, umzugehen, wie wäre mein Leben dann gewesen?'"

Sie begann zu weinen und sagte: „Ich hätte mich wahrscheinlich umgebracht."

Ich fragte: „Kannst du sehen, welches Geschenk der Alkohol gewesen ist? Das heißt nicht, dass nicht an der Zeit wäre, das zu ändern, aber er war ein Geschenk für dich, als du keine andere Möglichkeit hattest, mit Dingen umzugehen."

Und das Tolle ist – sie hat es verstanden.

Es hat mich überrascht, wie viele Klienten entdeckten, dass ihr Suchtverhalten sie tatsächlich am Leben gehalten hat, bis sie wirkliche Hilfe bekommen konnten. Bitte schau, ob dies auch für dich so ist. Vielleicht beginnst du zu erkennen, welches Geschenk dein Zwangs- oder Suchtverhalten tatsächlich gewesen ist!

Du strebst nun danach, über dein Sucht- oder Zwangsverhalten hinwegzukommen, und es wird sehr hilfreich sein zu entdecken, wie dieses Verhalten dir gedient hat. Also lass uns diese Fragen ansehen: „Was ist richtig an deiner Abhängigkeit, das du nicht mitbekommst?" Damit dir dies leichter fällt, würde ich gerne einige der Antworten aufführen, die mir meine Klienten gegeben haben, die bereit waren sich anzusehen, was die Abhängigkeit ihrem Leben beigetragen hat.

Es hilft mir zurechtzukommen. Das ist meine beste Art, Stress abzubauen. Viele Menschen benutzen ihr Sucht- oder Zwangsverhalten als Hauptmittel, um mit Stress umzugehen. Häufig höre ich Aussagen wie: „Ich kann es aushalten, meine/n Ex zu treffen, weil ich weiß, dass ich danach eine Flasche Wein trinken kann" oder „Ich kann mit mich mit den Kindern auseinandersetzen, weil ich weiß, dass ich mich später in mein Büro zurückziehen und entspannen kann, indem ich ein paar Stunden Computerspiele spiele".

Wenn du keine guten, praktischen Werkzeuge hast, um mit Stress umzugehen, kann dir dein Sucht- oder Zwangsverhalten wie ein Rettungsring erscheinen. Die Schwierigkeit besteht darin, dass du dich am Ende davon abhängig machst und dein Gewahrsein und deine Fähigkeit minderst, auf eine Art mit dem Stress umzugehen, die produktiver für dich ist.

Es lindert emotionalen oder körperlichen Schmerz. Wenn du emotionalen oder physischen Schmerz hast, den du scheinbar auf keine andere Art bewältigen kannst, erscheint es sinnvoll, ein Sucht- oder Zwangsverhalten zu wählen, um ihn zu lindern – denn worum es bei der Abhängigkeit ja geht, ist, nicht gewahr und präsent mit dir selbst zu sein. Dies ist eine Art, wie du nicht existieren kannst, zumindest vorübergehend, und in diesem Zustand des verringerten Gewahrseins erfährst du einige Erleichterung.

Allerdings sind sowohl emotionaler als auch körperlicher Schmerz ein Zeichen, dass es etwas gibt, dessen du dir bewusst sein solltest. Wenn du also dein Sucht- oder Zwangsverhalten benutzt, um diesen Schmerz zu lindern, stellst du dein Gewahrsein hintenan. Das kann für eine Weile in Ordnung sein; allerdings gibt es in manchen Fällen Dinge, um die du dich kümmern musst, basierend auf diesem Gewahrsein, und wenn du dies nicht tust, könnte dies schädlich für dich sein.

Es hilft mir, mich bei gesellschaftlichen Anlässen lockerer zu fühlen. Vielleicht hilft es dir, dich in Gesellschaft lockerer zu fühlen, wenn du einen Cocktail trinkst oder einen Joint rauchst, sodass dein Umgang mit Menschen dir leichter fällt. Vielleicht hilft dir das Schmerzmittel, das du nimmst, um nachts gut schlafen zu können, dabei rauszugehen und mehr Freude im Umgang mit Leuten zu haben. Oder vielleicht entspannt es dich, zu schauen, was schiefläuft im Leben anderer, und ihre Probleme zu lösen, und das ermöglicht dir, das Gefühl zu haben, dass du nützlich bist.

Während all dies Sinn zu ergeben scheint, schneidest du, sobald du ein Sucht- oder Zwangsverhalten benutzt, um dich entspannter zu fühlen, die Möglichkeit ab, die Werkzeuge zu benutzen oder die Fertigkeiten zu entwickeln, die dir erlauben würden, dich ohne das Suchtverhalten entspannt zu fühlen.

Es stoppt das Geschwätz in meinem Kopf. Hast du jemals das Gefühl gehabt, du hättest ein Komitee in deinem Kopf? Dass jedes Mal, wenn du versucht hast, einen Beschluss zu fassen, da eine Stimme ist, die *dies* sagt, und eine andere Stimme, die *das* sagt? Viele Menschen benutzen ihr Sucht- oder Zwangsverhalten, um diese Art von Geschwätz in ihrem Kopf zu stoppen. Es scheint den Geist zu beruhigen und die Lautstärke der widersprüchlichen Stimmen runterzudrehen.

Aber wenn dies die einzige Art ist, auf die du die Stimmen in deinem Kopf zum Verstummen bringen kannst, machst du dich selbst abhängig von deinem Sucht- oder Zwangsverhalten, anstatt eine Wahl damit zu haben, wie du gerne damit umgehen würdest.

Es hilft mir zu empfangen. Beim Empfangen geht es darum, die Barrieren fallenzulassen, dich zu öffnen und zuzulassen, dass jemand oder etwas dir ein Beitrag ist. Manche Menschen hatten derart schmerzvolle Erfahrungen in ihrem Leben, dass sie beschlossen, sie könnten anderen nicht vertrauen und das Universum sei gegen sie. Ihre Art, um „in Sicherheit" zu bleiben, bestand darin, ihr Empfangen von irgendjemand oder irgendetwas anderem als ihrer Abhängigkeit abzuschneiden. Sie werden dir sagen, sie können Liebe, Fürsorge, Trost, Unterstützung oder Entspannung nur dann empfangen, wenn sie ihr Sucht- oder Zwangsverhalten ausüben.

Wenn du schwierige Erfahrungen mit Missbrauch gehabt hast, bist du vielleicht auch zu der Schlussfolgerung gekommen, es sei zu gefährlich, dich zu öffnen und von irgendjemandem oder irgendetwas anderem als deiner Abhängigkeit zu empfangen. Dies ist eine verbreitete, vollkommen verständliche Schlussfolgerung, die auf deinen Erfahrungen basiert.

Leider ist alles Empfangen, was du derzeit aus deinem Leben ausschließt, Teil dessen, was dich in der kontrahierten Energie der Abhängigkeit festhält, weil es bei deinem Sucht- oder Zwangsverhalten immer darum geht, deine Möglichkeiten zu begrenzen. Wenn du beschließt, du wirst von niemand und nichts anderem als deinem Sucht- oder Zwangsverhalten empfangen, ist das, als würdest du entscheiden, nur in dem Krämerladen in deinem Viertel alles einzukaufen, was du für dein Leben brauchst. Sobald du anfängst, dir selbst zu vertrauen, dass du weißt, was du weißt, wirst du feststellen, dass es einfacher wird, von anderen Quellen als deinem Sucht- oder Zwangsverhalten zu empfangen.

Es schneidet mein Gewahrsein ab. Es kann als eine große Erleichterung erscheinen, sein Gewahrsein abzuschneiden. Du musst dich nicht mit dem auseinandersetzen, wessen du dir gewahr bist. Du musst nicht wissen, was du tun musst oder wie du damit umgehen solltest. Wenn es Probleme in deiner Ehe gibt, wenn du finanzielle oder rechtliche Schwierigkeiten hast, wenn dich ein Familienmitglied missbraucht oder wenn der Schmerz darüber, nirgendwo hineinzupassen, überwältigend zu sein scheint, mag es dir so erscheinen, als sei dein Gewahrsein abzuschneiden die einzige mögliche Lösung – und du kannst definitiv dein Suchtverhalten dazu benutzen.

Leider kannst du dein Gewahrsein von einer Sache nicht abschneiden, ohne dein Gewahrsein von allem abzuschneiden, sodass du am Ende dein Gewahrsein bezüglich Menschen und Situationen verringerst, die schädlich für dich sein könnten. Dies ist einer der Gründe, warum Menschen mit Abhängigkeiten sich in Missbrauchssituationen wiederfinden. Es kann sein, dass du dein Gewahrsein von jemandem abschneidest, der dich betrügen, bestehlen, schlagen oder dich auf andere Art missbrauchen und begrenzen wird.

SCHENKEN UND EMPFANGEN[5*]

Den meisten von uns wird beigebracht, es ginge beim Leben auf diesem Planeten um Geben und Nehmen, darum, Gleiches mit Gleichem zu vergelten. Es ginge darum, alles nachzuhalten, nach dem Motto: Wenn ich etwas für dich tue, solltest du etwas für mich tun. Wir leugnen das Gewahrsein, das eine Person, die ein Geschenk macht, durch das Schenken erhält. Und das Gewahrsein, das eine Person, die ein Geschenk empfängt, durch das Empfangen erhält. Dies nennt sich die Gleichzeitigkeit des Schenkens und Empfangens.

Was wäre, wenn irgendjemand dir irgendein Geschenk machte und dies in einem Geiste des wahren Schenkens passierte? Nicht viele Menschen funktionieren aus diesem Raum heraus, aber einige tun es. Was wäre, wenn du dir selbst erlauben könntest, die Energie des Empfangens dieses Geschenks zu haben und zu sein, anstatt automatisch zur Überlegung über-

---

5* Mir wurde das Konzept der Gleichzeitigkeit des Schenkens und Empfangens erstmals durch Access Consciousness® bewusst.

zugehen: „Er hat mir ein Geschenk für 75 Dollar gemacht, jetzt muss ich ihm ein Geschenk über 75 Dollar machen. Ich muss sicherstellen, dass wir quitt sind"? Diese Vorstellung begrenzt auf so vielfältige Weise.

Eine der größten Arten, auf die das Konzept des Gebens und Nehmens dich begrenzt, ist, dass es deine Fähigkeit einschränkt, das anzunehmen, was dir geschenkt wird. Wenn du davon ausgehst, alles, was dir jemand schenkt, wird dich etwas kosten, wird es sehr schwer sein, aus deinem Sucht- oder Zwangsverhalten herauszukommen, denn deine Abhängigkeit basiert auch auf der falschen Vorstellung von Geben und Nehmen. Du hast beschlossen, deine Abhängigkeit gebe dir etwas – Trost oder Entlastung davon, dass du nicht reinpasst, oder was auch immer es für dich akut ist – und gleichzeitig weißt du auch, dass sie dich etwas kostet. Sie kann dich deine Beziehung oder deinen Job kosten. Sie kann dich deine Achtung vor dir selbst kosten und sie kann eine große Ablenkung von deinem Leben sein. Wenn du in der Geben-und-Nehmen-Realität der Abhängigkeit feststeckst, denkst du, um Frieden, Erleichterung, Trost und irgendetwas Positives in deinem Leben zu haben, müsstest du teuer dafür zahlen. Wenn du jedoch über die Geben-Nehmen-Realität hinaus in das Gewahrsein des Einsseins hineingehst, kannst du alles haben und sein, ohne dass es dich irgendetwas „kosten" würde.

Wenn du dir selbst erlaubst, in die Energie des Schenkens und Empfangens hineinzugehen, kannst du von allem empfangen – weil alles bewusst ist. Du kannst von Bäumen empfangen, von Tieren, und du kannst von den Menschen um dich herum empfangen. Bekommst du eine Vorstellung davon, wie eine Offenheit gegenüber dieser Art von Empfangen dich und deine Welt erweitern würde – und gleichzeitig die Macht deiner Abhängigkeit verringern?

So widersprüchlich es erscheinen mag; deine Bereitschaft zu empfangen macht dich auch zum Geschenk. Hast du jemals die Erfahrung gemacht, dass du jemandem ein Geschenk gemacht hast, von dem du wusstest, dass es genau das Richtige für ihn war, und dich so wunderbar gefühlt, als er es empfing? Du hast das Geschenk gemacht und hast gleichzeitig die Freude der anderen Person beim Empfangen empfangen. Und indem die andere Person empfing, wurde sie zum Geschenk für dich.

Haustiere bieten häufig ein großartiges Beispiel dafür, wie Schenken und Empfangen aussieht. Sie beschenken dich einfach nur, weil sie es können, und sie empfangen deine Geschenke, ohne zu überlegen, was sie tun müssen, um des dir „zurückzuzahlen". Ich möchte, dass du auch damit beginnst. Wenn du anfängst, von allem zu empfangen, vom Himmel und der Sonne bis hin zum Sofa, auf dem du sitzt, den Gebäuden um dich herum und sogar dem Straßenpflaster, wirst du sehen, dass dein Sucht- oder Zwangsverhalten nicht das Einzige ist, was dir schenken kann, wonach du suchst. Auf ähnliche Weise können auch Kunst, Literatur, Musik und viele andere Dinge ein unglaubliches Geschenk für dich sein. Wenn du dir ein Gemälde ansiehst oder ein Buch liest, ist dies auch ein Beitrag für das Buch oder das Gemälde. Noch einmal, es geht um die Gleichzeitigkeit des Schenkens und Empfangens.

Es gibt noch einen wichtigen Aspekt im Hinblick auf Geben und Nehmen und zugleich einen weiteren Grund, aus diesem Funktionsmodus auszusteigen. Geben und Nehmen basiert auf Bewertung. Wenn du bewertest, was du tun musst oder was du für ein Geschenk zurückgeben musst, kannst du nicht in der entspannten Energie des Empfangens sein. Dies ist eine Art, wie Bewertung das zerstört, was für dich möglich ist. Bitte lasse die Bewertung los, die mit Geben und Nehmen verbunden ist. Wenn du anfängst, in Richtung der Energie des Schenkens und Empfangens zu gehen, wirst du größere Leichtigkeit mit jeglichem Sucht- oder Zwangsverhalten haben, weil du bereit bist, von allen und jedem im gesamtem Universum zu empfangen, anstatt dein Empfangen auf dein Sucht- oder Zwangsverhalten zu beschränken.

Du kannst auch dein Gewahrsein von allem abschneiden, das dir gerne ein Beitrag wäre – dem Universum, der Erde, bestimmten Menschen, und Tieren –, sodass du am Ende mit einer sehr begrenzten und oft kargen Realität zurückbleibst.

Ich habe über das Abschneiden deines Gewahrseins gesprochen, weil wir dies *scheinbar* tun, wenn wir unserem Sucht- oder Zwangsverhalten nachgehen. Für einige von uns ist das der ganze Zweck dieses Verhaltens. Allerdings erscheint dies nur so. Wenn wir jegliches Sucht- oder Zwangsverhalten ausüben, empfangen wir in Wirklichkeit alles, wessen wir uns gewahr sein könnten, und manchmal, besonders bei Alkohol oder Drogen, steigern wir dieses Gewahrsein exponentiell. Das Problem dabei ist, dass dieses Gewahrsein im sensorischen Kortex abgespeichert wird und danach nicht mehr zur Verfügung steht. Leider kann es uns immer noch beeinflussen, weshalb wir bisweilen seltsame, unlogische, scheinbar völlig überraschende Reaktionen auf bestimmte Menschen und/oder Situationen an den Tag legen.

Es erlaubt mir, weiter ein Opfer zu bleiben. Es hat auch etwas für sich, ein Opfer zu sein. Zum Beispiel musst du nicht für dein Leben verantwortlich sein, wenn du ein Opfer bist. Du musst nicht für dich einstehen, eine Forderung stellen oder aktiv werden. Du kannst passiv und inaktiv sein. Du kannst dich mit dem Wissen trösten, dass, was immer auch in deinem Leben vor sich geht, dies mit jemand oder etwas anderem als dir zu tun hat. Du kannst also nicht falschliegen.

Vielleicht erschien dir dein Leben überwältigend, weil dir nie jemand die Werkzeuge, Informationen oder Bewältigungsstrategien gegeben hat, die dir erlauben würden, leichter damit umzugehen. Es scheint so, als könntest du kein Leben für dich kreieren, das funktioniert. Wenn dir das Leben so vorkommt, gibt es dir ein wenig Erleichterung zu wählen, ein Opfer zu sein. Du kannst sagen: „Nun, ich bin das Opfer der Wirtschaft, meines Missbrauchs als Kind, meiner Gene, meiner Abhängigkeit oder was auch immer es ist, also bin ich nicht dafür verantwortlich." Das verstehe ich vollkommen. Wenn du ein Opfer bist, musst du dich mit diesen schwierigen Dingen nicht auseinandersetzen.

Aber funktioniert es tatsächlich für dich, ein Opfer zu sein? Ist das tatsächlich real und wahr für dich? Ich lade dich ein, hier das Schwer/leicht-Werkzeug zu benutzen. Sage laut: „Ich bin ein Opfer meiner Abhängigkeit oder meines Lebens", oder was auch immer es ist, wovon du beschlossen hast, ein Opfer zu sein. Ist das schwer oder leicht?

Jedes Mal, wenn ich das zu mir selbst sage, fühlt sich das so schwer an, dass ich praktisch im Boden versinke. Aber bitte sage es selbst. Du weißt, was du weißt.

Ein Opfer zu sein war möglicherweise die beste Wahl, die du zu einer bestimmen Zeit hattest, um mit dem Leben klarzukommen, aber ein Opfer zu sein ist eine Garantie, dass du nie zu dem wirst, wer du wirklich bist. Es verdammt dich zu einem kleinen, zusammengezogenen Leben.

Es gibt mir ein Gefühl von Sicherheit. Häufig erzählen mir die Leute, die einzige Zeit, zu der sie sich sicher fühlen, sei dann, wenn sie ihrem Suchtverhalten nachgehen. Sie sind ein bisschen wie kleine Kinder, die eine Höhle aus Decken gebaut haben und sich dort mit ihrem Teddy verstecken und denken, niemand kann sie dort „kriegen". Du hast womöglich so etwas in der Art gemacht. Du hast dich vielleicht unter dem Bett versteckt oder versucht, deinen Körper auf andere Art zu verstecken. Oder vielleicht hast du einfach dich versteckt, was viele von uns getan haben. Wir verstecken, wer wir sind – das ist Teil des Prozesses, in dem wir Teile von uns selbst abschneiden.

Kleinbleiben ist eine Art von Verstecken und zu versuchen, in Sicherheit zu bleiben. Es ist ziemlich beängstigend, dazu überzugehen zu sein, wer du wirklich bist, wenn du kleingemacht, bestraft oder angeprangert worden bist, wenn du du warst. Etwas, das dir ein Gefühl von Sicherheit oder einen Zufluchtsort bietet – und das kann deine Abhängigkeit sein –, erscheint wie etwas Positives.

Häufig wählen Menschen Abhängigkeit, weil sie ihnen hilft, sich sicher zu fühlen, indem sie nicht präsent sind. Wenn wir in unserem Leben nicht präsent sind, gibt uns das die Illusion, uns könne nichts Schlimmes passieren – und selbst wenn es geschieht, werden wir nicht gewahr genug sein, um uns mit der ganzen Wucht der Erfahrung auseinandersetzen zu müssen. Leider wirst du, wenn du nicht präsent bist, viel eher zum Opfer von jemandem oder etwas, weil du dein Gewahrsein von möglicherweise gefährlichen Situationen abschneidest. Du schließt dich selbst in einer Art Vergessen ein, wo du dazu neigst, Scheuklappen zu tragen.

Die einzige wirkliche Sicherheit liegt in deiner Bereitschaft, vollkommen gewahr zu sein und alles wahrzunehmen, was um dich herum vorgeht, einschließlich allem, was dein Körper dir versucht zu sagen. Es klingt zwar der Intuition zuwiderlaufend, und doch ist es wahr. *Sicherheit kommt aus der Bereitschaft, präsent und gewahr zu sein.*

Es erlaubt mir, mich dafür zu bestrafen, dass ich Unrecht habe. Wenn du beschlossen hast, Unrecht zu haben, erscheint es sehr sinnvoll, dich zu bestrafen. Zum einen gibt das dir das Gefühl, Recht zu haben. Indem du anerkennst, dass du Unrecht hast und dich bestrafst. Menschen mit Abhängigkeiten finden oft einen Weg, Recht zu haben, indem sie Unrecht haben.

Und Unrecht zu haben, falsch zu sein und falschzuliegen hilft dir, in diese Gesellschaft hineinzupassen. Alle freuen sich, wenn du falsch liegst – denn dann bist du wie sie und man kann dich kontrollieren. Falschzuliegen ist auch eine Art, auf die viele Menschen glauben, Sicherheit finden zu können. Sie haben beschlossen, dass sie weniger Angriffsfläche bieten, wenn sie Unrecht haben. In Wirklichkeit ist das Gegenteil der Fall, denn wenn du beschließt, Unrecht zu haben, hältst du energetisch ein Schild hoch, auf dem steht, dass du schwach und verletzlich bist – und du wirst noch mehr zur Zielscheibe.

Vor nicht allzu langer Zeit begann ich mit einer Frau zu arbeiten, die mir erzählte, sie sei von Kokain abhängig. In unserer ersten Sitzung fragte ich sie, was sie gerne machte. Sie erwiderte, dass sie gerne malte, sich aber monatelang nicht erlaubt habe, irgendwelche Malutensilien zu kaufen, weil sie sich dafür bestrafe, so viel Geld für Kokain ausgegeben zu haben. Das Erste, worum ich sie bat, war rauszugehen und die Malsachen zu kaufen, die sie brauchte, und wieder mit dem Malen zu beginnen. Sie tat dies und berichtete, dass sie, sobald sie die Strafe aufhob und begann, sich gut zu behandeln, sofort ihr Interesse am Kokain verlor.

Selbstbestrafung ist ein Teufelskreis. Wir bestrafen uns dafür, falsch zu sein, was zu so viel Schmerz führt, dass wir Abhängigkeit wählen, also bestrafen wir uns für die Abhängigkeit, und dann benutzen wir die Abhängigkeit, um uns dafür zu bestrafen, dass wir falsch sind.

Es ist eine Art, wie ich mein Familiensystem aufrechterhalte. Ich habe hierüber in Kapitel eins gesprochen. Es ist möglich, dass deine Familie es braucht, dass du ein Sucht- oder Zwangsverhalten hast, um den Status quo in der Familie aufrechtzuerhalten. Viele Familien brauchen einen Sündenbock. Das ist die Person, auf die alle anderen als die Quelle aller Schwierigkeiten in der Familie verweisen können. Einen Sündenbock zu haben erlaubt Menschen, sich gut mit sich selbst zu fühlen. Sie müssen nicht ihre eigenen Themen anschauen. Mama muss nicht sehen, wie kritisch sie ist, Papa muss sich nicht mit seinem Zorn auseinandersetzen, die Schwester muss sich ihre Essstörung nicht ansehen und niemand muss sich damit auseinandersetzen, dass Opa Joe ein allzu großes Interesse daran, die Kinder hart anzufassen. Die Person, die die Abhängigkeit gewählt hat, besonders im Falle von Alkohol oder Drogen, wird häufig in die Rolle des Sündenbocks gedrängt.

Jeder Sündenbock weiß irgendwo, dass, wenn er oder sie sein oder ihr Suchtverhalten beendet, das ganze Familiensystem entweder auseinanderfallen wird oder sich die Familie gegen ihn oder sie richten wird. Ich habe schon beides gesehen. Vielleicht denkst du, du dienst der Familie, indem du den energetischen und emotionalen Status quo aufrechterhältst. Du magst dies als einen Beitrag ihnen gegenüber betrachten. Du weißt, du kannst es aushalten, das Problem oder der Sündenbock zu sein, aber du weißt nicht, ob deine Familienmitglieder ihren eigenen Problemen gegenübertreten können.

So verständlich dies auch klingen mag, wenn du deine Abhängigkeit (und den Status quo in deiner Familie) aufrechterhältst, wirst du nie in der Lage sein, das Geschenk für die Welt zu sein, das du eigentlich bist. Wenn die obige Beschreibung auf deine Familie zutrifft, lebt jeder darin eine Lüge und das kann für niemanden zu etwas wirklich Gutem führen.

Gehe über die Bewertung hinaus, deine Abhängigkeit sei schlecht und furchtbar

Kannst du bereits einige Arten erkennen, auf die dein Suchtoder Zwangsverhalten dir ein Beitrag gewesen ist? Solange du nicht bereit bist, dir anzusehen, was richtig ist an deiner Abhängigkeit, wirst du nie in der Lage sein, das zu klären. Du wirst nie in der Lage sein, über dieses Verhalten hinwegzukommen, weil du aus der Lüge funktionierst, es sei deinem Leben kein Beitrag gewesen. Dein Sucht- oder Zwangsverhalten war in Wirklichkeit ein Beitrag für dich. Vielleicht war es nicht die beste Art, um deine Bedürfnisse zu erfüllen, aber wenn du es dir als das beste Werkzeug vorstellst, was du zu dem Zeitpunkt hattest, kannst du anfangen, es durch andere Werkzeugen zu ersetzen – und darüber hinwegkommen.

Anzuerkennen, was richtig ist an deiner Abhängigkeit, ist ein wesentlicher Bestandteil dessen, was dir erlaubt, vorwärtszukommen. Sobald du all die Dinge anerkennst, die sie für dich getan hat – ob sie nun geholfen hat, Stress zu bewältigen, Schmerz zu lindern, Trost zu spenden oder ein Gefühl von Leichtigkeit und Sicherheit zu vermitteln –, kannst du damit beginnen, andere Möglichkeiten zu finden, um diese Bedürfnisse zu erfüllen.

Übung: *Was ist richtig an deiner Abhängigkeit, das du nicht mitbekommst?*

Also schreibe nun bitte alle Dinge auf, die an deinem Sucht- oder Zwangsverhalten richtig sind, und alle die Arten, auf die es deinem Leben beigetragen hat.

Während du diese Übung machst, werden vielleicht einige Reaktionen aufkommen, die peinlich, seltsam oder irrational erscheinen mögen. Bitte ignoriere sie nicht. Schreibe auf, was auch immer hochkommt. Es wird auch etwas sehr Wichtiges bei diesen Antworten zu entdecken geben. Wenn du all deine Antworten aufgeschrieben hast, schau dir deine Liste an. Was hast du über dein Sucht- oder Zwangsverhalten gelernt? Schreibe dies auch auf.

Noch ein Schritt weiter ... einige Dinge, die du unternehmen kannst

Jetzt denkst du vielleicht: „Ich sehe, dass es verschiedene Dinge gibt, die richtig sind an meiner Abhängigkeit, aber wie soll das irgendetwas ändern?"

Hier sind einige Dinge, die du sofort tun kannst, um die nächsten Schritte zur Veränderung vorzunehmen.

Sei ein wenig dankbar

Da du nun alle Dinge aufgeschrieben hast, die an deiner Abhängigkeit richtig sind, schau, ob du für das dankbar sein kannst, was sie für dich bewirkt hat, als du keine andere Möglichkeit sahst, um deine Bedürfnisse, Wünsche und Sehnsüchte zu erfüllen. Wir alle möchten uns wohlfühlen und Leichtigkeit haben, uns sicher und friedvoll fühlen können, eine Möglichkeit haben, mit Stress umzugehen, und ein Gefühl, dass man auf das Leben vertrauen kann. Wenn deine Abhängigkeit der einzige Ort war, an dem du das bisher finden konntest, hat sie einen positiven Zweck in deinem Leben erfüllt. Sie hat als Notbehelf fungiert, bis du eine andere Möglichkeit finden konntest, diese Bedürfnisse und Wünsche zu erfüllen. Sei dankbar dafür.

Frage: Womit sonst könnte ich dieses Bedürfnis erfüllen?

Ich lade dich ein, andere Arten in Betracht zu ziehen, deine Bedürfnisse und Wünsche zu erfüllen, die bisher deine Abhängigkeit befriedigt hat. Wenn du zum Beispiel entdeckt hast, dass dein Sucht- oder Zwangsverhalten die einzige Art war, wie du Trost empfangen und dich wohlfühlen konntest, fange an, nach anderen Wegen zu suchen, um dies zu erreichen. Du wirst vielleicht feststellen, dass du auf die allererste Antwort als Lösung anspringst. Das ist in Ordnung, aber stelle die Frage weiter, denn es wird immer mehr Arten geben, wie du dich wohlfühlen und Leichtigkeit haben kannst.

Wenn Alkohol bewirkt hat, dass du dich wohlgefühlt hast, könnte dein erster Impuls sein, ein anderes Suchtverhalten zu suchen, das dasselbe bietet. Schaue, ob du noch auf andere Arten kommst, die Entspannung und Erleichterung zu bekommen, die du dir wünschst. Das könnte dadurch sein, dich einem echten Freund gegenüber zu öffnen, von einem Tier zu empfangen oder dir selbst das Vergnügen zu gönnen, einen langen Spaziergang in der Natur zu machen, ein Bad zu nehmen oder eine Massage zu bekommen. Stelle immer weiter die Frage, was sonst noch für dich funktionieren könnte. Denke daran, du suchst nicht nach einer Antwort, die alles löst. Was dir an einem Tag Wohlgefühl verschafft, kann etwas anderes sein, als was dir an einem anderen Tag Trost spendet.

Oder nehmen wir an, du hast entdeckt, eines der großen Dinge, die dir dein Sucht- oder Zwangsverhalten gegeben hat, ist Stressabbau. Welche anderen Dinge könntest du tun, um Stress abzubauen? Könntest du vielleicht joggen gehen, schwimmen, eine Tasse Tee trinken oder eine Pause einlegen von dem, was du gerade machst? Sogar so etwas wie die Übung zur Vorfalls-Lüge kann Stress abbauen, weil viel Stress auf den Lügen basiert, die von den Beschlüssen, Bewertungen und Schlussfolgerungen herrühren, die du getroffen hast.

Eine interessante Anmerkung zu Stress: Manchmal wird uns gesagt, eine bestimmte Situation müsse stressig sein, also produzieren wir Stress, um uns dem anzupassen, wie wir meinen reagieren zu müssen. Beispielsweise bedeutet es für viele Menschen Stress, wenn ein ihnen nahestehender Mensch stirbt, für andere jedoch nicht. Es könnte auch eine Erleichterung sein; sie könnten Frieden darin finden. Dennoch erlauben sie sich selbst nicht, ihre eigene Reaktion auf den Tod des ihnen nahestehenden Menschen zu haben. Sie produzieren dann den Stress, den sie meinen haben zu müssen. Und vielleicht nehmen sie den Stress von allen um sie herum auf.

Wenn du auf irgendeine Situation gestresst reagierst, könntest du fragen: „Zu wem gehört dieser Stress?" und „Reagiere ich auf eine Weise, von der ich beschlossen habe, dass sie von mir erwartet wird, anstatt so, wie es in Wirklichkeit wahr für mich ist?"

Frage: Ist dieses Bedürfnis wirklich eine Wahrheit – oder ist es eine Lüge?

Gelegentlich sind Dinge, die sich als Bedürfnis tarnen, in Wirklichkeit eine Lüge. Nehmen wir zum Beispiel an, du verwendest dein Suchtverhalten, um dir zu helfen, ein Opfer zu bleiben. Du musst keine andere Art finden, ein Opfer zu sein. Es ist sehr viel hilfreicher anzuerkennen, dass ein Opfer zu sein nicht dem entspricht, was du wirklich bist.

Ein weiteres Beispiel für eine Lüge könnte das Bedürfnis sein, dich selbst dafür zu bestrafen, dass du falsch liegst. Wenn du das Bestrafen sein lässt und dich selbst mit Freundlichkeit und Fürsorge behandelst, wirst du vielleicht feststellen, dass es dir sehr dabei helfen kann, aus dem Sucht- oder Zwangsverhalten herauszukommen.

Also kannst du zusätzlich zur Frage: „Womit sonst könnte ich dieses Bedürfnis erfüllen?" deine Liste der Dinge, die richtig sind an deiner Abhängigkeit, durchgehen und die Frage stellen: „Ist dieses Bedürfnis wirklich eine Wahrheit – oder ist es eine Lüge?" Wenn es eine Lüge ist, erkenne das einfach an und lass es los. Du musst dich nicht mehr damit auseinandersetzen. Ich rate dir, diese Fragen täglich zu stellen, denn jedes Mal, wenn du es tust, wirst du dein Gewahrsein verändern. Und vergiss nicht, das Leicht/schwer-Werkzeug zu benutzen!

Ich empfehle dir sehr, deine Antworten jedes Mal aufzuschreiben, wenn du diese Fragen stellst. So wirst du sehen, wie du Veränderung kreierst.

KAPITEL VIER

Beende die Bewertung,
beende die Abhängigkeit

Bewertung ist ein Grundpfeiler für alle
Gesellschaften – und macht einen großen Anteil
dessen aus, was die Abhängigkeit festhält.

In diesem Kapitel werde ich über Bewertung und ihr Verhältnis zur Abhängigkeit sprechen.

Vielleicht fragst du dich: „Bewertung? Was hat Bewertung mit Abhängigkeit zu tun?"

Die Antwort lautet: „Absolut alles."

Vielleicht wirst du auch fragen: „Was meinst du damit: ‚Beende die Bewertung, beende die Abhängigkeit?' Du lässt das so einfach erscheinen."

Die Wahrheit ist, dass es für viele Leute weder leicht noch einfach ist, mit der Bewertung aufzuhören. Bewertung bildet die Grundlage aller Gesellschaften und Kulturen. Von Kindesbeinen an wird uns beigebracht: „Das ist richtig", „Das ist falsch", „Du bist ein braver Junge oder ein braves Mädchen", „Du bist ein böser Junge oder ein böses Mädchen". Diese Art von Bewertungen verfolgen uns unser ganzes Leben. Es gibt eine Art, wie wir aussehen sollen und wie wir nicht aussehen sollten, wie wir sprechen sollen und wie wir nicht sprechen sollen, Dinge, die wir tun sollen, und Dinge, die wir nicht tun sollen. Und das ist nur der Anfang dessen, wie Bewertung unser Leben durchdringt.

Wenn wir groß werden, nimmt die Bewertung vielfältigere und vielschichtigere Formen an. Wir treffen auf Bewertung durch unsere Familie, unsere Freunde, unsere Kultur, unsere Religion, unsere Kollegen, unsere Chefs und unsere Nachbarn. Häufig gehen wir in Übereinstimmung mit diesen Bewertungen und richten uns nach ihnen aus. Wir versuchen, uns in das einzupassen, von dem uns gesagt wird, dass es „richtig" sei, damit wir das Spiel wie alle anderen spielen können. Und während wir das tun, machen wir uns kleiner. Wir sind uns selten dessen bewusst, dass wir das getan haben – weil es nicht immer einfach ist, Bewertungen als solche zu erkennen. Manchmal können sie sehr subtil sein.

Vielleicht stimmen wir auch nicht mit den Bewertungen überein, die uns entgegengebracht werden, und richten uns nach ihnen aus. Einige von uns gehen in Widerstand und Reaktion auf die Bewertung und rebellieren dagegen. Wir versuchen aktiv, nicht zu tun, was „richtig" ist, und versuchen stattdessen, uns selbst in Rollen und Verhaltensweisen einzupassen, die gesellschaftlich inakzeptabel sind. Aber in beiden Fällen, ob wir nun zustimmen und übereinstimmen oder widerstreben und reagieren, binden wir uns an diese Bewertung, machen sie bedeutsam und verlieren dabei einen Teil von uns selbst.

Was ist der Unterschied zwischen Bewertung und Gewahrsein?

Vielleicht ist es hilfreich, deutlich zu machen, was Bewertung ist, indem ich sie dem Gewahrsein gegenüberstelle. Ich kann sagen: „Heute ist ein schöner Tag" oder „Der Hund sieht krank aus", und du fragst dich vielleicht, ob ich damit eine Bewertung oder ein Gewahrsein ausdrücke. Das liegt daran, dass ich dieselben Worte mit Bewertung äußern kann – oder mit Gewahrsein. Also, wie kann man sie auseinanderhalten?

Wenn du ein Gewahrsein zum Ausdruck bringst, gibt es keine energetische Ladung. Du hast kein inneres Gefühl von „gut" oder „schlecht". Du erkennst einfach an, was ist. Wenn du eine Bewertung zum Ausdruck bringst, gibt es eine Ladung. Du nimmst ein Gefühl bei dieser Aussage wahr. Das kann ein positives oder ein negatives Gefühl sein, aber in jedem Fall ist es in der Regel ein starkes Gefühl.

Bewertung ist immer willkürlich

Es gibt noch einen weiteren Kernpunkt bei Bewertung. Sie hat nichts mit dem zu tun, was wahr oder real ist. Sie basiert immer auf einer willkürlichen Ansicht. Es ist eine persönliche Voreingenommenheit, ein Glaubenssatz oder eine Meinung. Vor hundert Jahren fanden viele Menschen in Amerika folgende Aussage in Ordnung: „Wer mit der Rute spart, verzieht das Kind." Mit anderen Worten, wenn du dein Kind nicht geschlagen hast, warst du kein guter Vater oder keine gute Mutter. Das war eine Bewertung. Heutzutage würden diese Leute wegen Kindesmissbrauchs verhaftet werden. Worauf basierte die Bewertung, dass Kinder geschlagen werden sollten? Auf nichts! Das war einfach eine willkürliche Vorstellung, mit der die Menschen übereinkamen.

Etwa zur selben Zeit hatten Frauen in Amerika kein Wahlrecht. Menschen mit anderer als weißer Hautfarbe und ethnische Minderheiten hatten nicht die gleichen Rechte wie alle anderen. Alle diese Menschen wurden bewertet – und werden es bisweilen immer noch – als geringer, falsch, abartig oder wertlos. Noch einmal, all das ist willkürlich. Bei Bewertungen geht es niemals um die Wahrheit – aber wir kaufen sie ab, als sei das so. Und weil sie von fast allen um uns herum akzeptiert werden, sind sie häufig schwierig als solche zu erkennen.

Ich bin in einer Akademikerfamilie im Nordosten der USA aufgewachsen, der sich an seinen großen traditionellen akademischen Einrichtungen wie Princeton, Harvard und Yale orientiert. Mein Vater war ein Professor und Wissenschaftler an einer dieser Universitäten. Es gab viele Bewertungen in unserer Familie und unserem Ort dahingehend, dass einzig der eigene IQ und die erreichten akademischen Leistungen zählten. Man glaubte gemeinhin, dass nur Leute, die intellektuell nicht den Ansprüchen genügten, Business machen würden. Niemand würde in die Geschäftswelt gehen, es sei denn, er konnte nicht in der akademischen Welt erfolgreich sein – denn ein Akademiker zu sein war das einzig Erstrebenswerte. Es gab absolut keinen Raum für Menschen, ihre einzigartigen Interessen, Talente und Fähigkeiten zu verfolgen.

Es war geistig unglaublich eng, und natürlich schnappte ich Tonnen von Bewertungen über diese ganze akademische Sache auf. Aber ich erkannte das nicht, bis ich ans andere Ende des Landes nach Texas umzog, das einige gleichermaßen enge, zusammengezogene und einheitliche Bewertungen hatte – aber auf eine ganz andere Art. Wenige Menschen in Texas kümmerten sich um deine Ergebnisse beim Hochschuleignungstest oder wo du zur Schule gegangen warst. Für die meisten drehte sich alles um Sport. Häufig ging eine ganze Stadt zu einem High-School-Football-Spiel. Das war ihnen wichtig. Für sie war es das, was wertvoll, korrekt und bedeutsam war. Und wenn du eine Frau warst, ging es darum, auffällig zu sein. Texas ist ein Staat, in dem gilt: „Zeig, was du hast!"

Weder die Bewertungen der Leute im Nordosten noch die Bewertungen der Leute in Texas ermutigten den Einzelnen, seine eigenen einzigartigen Talente und Fähigkeiten zu entdecken, zu entwickeln und in die Richtung zu gehen, in die seine Interessen ihn führten. Damit will ich nicht sagen, dass es keine Menschen in diesen Gebieten gibt, die nicht gegen die akzeptierten Bewertungen dessen, was wertvoll oder korrekt ist, angehen; nichtsdestotrotz empfangen viele Leute negative Bewertungen wegen der Wahlen, die sie treffen, weil sie dem widersprechen, was die Mehrheit als wichtig erachtet.

Wir kaufen Bewertungen so sehr als wahr und real ab, dass wir keine Fragen stellen oder uns anderer Möglichkeiten bewusst werden. Wenn die Gesellschaft sagt, die höchste Priorität solle der Familie zukommen, ist es schwierig für Menschen, die von Natur aus unternehmerisch oder künstlerisch veranlagt sind, sich frei zu fühlen, ihre Kunst oder ihr Business zur Priorität in ihrem Leben zu machen.

Es braucht immense Bemühungen, um die Bewertung aufzuspüren, die wir abgekauft haben. Bewertungen sind manchmal so tief verankert und allgegenwärtig, dass sie fast unauffindbar sind – bis man tatsächlich anfängt, danach zu suchen.

Übung: Welche unerkannten Bewertungen hast du abgekauft?

Hier ist eine Übung, die du machen kannst, um damit zu beginnen, die unerkannten Bewertungen zu entdecken, die du möglicherweise übernommen hast. Nutze die unten angegebenen Kategorien und Fragen, schreibe einige der Bewertungen auf, die du von deiner Kultur, deiner Herkunftsfamilie, dem Ort, an dem du gelebt hast, oder dem Landesteil, in dem du aufgewachsen bist, angenommen hast. Ich nenne dies dein Erbe. Stelle dir Fragen wie die folgenden:

Was glaubte und hielt meine Familie (oder die Menschen um mich herum) von:

REICHEN MENSCHEN	ARMEN MENSCHEN
FRAUEN	MÄNNERN
POLITIK	RELIGION
GELD	BILDUNG
EHE	KINDERERZIEHUNG
ESSEN	KÖRPER
ABHÄNGIGKEIT	DEM WICHTIGSTEN IM LEBEN

- Trage ich immer noch irgendwelche dieser Überzeugungen als meine in mir?
- Sind diese Glaubenssätze und Bewertungen wahr für mich?

Was wir erleben und was uns beigebracht und erzählt wird, während wir aufwachsen, erscheinen uns häufig nicht seltsam, unzutreffend oder empörend, selbst wenn es das ist. Es erscheint normal, denn wir sind daran gewöhnt. Es ist, was wir wissen. Wenn du diese Aufgabe machst, kann dir das eine Menge Freiheit geben, denn es ist einfach, die Bewertungen, die du als Kind mitbekommst, mit der Wahrheit zu verwechseln und anzuwenden. Wenn du diese Bewertungen als wahr abkaufst und sie in dir keinen Widerhall finden, musst du damit anfangen, dich ins Unrecht zu setzen, und das bewirkt bald die Kreation von Sucht- oder Zwangsverhalten.

Übung: Gelegenheiten, bei denen du bewertet wurdest

Hier ist eine andere Übung zu Bewertungen. In dieser Übung werde ich dich bitten, dich an zwei Gelegenheiten zu erinnern, als du bewertet wurdest, und dir dann die Energie dieser Bewertungen und jeglicher Beschlüsse anzuschauen, die du als Reaktion darauf über dich getroffen hast.

Eine Gelegenheit, bei der du als falsch bewertet wurdest

Im ersten Schritt denke an eine Gelegenheit, wo du als falsch bewertet wurdest.

Ich habe diese Übung mit einer Klientin gemacht, die ich Barbara nennen werde. Sie erinnerte sich an einen Vorfall, als sie neun Jahre alt war. Sie war mit ihrer Familie beim Campen im Glacier-Nationalpark. Eines regnerischen Tages nahmen sie ihre Eltern mit in einen Laden, in dem Lebensmittel, Hotdogs und Hamburger verkauft wurden, und die Familie verbrachte mehrere Stunden dort. Barbara gefiel das. Sie lief herum, redete mit allen und vergnügte sich. Irgendwann merkte sie, dass ihre Eltern versuchten, sie zu bändigen ... aber sie verstand das nicht. Ihre Ansicht war: „Das macht Spaß. Warum laufen nicht alle herum und lachen?"

Als sie zurück zu ihrem Campingplatz kamen, schimpften Barbaras Eltern mit ihr, weil sie laut gewesen war und die anderen Leute gestört hatte. Dies war einer von vielen Vorfällen, an die sich Barbara erinnerte, in denen sie hart kritisiert und falsch gemacht wurde, weil sie überschwänglich war, und letztendlich kaufte sie diese Bewertungen ab und schnitt diesen Teil von ihr ab. Sie wurde ernster und stoppte sich jedes Mal, wenn sie begeistert oder fröhlich war.

Als Barbara sich das erste Mal an ihren Campingurlaub erinnerte, fühlte sich das sehr schwer für sie an. Sie erkannte, dass sie die Bewertung ihrer Eltern abgekauft hatte (und die darin enthaltene Lüge, etwas sei falsch mit ihr) und einen Prozess begonnen hatte, ihre aufgeschlossene Art und ihr Interesse an anderen Menschen herunterzufahren. Indem sie die Lüge ihrer Eltern identifizierte, wurde alles leichter für sie.

Denke jetzt an eine Gelegenheit, bei der du als falsch bewertet wurdest, und schreibe die Antworten auf die folgenden Fragen auf:

- Was hattest du getan – oder nicht getan?
- Wo warst du?
- Was wurde gesagt oder getan, um dich wissen zu lassen, dass du bewertet wirst?
- Hast du die Bewertung als wahr angenommen?
- Bist du in Übereinstimmung mit der Bewertung gegangen und hast dich danach ausgerichtet oder warst du im Widerstand dazu und hast darauf reagiert?
- Hast du dich auf irgendeine Weise bewertet?
- Hast du dich dann auf irgendeine Weise verändert?
- Hast du dich selbst kleiner gemacht?

Eine Gelegenheit, bei der du positiv bewertet wurdest

Der zweite Schritt dieser Übung besteht darin, dass du an eine Gelegenheit denkst, bei der du positiv bewertet wurdest. Viele Menschen betrachten positive Bewertungen als etwas Gutes, aber das ist nicht immer der Fall. Das kann auch sehr begrenzend sein. Eine Bewertung ist eine Bewertung ist eine Bewertung.

Hier ist ein Beispiel zur Verdeutlichung, was ich meine. Als ich etwa zehn Jahre alt war, brachte ich ein glattes Einserzeugnis mit nach Hause und meine Eltern sagten: „Wie toll du bist! Wie klug du bist! Was für eine tüchtige Arbeiterin du bist!"

Meine Reaktion war: „Wow, wenn ich mehr von diesem Lob haben möchte, sehe ich lieber zu, dass ich allen gefalle und tue, was auch immer meine Lehrer sagen, damit ich Einsen bekomme."

Indem ich wählte, den Lehrern zu gefallen, um mehr Lob und positive Bewertung zu bekommen, schnitt ich mein Gewahrsein davon ab, dass einige meiner Lehrer offen gesagt Idioten waren und ich mich selbst nicht achtete, wenn ich alles tat, was sie mich zu tun hießen, und versuchte, alles zu sein, was sie mich zu sein hießen.

Hier ist ein weiteres Beispiel dafür, wie eine positive Bewertung begrenzend sein kann. Ich arbeite gerade mit einer Klientin, die umwerfend gut aussieht. Sie ist auch kreativ und freundlich. Sie arbeitet gut mit Tieren, sie schreibt wunderbar und sie hat künstlerische Talente. Aber weil ihr gutes Aussehen das einzige war, wofür sie anerkannt wurde, hat sie ihr Gewahrsein von all den anderen Teilen dessen, was sie ist, abgeschnitten. Sie hat enorm viel Zeit darauf verwendet sicherzustellen, dass alles an ihrem Aussehen perfekt ist. Dies wurde zu ihrem Lebensmittelpunkt. Sie hat die Teile von sich, die nicht positiv bewertet wurden, nicht geschätzt oder entwickelt. Wir arbeiten daran, aber sie sieht immer noch nicht, was für ein wunderbares Wesen sie ist, über ihr Aussehen hinaus.

Nun denke an eine Gelegenheit, als du eine positive Bewertung von deinen Eltern oder einer anderen Autoritätsperson bekamst, und schreibe deine Antworten auf die folgenden Fragen auf:

- Was an dir wurde als positiv bewertet?
- Welche Bewertung wurde dir gegeben?
- Wer gab sie dir?
- Bist du in Übereinstimmung mit der Bewertung gegangen und hast dich danach ausgerichtet oder warst du im Widerstand dazu und hast darauf reagiert?
- Was hast du aufgrund dieser Bewertung beschlossen?
- Hat dieser Beschluss dich auf irgendeine Weise kleiner gemacht oder begrenzt?

Marilyn Maxwell Bradford

Die Energie von Bewertung/Die Energie von Abhängigkeit

Bewertungen, sowohl positive als auch negative, bereiten uns darauf vor, Wahlen zu treffen, die zu Abhängigkeit führen. Das liegt daran, dass wir unser Gewahrsein darüber, wer wir wirklich sind und was für uns möglich ist, abschneiden. Jedes Mal, wenn wir eine Bewertung über uns als wahr annehmen, machen wir uns selbst kleiner. Wir werden durch die Bewertung begrenzt. Wenn man uns sagt, wir seien schön oder klug oder dumm, und wir kaufen das ab, ist das alles, womit wir uns identifizieren können. Möglicherweise sind wir auch ein Mathe-As oder ein begnadeter Fahrer. Möglicherweise sind wir auch unglaublich lustig oder intuitiv, aber diese Dinge werden weggelassen dabei, wie wir uns selbst sehen. Bewertungen tendieren dazu, Menschen in Schwarz-Weiß-Kategorien zu sehen und sie in kleine Schubladen hineinzustecken. Sie reduzieren uns – die komplexen und facettenreichen Wesen, die wir sind – auf einige wenige Worte. Wenn wir die Bewertungen abkaufen, kaufen wir eine Sichtweise von uns selbst ab, die geringer ist als das, was wir wirklich sind. Und das wird zu unserer Realität.

Erinnerst du dich an die Klientin, die von ihrem Aussehen besessen war? Sie kam zu mir, weil sie sich Sorgen machte wegen ihres Trinkens. Solange sie nicht weitergehen und sich selbst zutreffender wahrzunehmen kann, wird der Alkohol ein Problem bleiben. Wenn wir uns selbst derart stark beschneiden, brauchen wir irgendeine Art von Sucht- oder Zwangsverhalten, um mit dem Schmerz klarzukommen.

Bewertung führt uns zur Abhängigkeit, weil sie uns wegholt von dem, was wir wissen, das wahr über uns ist. Wir erlauben uns nicht wirklich, als die Wesen zu existieren, die wir sind. Es ist, als würden wir zu einer Zeichentrickfigur oder einer zu stark vereinfachten Strichzeichnung unserer selbst. Und von diesem Punkt aus ist es sehr einfach, in die Energie der Abhängigkeit hineinzugehen, die auch ein Ort ist, wo wir nicht existieren.

Dich selbst und dein Sucht- oder Zwangsverhalten bewerten

Die Energie der Abhängigkeit und die Energie der Bewertung spielen einander auch auf eine andere Weise zu. Wenn du dich deinem Sucht- oder Zwangsverhalten widmest, fängst du wahrscheinlich an, dich auf vielfältige Weise zu bewerten, wie beispielsweise: „Ich komme nicht gut mit dem Leben klar. Ich sollte in der Lage sein, mit diesem Verhalten aufzuhören. Ich bin schwach. Ich tue allen weh, denen an mir liegt."

Die Leute glauben, es helfe ihnen, ihr Sucht- oder Zwangsverhalten unter Kontrolle zu halten, wenn sie es bewerten. Tatsächlich trifft das Gegenteil zu. Wenn du dein Verhalten bewertest, wird es nur verstärkt. Es wird ein sich selbst erneuernder Kreislauf: Selbstbewertung führt zu Sucht- oder Zwangsverhalten, und das Sucht- oder Zwangsverhalten führt zu Selbstbewertung – und so weiter und so weiter.

Ich weiß, dass dies das Gegenteil von dem ist, was man erwarten würde. Aber wenn du deine Bewertung über dein Sucht- oder Zwangsverhalten aufgibst, kreierst du einen Raum, in dem es sich ändern kann. Ist dir jemals aufgefallen, dass, wenn du versuchst, eine Person oder eine Situation zu kontrollieren, dir das sehr schwerfällt – und die Person oder die Situation nicht nachgeben möchte? Aber wenn du die Kontrolle loslässt, öffnest du alles und Veränderung kann eintreten, weil du kein solch starkes Interesse an einem bestimmten Ergebnis hast. Du denkst nicht „Ich muss dies tun. Ich muss dieses Ergebnis haben." Und das ist in Wirklichkeit auch nur eine weitere Bewertung. Das hat nichts damit zu tun, gewahr zu sein.

Marilyn Maxwell Bradford

Von der Bewertung zum Gewahrsein

Was du tun kannst, ist aufzuhören, ein Interesse an einem bestimmten Ergebnis zu haben. Gehe von der Bewertung zum Gewahrsein über. Je mehr du in der Lage bist, das zu tun, umso leichter wird es sein, dein Sucht- oder Zwangsverhalten hinter dir zu lassen. Ich habe vor Kurzem mit einem Mann gearbeitet, der mir erzählte, er habe ein richtiges Problem mit dem Spielen. Er versuchte, komplett mit dem Spielen aufzuhören. Er sagte: „Jedes Mal, wenn ich abends ausgehe, habe ich das Verlangen, eine Wette abzugeben. Ich denke ständig: ‚Ich muss eine Wette abgeben, ich muss eine Wette abgeben. Ich kann nicht aufhören daran zu denken. Das verdirbt mir den Abend.'"

Ich fragte ihn: „Wie wäre es, wenn du deinen Wunsch, eine Wette abzugeben, nicht bewerten würdest? Was, wenn du es einfach machen würdest, mit totalem Gewahrsein?"

Er sagte: „Nun, ich weiß nicht. Ich würde wahrscheinlich eine Wette nach der anderen abgeben."

Ich sagte: „Wenn du das nächste Mal ausgehst, gib doch einfach eine Wette ab – und bewerte dich nicht! Nimm keine Bewertungen vor, die auf der Vergangenheit basieren, darüber, was geschehen wird, wenn du eine Wette setzt. Mach einfach eine Wette, sei präsent dabei, sei gewahr, und schau, was dann passiert."

Er kam in der nächsten Woche zurück und sagte: „Ich bin am Wochenende mit einigen Freunden zu den Pferderennen gegangen. Ich habe eine Wette abgegeben und mich nicht dafür bewertet. Mir wurde klar, dass ich noch nicht mal eine weitere Wette machen wollte. Ich habe nur gewettet, um zur Truppe dazuzugehören. Es hat mir noch nicht einmal wirklich Spaß gemacht. Das war fantastisch!"

110

RIGHT RECOVERY FOR YOU

Seine Wahl, gewahr zu sein, anstatt sich zu bewerten, kreierte ein vollkommen anderes Ergebnis für ihn.

Bewertung schließt Gewahrsein aus

Bei Bewertung geht es immer darum, etwas auszuschließen. Du sagst: „Dies ist richtig. Dies ist falsch, und ich will das Falsche und Böse nicht in meinem Leben haben." Ausschluss kreiert eine verzerrte Sicht dessen, was eigentlich geschieht. Und es ist möglich, dass etwas, das du als schlecht und falsch bewertet hast, in Wirklichkeit ein großer Beitrag für dein Leben sein könnte – aber es kann dies nie sein, weil du es ausgeschlossen hast.

Ich werde dir ein extremes Beispiel dazu geben, was ich mit Ausschluss meine. Vor Kurzem habe ich im Fernsehen eine Sendung über die Neonazi-Bewegung in Amerika gesehen. Das ist eine kleine Bewegung von Leuten, die glauben, nur heterosexuelle, weiße Leute sollten in den Vereinigten Staaten leben dürfen. Sie attackieren und belästigen Juden, Afroamerikaner, Homosexuelle, Amerikaner asiatischer Herkunft, Lateinamerikaner, Amerikaner arabischer Herkunft, Indianer und jeden mit anderen religiösen oder politischen Standpunkten. Aufgrund der Art, wie sie mit ihren Bewertungen andere ausschließen, hindern sich die Neonazis, sich all der wunderbaren Vielfalt und des Beitrags bewusst zu sein, die diese Gruppen zu bieten haben. Ihre Welt ist sehr zusammengezogen, begrenzt und öde.

Häufig, wenn ich darüber spreche, nichts auszuschließen, sagen die Leute: „Aber Marilyn, es gibt einige wirklich furchtbare Dinge, die ich auf keinen Fall in meinem Leben möchte! Zum Beispiel möchte ich diese verrückten Neonazis nicht in meiner Nähe haben!"

Ich möchte hier etwas sehr Wichtiges festhalten. Nicht auszuschließen bedeutet nicht, dass du alles wählen musst. Es bedeutet, dass du Sachen nicht aus deinem Gewahrsein ausschließt. Mein Universum schließt diese Neonazis ein, aber ich wähle nicht, was sie wählen. Ich wähle allerdings das Gewahrsein, dass sie existieren. Indem ich sie nicht aus meinem Gewahrsein ausschließe, bin ich weniger dazu geneigt, ihrer Art zu denken ausgeliefert zu sein. Ich bin mir des Neonazismus gewahr *und* wähle ihn nicht.

Wenn du Sachen ausschließt, bist du in einer verletzlichen Position – weil du bestimmte Ideen, Wesen, Ereignisse und Möglichkeiten ausschließt. Wenn du Dinge ausschließt, verhindert dies nicht, dass sie eine Auswirkung auf dich haben können. Alles, was du tust, ist, das *Gewahrsein* auszuschließen, das dich wissen lassen würde, dass diese Sachen eine Auswirkung auf dich haben könnten.

Wenn du etwas ausschließt, kann es dich mit einer Breitseite erwischen. Zum Beispiel wäre die Aussage: „Ich lebe in einer absolut sicheren Gegend. Hier könnte mir nie etwas passieren" eine Bewertung. Eines Tages gehst du raus, wirst überfallen und dann fragst du: „Wie konnte das passieren?" Der Überfall ist nicht einfach *passiert*; du hast die Möglichkeit, dass er geschehen konnte, *kreiert*, als du dein Gewahrsein abgeschaltet hast. Du hast bewertet, dass du in einer absolut sicheren Gegend lebst und das *Gewahrsein* abgeschnitten, dass es ein Problem geben könnte. Ich meine hier nicht, man solle paranoid werden. Es geht darum, dich selbst zu ermächtigen zu wissen, was du weißt, indem du gewahr bist, anstatt dein Gewahrsein durch Bewertung abzuschneiden.

DAS ACCESS-CONSCIOUSNESS-CLEARING-STATEMENT®

Als ich damit anfing, die Werkzeuge von Access Consciousness® in meiner Arbeit mit Klienten anzuwenden, die Abhängigkeiten aufwiesen, bemerkte ich, dass es ihnen schneller besser ging. Zum Teil lag dies an der Natur der Werkzeuge. Zum Beispiel wird, sobald du die Frage „Zu wem gehört das?" verstehst und weißt, dass die meisten deiner Gedanken, Gefühle und Emotionen nicht zu dir gehören, eine Menge Energie frei. Diese hast du zuvor dazu verwendet, um zu versuchen, etwas in Ordnung zu bringen, das ohnehin nicht deins war. Und sobald du den Bogen mit „schwer" und „leicht" raushast, verschwendest du nicht so viel Zeit darauf zu versuchen, Sachen mit dem Kopf zu ergründen.

Eines der Werkzeuge, das die stärksten Veränderungen bei vielen Leuten bewirkt, ist das Access Consciousness® Clearing Statement. Lass mich kurz beschreiben, wie es funktioniert. Wenn ich dir eine Frage stelle – oder wenn du dir selbst eine Frage stellst –, bringt das eine Energie hoch. Wenn ich beispielsweise frage: „Wie sah dein Familienleben aus, als du klein warst?", wirst du merken, wie eine Energie hochkommt. Du musst sie nicht in Worte fassen. Du kannst dir ihrer einfach gewahr sein und ihr erlauben, da zu sein. Häufig sind die Energien, die hochkommen, zusammengezogen, da sie die Bewertungen verkörpern, die du über dich und die Ereignisse in deinem Leben getroffen hast. Es ist sehr hilfreich, sie zu klären. Dies ist ein guter Ansatz, um das Access Consciousness® Clearing Statement zu verwenden:

Alles, was das ist, mal Gottzillionen, zerstörst und unkreierst du das alles? Right and wrong, good und bad, POD und POC, all 9, shorts, boys und beyonds.®

Das Clearing Statement ist im Prinzip eine Abkürzung, die dir erlaubt, Energien zu klären, damit du weitergehen kannst. Dr. Dain Heer von Access Consciousness® hat es einmal als kosmischen Staubsauger bezeichnet. Es macht „schlurp" und alle Begrenzungen, für die diese Energie steht, verschwinden.

Das Clearing Statement ist ein unglaublich wertvolles Werkzeug, wenn man es mit Abhängigkeit zu tun hat. Wenn du mehr Informationen darüber möchtest, gehe bitte auf: www.theclearingstatement.com/

Hier ist ein weiteres Beispiel, das dir helfen könnte zu verstehen, was Ausschluss bedeutet. Stell dir vor, du gehst in ein Lebensmittelgeschäft. Während du die Gänge entlanggehst, ist alles im Geschäft in deinem Gewahrsein eingeschlossen. Du kannst alles in Technicolor sehen. Du wirst sicherlich nicht alles im Laden kaufen, aber du siehst alles. Das ist das Miteinbeziehen – das ist Gewahrsein. Ausschluss würde bedeuten, du legst Scheuklappen an, die dich davon abhalten, all die Dinge zu sehen, von denen zu beschlossen hast, dass du sie nicht magst oder nicht kaufen wirst. Diese Dinge wären immer noch da, aber sie wären nicht sichtbar für dich. Siehst du, wie das dein Gewahrsein begrenzen würde? Es gäbe vielleicht tatsächlich etwas, was du zusätzlich in deinen Einkaufswagen legen würdest, wenn du es nicht als Möglichkeit ausgeschlossen hättest.

Bitte schließe nicht aus. Und sei dir bewusst, dass, wenn du alles in deinem Gewahrsein einschließt, dies nicht bedeutet, dass du es wählen musst. Das bedeutet einfach nur, dass du dir seiner Existenz bewusst bist. Und ist es nicht immer besser, bewusst zu sein?

Wenn du aus der Bewertung und dem Ausschluss heraus- und in das Gewahrsein und die Frage hineingehst, kannst du damit beginnen, Dinge und die Energie zu verändern. Das ist es, was wir erreichen möchten – die Energie in Bewegung bringen, sie herausholen aus dem festgefahrenen, zusammengezogenen Ort der

Abhängigkeit und den festgefahrenen, zusammengezogenen Orten der Bewertung, die im Prinzip ein und dasselbe sind.[6*]

Bewertung ist ein derart großes Thema, dass ich auch im nächsten Kapitel darüber sprechen werde. Wir werden uns eine zerstörerische Form der Selbstbeurteilung ansehen, die Menschen mit Abhängigkeiten vornehmen, und wie du damit anfangen kannst, aus der Verrücktheit der Bewertung deiner selbst, deines Lebens und deines Verhaltens herauszukommen – und in einen Raum eines größeren Gewahrseins und einer großartigeren Möglichkeit hineinzugehen.

---

6 *In diesem Kapitel habe ich über einige der gängigeren Arten gesprochen, wie sich Bewertung im Bezug zu Abhängigkeit zeigt. Bewertung kann aber auch viele weniger offensichtliche Formen annehmen, und wenn du wählst, die Bewertung loszulassen, wird es hilfreich sein, viele der subtileren Arten aufzudecken, wie Bewertung sich in deinem Leben zeigt. Zusätzliche Informationen zu diesen verschiedenen Formen der Bewertung sind im Anhang am Ende des Buches zu finden.

KAPITEL FÜNF

Die primäre Abhängigkeit: die Bewertung deines Falschseins

Unter jeder Abhängigkeit von Alkohol, Sex oder was auch immer es bei dir ist, lauert die primäre Abhängigkeit – die Bewertung deines Falschseins.

In diesem Kapitel möchte ich über eine ganz besonders heimtückische und zerstörerische Form der Bewertung sprechen, die Leute mit Abhängigkeiten praktizieren. Ich nenne sie dein Falschsein. Dies ist eine Art, dich ständig als falsch, schlecht oder „geringer als" zu bewerten. Sogar kulturell akzeptierte Abhängigkeiten wie Arbeitssucht oder Perfektionismus haben ihre Grundlage im grundlegenden Falschsein. Egal, was passiert oder irgendjemand sagt oder tut, du gehst automatisch in die Annahme, wie falsch du bist. Das ist eine Standardeinstellung, eine Grundhaltung, die du aus Gewohnheit einnimmst und die jegliche anderen Alternativen ausschließt.

Dieses Muster wird schon sehr früh kreiert. Es ist das Ergebnis davon, dass sehr kleinen Kindern immer und immer wieder in Worten oder energetisch gesagt wird, sie seien nicht wirklich wichtig. Sie sind irgendwie falsch oder schlecht, sie passen nicht rein, sie können es nicht richtig hinbekommen oder sie müssen

sich ändern. Viele Eltern denken, sie tun ihren Kindern einen Gefallen, wenn sie sie zu jemandem formen, der in das hineinpassen
wird, was als normal gilt. Leider hat das „Normalsein" in der Regel
den Preis, alles zu unterdrücken oder verleugnen, was anders und
einzigartig an ihnen ist.

Ich möchte dir ein Beispiel von diesem „Sich-falsch-machen"
geben, das vielleicht lächerlich wirkt, aber bitte nimm die Energie
davon wahr. Stell dir einen jungen Kardinalvogel vor – oder „Red-
bird", wie wir sie in Texas nennen. Diesem Kardinal wurde von
Beginn seines Lebens an gesagt: „Du bist ein Kardinal, und wenn
du ein guter Kardinal sein möchtest, musst du tun, was die anderen Kardinale in unserer Familie tun. Du musst auf diesem Zweig
sitzen. Du musst mit dieser Stimme singen. Und wir möchten
sicherstellen, dass du die richtige Anzahl an Federn hast." Plötzlich versucht dieser schöne kleine Kardinal, anstatt der Kardinal
zu sein, der er ist, der Kardinal zu sein, der er sein soll. Er sitzt
auf seinem Ast, schaut sich nach den anderen Kardinalen um und
sagt: „Dieser Kardinal hat 497 Federn und ich habe nur 362. Was
ist falsch mit mir? Wie kann ich mir mehr Federn wachsen lassen?
Dieser Kardinal singt mit einer Stimme, die sich von meiner unterscheidet. Offensichtlich ist meine Stimme nicht gut. Ich muss die
Stimme dieses Kardinals nachnahmen. Ich glaube, dass ich meine
Flügel falsch schlage, und damit nicht genug – ich bin im falschen
Baum. Alle anderen Kardinale sind in der Fichte und ich bin hier
in dieser Eiche. Oje, was mache ich noch alles falsch? Was wird es
brauchen, damit ich hineinpasse und der Kardinal bin, von dem
man mir gesagt hat, dass ich es sein soll?"

Kannst du dir vorstellen, dass ein Vogel sich mit einem
solchen Haufen Bewertungen überschüttet? Das Gewicht seines
Falschseins wäre so groß, dass er wahrscheinlich vom Baum fallen und sterben würde. Oder er würde beginnen, nach einem Zu-

fluchtsort zu suchen, damit er nicht den Schmerz ertragen muss, so von Grund auf falsch zu sein.

Ist es nicht wunderbar, dass Vögel sich nicht selbst bewerten? Jeder fliegt auf den Ast, den er sich aussucht, mit der Anzahl an Federn, die er hat, und singt mit seiner eigenen Stimme, auf seine eigene großartige Weise, ohne sich einer Bewertung zu unterwerfen. Sie haben den freudvollen Überschwang, der darin begründet ist, dass sie sind, was sie wirklich sind. Das ist auch für dich möglich. Allerdings gibt es so viele Einflüsse, die darauf ausgerichtet sind, uns in die Form einzupassen, dass es nicht leicht für uns ist, aus diesem Gefühl herauszukommen, falsch zu sein.

Ein weiteres Element, das dazu dient, uns beizubringen, dass wir falsch sind, kommt von unserer angeborenen Ichbezogenheit. Kinder werden geboren in dem Glauben, sie seien das Zentrum des Universums – und das ist gut. Wenn sie diese Überzeugung nicht hätten, würden sie sagen: „Mama ist deprimiert und Papa ist wütend. Ich denke mal, ich werde sie in den nächsten beiden Tagen um nichts mehr bitten." Das würde nicht funktionieren. Kinder müssen ichbezogen sein, weil sie nicht die Fähigkeit haben, ihre eigenen Bedürfnisse zu erfüllen wie Erwachsene. Und ein Teil der Ichbezogenheit liegt in der Annahme, alles, was in ihrem Universum geschieht, drehe sich um sie und sie hätten es bewirkt. Also schlussfolgern Kinder, wenn jemand wütend ist, dass dies an ihnen liegt. Wenn Mama und Papa sich streiten, ist es ihre Schuld. Wenn Mama traurig ist, müssen sie böse gewesen sein.

Eine Klientin erzählte mir, sie hätte von klein auf das Gefühl gehabt, in dieses Leben gekommen zu sein, um alles für ihre Familie zu verändern und einen Unterschied für sie zu machen. Als sie vier Jahre alt war, wurde ihr klar, dass sie dazu nicht in der Lage war. Niemand in ihrer Familie wollte irgendetwas ändern – und für sie, als das kleine, ichbezogene Wesen, das sie war, bedeutete dies, dass sie gescheitert war. Es war ihre Schuld, dass die Menschen um sie herum unglücklich waren und niemand sich ändern wollte. Sie erinnerte sich deutlich an einen Tag, an dem sie mit ihrer Mutter, ihrem Vater und ihrer älteren Schwester im Auto saß und bei sich dachte: „Wow, habe ich vielleicht einen Fehler gemacht, geboren worden zu sein. Ich dachte, ich könnte etwas bewirken. Wie habe ich mich nur so irren können?"

Die primäre Abhängigkeit

Ich vermute, dass, wenn du irgendeine Form von Abhängigkeit hast, deine Grundeinstellung ist, du liegst falsch und etwas ist mit dir falsch. Ich habe nie irgendjemanden getroffen, der irgendeine Art von Sucht- oder Zwangsverhalten hatte, der nicht zuallererst eine Abhängigkeit von seinem Falschsein hatte. Sie zeigt sich unterschiedlich bei verschiedenen Leuten – aber egal, wie sie sich zeigt, liegt ihr immer die Selbstbewertung zugrunde. Ohne dir dessen ganz gewahr zu sein, gehst du immer weiter in dein Falschsein hinein. Du bewertest zwanghaft und fortwährend, wie schlecht und falsch du bist.

Die Abhängigkeit von deinem Falschsein ist de facto deine primäre Abhängigkeit. Und sie führt zu deiner sekundären Abhängigkeit – dem Trinken, dem Rauchen, dem Drogenkonsum, dem Spielen und so fort. Die sekundäre Abhängigkeit ist der Ort, an den die Leute gehen, um Erleichterung von der primären Abhängigkeit zu suchen, davon, so fürchterlich falsch zu sein. Und solange die primäre Abhängigkeit nicht ausgeräumt ist, ist es fast unmöglich, die sekundäre Abhängigkeit mit spürbarem Erfolg auszuräumen.

Ich habe eine Menge sogenannter Rückfälle gesehen, die eintreten, wenn Menschen aufgehört haben, ihren sekundären Abhängigkeiten nachzugehen, und dann später wieder darauf zurückkommen. Sie hören auf zu trinken, zu viel auszugeben oder achtzig

Stunden pro Woche zu arbeiten. Dann, nach einiger Zeit, beginnen sie wieder damit, diese Dinge zu tun. Dies passiert häufig, denn wenn die sekundäre Abhängigkeit weggenommen wurde, wurde es für sie zu schwierig, mit dem Schmerz der primären Abhängigkeit umzugehen. Sie haben nicht die Werkzeuge und Informationen, die sie benötigen, um darüber hinauszugehen, also kommen sie auf ihrer Suche nach Erleichterung auf ihre sekundäre Abhängigkeit zurück. Die primäre Abhängigkeit von deinem Falschsein zu klären ebnet den Weg, von deiner sekundären Abhängigkeit wegzukommen, was immer dies auch sein mag.

Ein Teenager wurde zu mir geschickt, weil er von Marihuana und auffälligem Verhalten in der Schule abhängig war. In der ersten Sitzung machte er deutlich, dass er nicht daran interessiert war, über seinen Marihuanakonsum zu sprechen, also sprachen wir über andere Dinge, die in seinem Leben vorgingen. Seine Eltern waren schon einige Jahre geschieden und er wurde in beiden Haushalten kritisiert, wegen seiner Noten, weil er Gras rauchte, weil er seine Aufgaben zu Hause nicht erfüllte und so weiter. Seine Eltern machten ihn zum „identifizierten Patienten", zu demjenigen, der das Problem hatte, aber es wurde schnell deutlich, dass sowohl der Vater als auch die Mutter selbst wesentliche Probleme und Verhaltensweisen hatten, die sie nicht bereit waren sich anzusehen. Als der junge Mann und ich zusammenarbeiteten, stellte ich ihm Fragen und regte ihn an, sich verschiedene Situationen in seinem Leben aus verschiedenen Perspektiven zu betrachten. Lag er wirklich falsch? Tat er irgendetwas, was seiner Familie schadete? Was ging wirklich vor sich? Wie sonst konnte er dies betrachten? Was wusste er, dass wahr ist?

VORWURF, SCHAM, SCHULD UND BEREUEN

Wenn du deinem Falschsein aktiv nachhängst, gehören Vorwurf, Scham, Schuld und Bereuen wahrscheinlich zu dem, was du erlebst, wenn du dich selbst falsch machst. Ich habe viele wundervolle Menschen getroffen, die nicht glauben, dass sie ein Beitrag für die Welt sein können, weil all ihre Energie auf irgendeine reale oder eingebildete schreckliche Tat konzentriert ist, die sie in der Vergangenheit begangen haben.

Vorwurf, Scham, Schuld und Bereuen stammen immer aus den Bewertungen darüber, was richtig und falsch ist. Bei Access Consciousness® nennen wir sie Ablenkungsimplantate[7]. Dies sind Konzepte, die uns durch unsere Eltern, die Kultur und religiöse Organisationen eingepflanzt wurden, um uns zu kontrollieren. Vorwurf, Scham, Schuld und Bereuen binden uns in die Gesellschaft ein und halten uns davon ab, gewahr zu sein und zu wissen, was wir wissen, das für uns wahr ist.

Hier ist ein Beispiel davon, was ich meine: Mit sechs oder sieben Jahren war ich in einem Geschäft und dachte: „Oh! Ich könnte einfach ein bisschen von diesen Süßigkeiten und Kaugummis in meine Tasche tun und weggehen." Also tat ich das. Danach fühlte ich mich furchtbar deswegen. Es war nicht Scham oder Schuld, die ich spürte; ich wusste einfach, dass dieses Verhalten nicht korrekt war, und zwar für mich. Mein Wissen war sehr einfach und direkt. Das war: „Ich bin nicht die Art von Mensch, die das tut." Wären Scham und Schuld auf mich gehäuft worden, hätten sie mich davon abgelenkt zu wissen, was ich wusste. Mich hätte das Gefühl „Ich bin ein böser, schrecklicher, furchtbarer Mensch" gelähmt.

Ablenkungsimplantate lenken uns von unserem Wissen und Gewahrsein ab und bringen uns in die Bewertung darüber, wie falsch wir sind. Und solange wir in der Bewertung davon stecken, wie falsch wir sind, können

---

7. Vorwurf, Scham, Schuld und Bereuen sind nur einige der Ablenkungsimplante, die bei Access Consciousness® erörtert werden, und viele davon haben einen Bezug zu Abhängigkeit. Mehr Informationen zu allen Ablenkungsimplantaten gibt es beim Foundationkurs von Access.

wir nicht gewahr sein. Wenn du etwas tust, was mit dem, was du bist, nicht kompatibel ist, brauchst du keinen Haufen an Vorwürfen, Scham, Schuld und Bereuen, um dich davon abzuhalten, es wieder zu tun. Du kannst einfach sagen: „Das hat für mich nicht funktioniert. Ich denke nicht, dass ich das noch einmal tun werde."

Nehmen wir an, du bist wütend geworden und hast deinen Hund angeschrien. Es macht einen Riesenunterschied, ob du nun denkst: „Oh, ich fühle mich so schuldig, meinen Hund angeschrien zu haben" oder sagst: „Meinen Hund anzuschreien war weder freundlich mir gegenüber – noch gegenüber dem Hund. Das war nicht meine beste Wahl. Welche Wahl könnte ich nun treffen? Muss ich es irgendwie wieder ins Lot bringen?"

Ich sage nicht, du solltest nicht gewahr sein, wenn du etwas wählst, was der Person, die du wirklich bist, zuwiderläuft. Natürlich solltest du dir bewusst sein, wie das, was du tust, sich auf dich und die Wesen in deinem Leben auswirkt. Wovon ich spreche, ist, dass du nicht in die Bewertung des Falschseins gehst. Schuld frisst dich auf und lenkt dich von dem ab, was generierend ist in deinem Leben. Und Leute benutzen sie, um dich zu kontrollieren. „Erinnerst du dich an diese schlimme Sache, die du mir vor zehn Jahren angetan hast? Ich bin niemals darüber hinweggekommen." Was für ein Haufen gequirlte Scheiße! Jeder ist verantwortlich dafür weiterzugehen. Dies ist eine der Arten, auf die Schuld benutzt wird, um Menschen zu kontrollieren.

Eine weitere Art, wie Schuld benutzt wird, um Menschen zu kontrollieren, besteht darin, alles, was Spaß macht und interessant ist, zu einer Sünde zu machen. „Du solltest keinen Spaß an Sex haben. Du solltest wunderbares Essen nicht genießen. Du solltest keine Freude daran haben, Geld zu haben. Du solltest die ganze Zeit und noch mehr arbeiten. Was machst du nachmittags da draußen, räkelst dich und genießt die Sonne auf deinem Gesicht?" Schuld ist eine wunderbare Methode um Leute dazu zu ermutigen, sich selbst fertigzumachen und sicherzustellen, dass sie keine freudvollen und glücklichen Erfahrungen im Leben haben.

Wenn du dich in Vorwurf, Scham, Schuld oder Bereuen wiederfindest, erkenne, dass dies nicht ist, was du bist. Es sind Ablenkungsimplantate, die dir eingepflanzt wurden, um dich zu kontrollieren. Ohne sie wirst du unkontrollierbar, nicht außer Kontrolle – sondern unkontrollierbar. Du hast mehr Möglichkeiten, Herr über dein eigenes Leben zu sein und zu wählen, wer du gerne wärst.

Wenn du ein Gefühl von Vorwurf, Scham, Schuld oder Bereuen bemerkst, über das du scheinbar nicht hinauskommen kannst, frage:

- Zu wem gehört das?

Wenn es danach nicht leichter wird, frage:

- Ist dies ein Ablenkungsimplantat?

Wenn sich dies leichter anfühlt, musst du nur das Clearing Statement anwenden, um alles zu klären, was das Ablenkungsimplantat festhält.

Nach einer Weile begann er, mehr Vertrauen in sich selbst zu haben, und wurde viel glücklicher. Er begann wieder in seiner Band zu spielen und hörte auf, sich selbst dafür zu bewerten, dass er nicht bei den beliebteren Kids in der Schule hineinpasste.

Das Marihuana sprachen wir während dieser Zeit überhaupt nicht an. Dennoch kam er nach sechs Monaten eines Tages herein und sagte: „Ich möchte Ihnen etwas erzählen, was gestern passiert ist. Ich bin mit meinem Freund von der Schule nach Hause gefahren. Das ist eine lange Fahrt – über eine Stunde – und dabei rauchen wir immer Gras. Mein Freund sagte: 'Magst du einen anstecken?' Ich sagte: 'Weißt du was? Ich glaube, ich setze heute mal aus.' Mein Freund sagte: 'Wow. Das ist cool.'"

Abgesehen vom Erfolg, dass mein Klient sein Falschsein überwunden hatte, möchte ich betonen, wie diese Geschichte zeigt, dass es bei einer „Genesung" von der Abhängigkeit nicht darum geht, sich darauf zu konzentrieren, sondern darum, von allen den Lügen und dem Gefühl des Falschseins wegzukommen, das du über dich selbst hattest, hin zu einem Ort deiner wahren Kraft und deines wahren Potentials.

Bewertung empfangen

Wenn du aus deinem Falschsein heraus- und in den Raum und die Freiheit hineingehst, mehr von dir zu sein, werden noch mehr Bewertungen gegen dich gerichtet werden. Immer wenn wir uns ändern, ist das den Leuten unangenehm. Was kannst du also tun, wenn Menschen dir Bewertungen entgegenschleudern? Zunächst erinnere dich daran, dass es bei Bewertung niemals um dich geht. Sie hat immer mit der Person zu tun, die bewertet – und ist immer willkürlich. Wann immer du bewertet wirst, sage dir selbst ganz einfach: „Dies hat mit ihnen und ihrem Zeug zu tun. Es hat nichts mit mir zu tun."

Noch ein Tipp: Die Menschen werfen dir das vor, was sie selbst tun. Wenn jemand dir vorwirft, unfreundlich zu sein, kannst du darauf wetten, dass er unfreundlich ist. Wenn Leute dir vorwerfen, du seist selbstsüchtig oder billig, kannst du darauf wetten, dass dies eben das ist, was sie sind.

Du kannst auch die Ausdehnungsübung machen. Wenn du dich ausdehnst, lässt du die Bewertung durch dich hindurchgehen. Je ausgedehnter du bist und je mehr du der Raum von dir bist, umso weniger wirst du den Bewertungen anderer ausgesetzt sein.

Es gilt zu beachten, dass andere dich bewerten, um dich zu kontrollieren. Bewertung ist eine Art, wie man ein unbändig wunderbares und ureigen einzigartiges Individuum dazu bringt, hineinzupassen und sich den Werten und Sitten der Gruppe zu fügen. Die Sache ist aber die: Du passt nicht hinein. Du hast es nie und du wirst es nie, und das ist tatsächlich ein Plus. Du bist anders als alle anderen und wenn du das erkennst und nicht versuchst hineinzupassen, hast du die Möglichkeit, zu dem großartigen Wesen zu werden, das du wirklich bist.

Wenn jemand dir eine Bewertung entgegenschleudert, die einer Bewertung entspricht, die du selbst von dir hast, tendierst du dazu denken, die Bewertung sei korrekt. Sobald du jemandes Bewertung als real abkaufst, gehörst du ihm. Vielleicht sagt jemand etwas wie: „Du strengst dich nicht genug an." Wenn du schon beschlossen hast, du seist ein Faultier, wirst du sofort in dein Falschsein gehen und denken, derjenige habe Recht. Das hat er nicht; es ist einfach so, dass seine Bewertung zu einer Bewertung gepasst hat, die du bereits über dich hattest. Wenn du dir bewusst wirst, dass du diese Bewertung hast, ist es dir möglich, sie loszulassen.

Die Bewertungen anderer Leute über dich abzukaufen ist immer eine Wahl. Bist du bereit zu wählen, niemand anderes Bewertungen zu bekräftigen?

Bewertest du jemand anderes?

Hier ist noch eine interessante Info zu Bewertungen. Manchmal denkst du womöglich, du bewertest jemand anderes – aber es bist nicht du, der bewertet. Die Person bewertet sich selbst und du schnappst die Bewertung auf und denkst, es sei deine.

Ich ging einmal hinter einer Frau her, die sehr schwer war, und ertappte mich dabei, wie ich dachte: „Das ist eine Menge Fett."

Ich sagte: „Moment mal! Ich habe nicht wirklich eine Ansicht über Körper", und mir wurde klar, dass ich ihre Bewertung über sich selbst aufschnappte.

Wenn du beschlossen hast, du seist jemand, der viel bewertet, bist du es wahrscheinlich nicht. Leute, die voller Bewertung sind, denken dies nie von sich. Sie denken immer, sie sagten nur die Wahrheit. Sie werden sagen: „Ich bin nicht bewertend. Ich weiß einfach nur, was wahr ist." Tatsächlich *sind* sie bewertend – aber sie sind nicht bereit, es zu sehen.

Die Bewertung loslassen

Warum sträuben sich so viele von uns dagegen, die Bewertung aufzugeben? Möglicherweise, weil wir so viele der Lügen darüber abgekauft haben, was Bewertung bewirkt. Ich höre häufig Leute Dinge sagen wie: „Wenn ich mich selbst nicht bewerte, werde ich nicht motiviert sein, irgendetwas zu tun."

Ich möchte dir gerne eine Frage stellen: Was, wenn du dich nicht aus der Bewertung heraus motivieren würdest? Was, wenn du dich aus der Wahl heraus motivieren würdest? Wie wäre das? Aus der Bewertung motiviert zu sein bringt dich an den Ort des Falschseins, wo du dich immer bemühst, besser zu sein. Aus der Wahl motiviert zu sein nimmt all das Falschsein fort. Du tust, was auch immer du tust, weil du wählst, es zu tun. Es geht nicht darum, es richtig oder falsch hinzubekommen.

Ich habe auch gehört: „Wenn ich die Bewertung loslasse, werde ich schlechte und furchtbare Dinge tun."

Ich frage immer: „Zu wem gehört das?" und dann: „Ist diese Aussage tatsächlich wahr? Erkennt diese Aussage tatsächlich die Wahrheit von dem an, wer du bist?" Dies ist ein sehr guter Zeitpunkt, um das Leicht/schwer-Werkzeug zu verwenden.

Die Leute sagen auch: „Wenn ich die Bewertung loslasse, werde ich so anders sein als alle anderen. Ich werde alleine sein." Nun, das ist etwas, was viele für sich feststellen. Wenn du die Bewertung loslässt, wirst du sehr anders sein. Viele Menschen benutzen Bewertung als die hauptsächliche Art und Weise, um sich mit anderen zu verbinden. Man kann dies sehen, wenn Fans sich zusammentun, um ein Sportteam anzufeuern, wenn die Öffentlichkeit sich für oder gegen Kandidaten bei einer Wahl entscheidet oder wenn Leute Gruppen bilden, die in sind, und solche, die out sind.

DEINE TALENTE UND FÄHIGKEITEN ENTWICKELN

Eines der Dinge, die ich von meinem Klienten höre, wenn wir darüber sprechen, dass sie mehr von sich werden, ist: „Marilyn, ich glaube nicht wirklich, dass das, was du sagst, für mich möglich ist, nicht, weil Menschen sich nicht ändern können, sondern weil ich denke, dass ich nichts anzubieten habe. Mein ganzes Leben lang habe ich versucht, anderen Menschen etwas beizutragen oder ihnen meine Ideen zu zeigen, und ich werde immer ausgebremst. Mir wird gesagt, ich sei dumm oder nicht gut genug oder, noch schlimmer, ich werde ignoriert. Ich habe das Gefühl, dass selbst wenn ich meine Abhängigkeit loswerde, ich nirgendwohin gehen kann, wo es nicht traurig und deprimierend ist."

Es gibt viele Gründe, warum wir uns am Ende als jemand bewerten, der der Welt nichts zu bieten hat, und dann machen wir weiter, als sei dies die Wahrheit. Es ist nicht die Wahrheit! Bitte wisse, dass du etwas zu geben hast. Du hast Talente und Fähigkeiten. Und indem du die Werkzeuge in diesem Buch verwendest und sowohl deine begrenzenden Glaubenssysteme loslässt als auch das, was andere dir über dich gesagt haben, kann sich das Leben für dich ausdehnen. Du wirst in der Lage sein, dich auf Arten zu zeigen, die du dir nie vorgestellt hast.

Anstatt in dein Falschsein hineinzugehen, fange an, Freude an der Vorstellung zu haben, deine Talente und Fähigkeiten zu entwickeln. Fange mit Fragen wie diesen an:

- Was würde ich gerne machen?
- Was würde ich gerne lernen?

- Was würde mir Spaß machen zu tun?
- Was hat mich schon immer interessiert?
- Was gibt mir Energie?
- Was habe ich schon immer mal tun wollen, aber nie ausprobiert?

Gehe einer Aktivität nach, die dir leicht erscheint, egal welche das ist.

Bitte habe Spaß damit und fange an, das zu erkunden. Entdecke, was du gerne tust, sieh, was dir Freude bringt, und du wirst anfangen, ein Gespür dafür zu bekommen, was deine Talente und Fähigkeiten sind.

Bitte wisse auch, dass es auf der ganzen Welt Menschen gibt, die damit anfangen, die Bewertung loszulassen. Wenn du auch dazu bereit bist und wenn du bereit bist, dich als dich zu zeigen, werden sich Menschen in deinem Leben zeigen, die von der Schwingung her kompatibel sind mit dir, dem neuen Du, dem wahren Du.

Jetzt gerade hast du aber möglicherweise nicht viele solche Leute in deinem Leben, denn solange du bewertest, bist du energetisch mit anderen Leuten kompatibel, die bewerten. Es mag so erscheinen, als gebe es niemanden auf der Welt, der nicht bewertet. Wenn du jedoch anfängst, mit einer anderen Energie aufzutreten, werden Menschen, die eine ähnliche Energie haben wie du, sich in deinem Leben zu zeigen beginnen.

Bitte schau dir die Gründe an, aus denen du möglicherweise beschlossen hast, du könnest das Bewerten nicht lassen, denn diese Beschlüsse halten dich davon ab, die Abhängigkeit zu beenden und andere begrenzende Verhaltensweisen loszulassen.

Einiges, was du tun kannst, um Bewertungen loszulassen

Sobald du dir der Arten bewusst wirst, wie du Bewertung richtig, gut, notwendig und korrekt machst, gibt es Werkzeuge, die du verwenden kannst, und Aktivitäten, die du unternehmen kannst, die dir helfen werden, die Bewertungen loszulassen, die dich davon abhalten, alles von dir zu sein.

Wenn du diese Vorschläge durchliest, empfehle ich dir, die Werkzeuge, Übungen und Aktivitäten auszuwählen, die mit dir harmonieren. Probiere sie aus und schaue, ob sie dir helfen, dich ausgedehnter und frei von Bewertung zu fühlen. Es geht also darum, dich zu achten und das, von dem du weißt, dass es für dich wahr ist.

Werkzeug: Interessante Ansicht[8]

Was, wenn alles in deinem Leben nur eine interessante Ansicht wäre? Das Werkzeug „Interessante Ansicht" ist eine tolle Möglichkeit, die Bewertung zu neutralisieren, indem du dich daran erinnerst, dass egal wie die Bewertung aussieht, es nur eine interessante Ansicht ist. Es ist nicht richtig und nicht falsch und nicht gut oder schlecht. Es ist nur eine Überzeugung, eine Meinung, eine Schlussfolgerung oder irgendeine andere Form der Bewertung, die du oder sonst jemand zu diesem Zeitpunkt hat.

Jedes Mal, wenn eine Bewertung bei dir hochkommt, sage: „Interessante Ansicht, ich habe diese Bewertung." Das hilft dir, dich von der Bewertung zu distanzieren. Du stimmst nicht damit überein und richtest dich nicht danach aus – noch bist du im Wi-

---

[8] „Interessante Ansicht" ist ein Access-Consciousness®-Werkzeug.

derstand dazu und reagierst darauf. Du lässt es einfach das sein, was es ist – eine Ansicht.

Oder nehmen wir an, jemand sagt dir, du seist aus diesem oder jenem Grund falsch. Du kannst sagen: „Wow, das ist eine interessante Ansicht. Egal, ich denke, ich werde sie nicht abkaufen."

Wenn du aus der interessanten Ansicht heraus funktionierst, bist du in der Lage, dir dessen gewahr zu sein, was ist, anstatt den Bewertungen ausgeliefert zu sein, ob es nun deine oder die von anderen Leuten sind. Dies ist wichtig – denn deine Ansicht kreiert deine Realität. Wenn du nicht in der interessanten Ansicht bist, steckst du in der Bewertung fest. Du schneidest dein Gewahrsein ab und verfestigst jegliche Schwierigkeiten, die vorliegen, anstatt zuzulassen, dass andere Möglichkeiten durchkommen.

Ich bin vor Kurzem aus Costa Rica in die USA eingereist. Die Schlange bei der Einreise war sehr lang und mein Anschlussflug war sehr bald. Ich begann mir Sorgen zu machen, dass ich mein Flugzeug verpassen würde. Ich begann zu sagen: „Interessante Ansicht, dass ich die Bewertung habe, dass ich mein Flugzeug verpassen werde. Was ist noch möglich?" Ich sagte dies immer wieder und stellte Fragen und plötzlich wurden acht zusätzliche Einreisebeamten in unseren Abschnitt verlegt und ich war die zweite Person in der Schlange. Ich erreichte meinen Anschlussflug ohne Probleme.

Dies mag wie ein Zufall erscheinen, aber solche Sachen passieren die ganze Zeit, wenn ich das Werkzeug „Interessante Ansicht" verwende. Wenn ich meine Erwartungen hinsichtlich dessen, wie die Situation erscheint, loslasse, kreiert dies einen Raum, in dem sich andere Möglichkeiten zeigen können.

Werkzeug: Zu wem gehört das?

Ich habe bereits über das Werkzeug „Zu wem gehört das?" gesprochen, aber ich möchte es noch einmal in diesem Kapitel erwähnen, da es ein Schlüsselwerkzeug sein kann, wenn du mit deiner primären Abhängigkeit arbeitest, der Abhängigkeit von deinem Falschsein. Wann immer du einen Gedanken, ein Gefühl oder eine Emotion hast, die damit zusammenhängt, wie falsch, schlecht oder „geringer als" du bist, kaufe sie nicht automatisch ab. Frage: „Zu wem gehört das?" Wenn es auch nur ansatzweise leichter wird, ist es nicht deins. Schicke es einfach zurück an den Absender.

„Zu wem gehört das?" ist auch ungemein hilfreich im Umgang mit deiner sekundären Abhängigkeit. Eine meiner sekundären Abhängigkeiten war Alkohol. Nun kann ich ein Glas Wein trinken oder nicht; es ist egal. Ich habe nicht mehr den Drang, einen Drink zu mir zu nehmen. Vor Kurzem fuhr ich von der Arbeit nach Hause. Ich hatte einen sehr guten Tag gehabt, und es war nach 17 Uhr. Das war jene Uhrzeit. Plötzlich hatte ich den Gedanken: „Ich brauche wirklich einen Drink. Ein starker Whiskey wäre jetzt toll."

Ich sagte: „Moment mal! Ich trinke noch nicht einmal Whiskey. Zu wem gehört das?" Mir wurde klar, dass ich die Idee, einen Drink zu brauchen, von allen Leuten aufschnappte, die auf dem Heimweg waren und dachten: „Es ist fünf Uhr. Ich brauche einen Drink."

Schenke dir selbst einen bewertungsfreien Tag – oder eine bewertungsfreie Stunde

Wie wäre es, einen ganzen Tag oder auch nur eine Stunde zu haben, in der du dich weigertest, dich selbst oder irgendetwas anderes zu bewerten? Dies kann eine prima Gewohnheit sein, die man kultivieren kann. Sage dir einfach: „Ich schenke mir selbst eine bewertungsfreie Stunde von neun bis zehn." Und dann sage jedes Mal, wenn eine Bewertung hochkommt: „Sorry, dies ist meine bewertungsfreie Zeit. Ich nehme keine Bewertungen bis um zehn entgegen. Komm später wieder." Wenn du mehr Übung darin bekommst, dehne diese Zeitspanne immer weiter aus.

Verbringe Zeit mit Leuten, die weniger bewertend sind

Nimm dir einige Momente Zeit, um eine Liste der wichtigsten Menschen in deinem Leben zu machen. Dann ordne sie auf einer Skala von eins zu zehn darunter ein, wie sehr sie dich oder andere bewerten. Konzentriere dich darauf, Zeit mit Menschen zu verbringen, die weniger bewertend sind, und schaue, wie anders die Energie ist.

Praktiziere Präsentsein

Nimm dir eine Zeit, in der du draußen in der Natur spazieren gehen kannst, und während du das tust, erlaube dir selbst, dir allem um dich herum gewahr zu sein: wie sich deine Füße auf dem Boden anfühlen, die Geräusche, die Gerüche und was mit deinem Körper vor sich geht. Sei so präsent wie möglich. Nun nimm wahr: Kannst du bewerten, wenn du dies tust? Nein. Du kannst nicht präsent sein und gleichzeitig bewerten.

Eine andere wunderbare Sache daran, in der Natur zu sein, ist, dass die Natur niemals bewertet. Während du also spazieren gehst, kannst du dir der Energie einer bewertungsfreien Umgebung gewahr werden.

KAPITEL SECHS

Missbrauch und Abhängigkeit

Wessen du dir nicht gewahr sein möchtest, hat dich im Griff.

Wenn du eine Abhängigkeit hast, kann ich so gut wie garantieren, dass du früher in deinem Leben irgendeine Form von missbräuchlichem Verhalten erfahren hast. Ich sage nicht, dass dies eine Einladung ist, jemandem die Schuld zu geben oder zu rationalisieren, warum dein Leben nicht so funktioniert hat, wie du es dir wünschen würdest. Ich spreche dies an, weil es hilfreiche Information bietet. Sobald du die Verbindung zwischen Abhängigkeit und Missbrauch verstehst und wie sich das auf dein Leben ausgewirkt hat, wirst du sehr viel mehr in der Lage sein, dein Sucht- oder Zwangsverhalten hinter dir zu lassen.

Viele meiner Klienten mit Abhängigkeiten haben mir gesagt: „Ich verstehe nicht, warum ich mit meinem Suchtverhalten weitermache. Ich esse weiter zu viel, ich arbeite zwanghaft oder ich mache weiter alle schlecht, obwohl ich aufhören möchte. Egal, wie sehr ich mich anstrenge, ich mache es weiter. Es scheint unbewusst zu sein."

Dies ist häufig der Fall, wenn wir mit unseren Abhängigkeiten weitermachen, und das kann auftreten, weil wir Missbrauchserfahrungen gemacht haben, derer wir uns nicht gewahr sein möchten. Ich verstehe, dass du dir möglicherweise nicht gerne etwas ansehen möchtest, womit schwer umzugehen ist, wie eben Missbrauch, und du fragst vielleicht: „Warum muss ich das tun?" Die Antwort ist recht klar: Weil das, wessen du dir nicht gewahr sein möchtest, dich in der Hand hat. Wenn du nicht bereit bist, dir des Missbrauchs gewahr zu sein, den du erlebt hast, wenn du versuchst, ihn auszuschließen oder zu rationalisieren, wird er tatsächlich dein Leben bestimmen. Die Bereitschaft, dir vergangenen Missbrauchs gewahr zu werden, kreiert einen Raum, in dem du verändern kannst, wie er sich auf dich auswirkt.

Ich möchte hier etwas grundlegend klarstellen. Bitte sei dir bewusst, dass ich nicht davon spreche, jeden Fall von Missbrauch aus deiner Vergangenheit auszugraben und ihn zum Grund deiner Abhängigkeit zu machen. Noch sage ich, du solltest Wochen, Monate oder Jahre damit verbringen, dich darin zu suhlen. Wenn du dir ansiehst, wo Missbrauch in deiner Vergangenheit stattgefunden hat, geht es nicht darum, andere Menschen anzuklagen oder ein Opfer zu werden. Es geht darum, nicht vorzugeben, du seist machtlos. Es geht darum anzuerkennen, was mit dir passiert ist und wie es sich auf dich ausgewirkt hat – damit der Missbrauch dich nicht weiter festhält.

Die Verbindung zwischen Missbrauch und Abhängigkeit

Wenn wir Missbrauch erleiden, möchten wir fliehen. Wir möchten dem Missbrauch selbst entfliehen – und später möchten wir den Erinnerungen an den Missbrauch entkommen. Der Schmerz davon kann so groß erscheinen und die Aussicht, sich damit auseinanderzusetzen, so überwältigend, dass die Flucht in die Abhängigkeit natürlich erscheint. Die Abhängigkeit scheint einen sicheren Hafen zu bieten, in den wir uns zurückziehen können.

Dies gilt insbesondere, wenn wir nicht die Unterstützung haben, die wir benötigen, um über den Missbrauch hinwegzukommen.

Missbrauch und Abhängigkeit ergänzen sich perfekt, weil beide die Menschen dazu bringen, ein kleineres Leben zu kreieren. Fast alle, die ich kenne, die Missbrauch erlitten haben, insbesondere chronischen und dauerhaften Missbrauch, haben ein kleineres, verstecktes Leben kreiert. Warum sollten sie das tun? Weil sie den Beschluss gefasst haben, ein kleineres Leben sei sicherer. Sie gehen in einen zusammengezogenen Ort hinein, indem sie hyper-wachsam werden und alles zu kontrollieren versuchen, was geschieht. Das Problem ist, dass der Versuch zu kontrollieren, was geschieht, ihnen nur eine Illusion von Sicherheit gibt – und er kreiert so viel Stress, dass sie sich früher oder später nach einem Raum sehnen, in dem sie außer Kontrolle sein können – und genau das bietet die Abhängigkeit.

Missbrauch als das erkennen, was er ist

Also, was ist Missbrauch? Viele Menschen erkennen nicht, dass sie missbraucht wurden, weil sie meinen, der Begriff Missbrauch beziehe sich nur auf sexuellen Missbrauch oder extreme körperliche Misshandlung. Wenn man sie fragt, ob sie missbraucht worden seien, werden sie sagen: „Nein, ich bin nicht missbraucht worden. Ich bin nicht vergewaltigt oder geschlagen worden."

Missbrauch umfasst viel mehr als körperliche Gewalt oder sexuelle Übergriffe, und es gibt viele Formen von Missbrauch, die nicht als solche erkannt werden. Wie erkennt man ihn also? Der Kern des Missbrauchs liegt immer in der Herabsetzung, Abwertung oder Entwertung des Wesens oder des Körpers. Es ist das Gegenteil dessen, wenn du geachtet wirst oder du und dein Körper mit Respekt und Wertschätzung behandelt werden. Wenn du dir dieses Hauptmerkmal von Missbrauch merkst, kannst du ihn immer als solchen erkennen.

Missbrauch kann von Eltern, Geschwistern, anderen Kindern, Lehrern und Familienmitgliedern verübt werden. Er kann sich auch in Institutionen, in den Dogmen oder Regeln und Bestimmungen von Kirchen, Bruderschaften, dem Militär und anderen Organisationen zeigen. Einige Menschen missbrauchen andere einfach nur, weil sie es können. Sie sind grundsätzlich gemein und kümmern sich nicht um die Auswirkungen, die ihr Verhalten auf die andere Person hat, oder sie streben aktiv danach, jemandem Schaden zuzufügen. Missbrauch kann auch von Einzelpersonen verübt werden, die denken, andere müssten gezügelt, diszipliniert oder zu ihrem eigenen Besten kontrolliert werden. Sie haben sich selbst gesagt – und glauben womöglich ehrlich daran –, das Missbrauchsverhalten diene der Entwicklung des anderen. Sie möchten kein Leid zufügen und erkennen selten den Schaden, den sie anrichten.

Es gibt einen Aspekt des Missbrauchs, dessen man sich unbedingt bewusst sein sollte. Kinder, die missbraucht worden sind, gewöhnen sich so sehr daran, misshandelt, bestraft und herumgeschubst zu werden, dass sie den Missbrauch nicht als solchen erkennen. Er erscheint ihnen „normal". Wenn du den Missbrauch nicht als solchen erkennst, kannst du nicht die Auswirkungen sehen, die er auf dich hat – und du neigst dazu, andere auf dieselbe Art zu missbrauchen. Wenn du dir der missbräuchlichen Natur des Verhaltens nicht bewusst bist, ist dies einfach Teil dessen, was du lernst, und du fügst es möglicherweise anderen Menschen zu.

Bisweilen kommen Klienten zu mir, die sich in einem furchtbaren Konflikt wegen ihres grausamen Verhaltens anderen gegenüber befinden. Sie erkennen, dass sie sich missbräuchlich verhalten, und möchten etwas dagegen tun – aber sie wissen nicht, wie sie es ändern können. Sie haben Missbrauchsverhaltensmuster von ihrer Familie übernommen und haben nicht die Fertigkeiten, etwas anderes zu wählen. Der Unterschied zwischen diesen Leuten und jenen, die andere willentlich missbrauchen, besteht darin, dass die erstgenannten sich bewusst sind, dass ihr Verhalten nicht mit dem übereinstimmt, wer sie sein möchten, und dass es anderen Menschen schadet. Und sie bemühen sich, das zu ändern.

Ich möchte noch etwas anderes festhalten: Es gibt keine Entschuldigung für Missbrauch. Egal, welche Art von Missbrauch du erfahren haben magst, es ist wichtig, ihn als das zu sehen, was er war – und ihn nicht zu minimieren oder rechtfertigen. Manchmal versuchen Menschen, die missbraucht wurden, den Missbrauch, den sie empfingen, zu verstehen oder rationalisieren, indem sie Dinge sagen wie: „Die Person, die mich missbraucht hat, hat dies getan, weil sie als Kind missbraucht wurde." Dies mag in einigen wenigen Fällen zutreffen, aber generell ist es nicht stichhaltig. Wenn die Erfahrung von Missbrauch jemanden dazu bringen würde, andere zu missbrauchen, würde nun jeder Einzelne, der missbraucht worden ist, andere missbrauchen – und wir wissen, dass dies nicht geschieht.

Du kannst über den Missbrauch hinwegkommen

Dies ist vielleicht ein schwieriges Kapitel für dich. Es bringt möglicherweise Dinge hoch, die du dir nicht ansehen möchtest. Was ich gleich zu Beginn sagen möchte, ist, dass du über deinen Missbrauch hinwegkommen kannst. Dies wird Arbeit erfordern und es kann auch recht unangenehm werden. Es mag für eine Weile sehr intensiv oder schwierig erscheinen, aber ich möchte dir versichern, dass du darüber hinwegkommen kannst – und es dient alles dem Ziel, nicht mehr in deinem Sucht- oder Zwangsverhalten gefangen zu sein.

Formen, die der Missbrauch annehmen kann

Es gibt viele Formen, die der Missbrauch annehmen kann, und ich möchte gerne über einige der gängigen Formen sprechen, in denen er sich zeigt.

VERBALER MISSBRAUCH	PHYSISCHER MISSBRAUCH
SELBSTMISSBRAUCH	PSYCHOLOGISCHER ODER EMOTIONALER MISSBRAUCH
VERNACHLÄSSIGUNG	FINANZIELLER MISSBRAUCH
VERLETZUNG DER PRIVATSPHÄRE	SEXUELLER MISSBRAUCH
SPIRITUELLER MISSBRAUCH	

Verbaler Missbrauch

Verbaler Missbrauch ist genau das; es ist der ausgesprochene Missbrauch. Das sind Beschimpfungen, Kritik und Herabsetzung. Es ist alles, was gesagt wird, damit du dich „geringer als", unwert, falsch oder inkompetent fühlst. Er kann sehr subtil sein, da Menschen häufig den Missbrauch mit Rechtfertigungen zu überdecken versuchen. Zum Beispiel versuchen Eltern manchmal ihr verbal missbräuchliches Verhalten mit Aussagen wie den folgenden wegzuerklären: „Ich sage dir nur, was du falsch machst, damit du dich verbessern kannst."

Nun, es gibt andere Möglichkeiten, Kindern (oder irgendjemandem) klarzumachen, dass sie andere Wahlen treffen könnten. Hilft und erweitert ständige Kritik Menschen oder macht sie sie kleiner? Anstatt zu sagen: „Das ist eine dumme Art, dies zu machen" oder „Du kriegst nie was hin" oder „Ich habe gerade gesehen, dass du das falsch machst", könnte man denjenigen fragen: „Wenn du das machst, gibt es dir das Ergebnis, das du gerne hättest? Nein? Ich frage mich, ob es eine andere Herangehensweise gibt, die du wählen könntest."

Manchmal versuchen Eltern, ihren verbalen Missbrauch zu maskieren, indem sie ihrem Kind sagen: „Ich bin hart zu dir, weil ich dich liebe." Bitte sieh, dass jemand, dem du wirklich am Herzen liegst, sich nicht extrem kritisch und missbräuchlich dir gegenüber verhalten wird. Menschen versuchen auch, ihren verbalen Missbrauch als Witz zu deklarieren. Wenn du auf ihren fiesen oder abwertenden Kommentar reagierst, fragen sie: „Verstehst du keinen Spaß?" Wenn irgendjemand diese Witztour mit dir versucht, denke daran, dass Witze dich amüsieren sollten. Sie sollten dich zum Entspannen und zum Lachen bringen. Wenn du merkst, wie du dich zusammenziehst und dich schlechter fühlst, war es kein Witz und auch nie als solcher gedacht. Es war verbaler Missbrauch.

Eine andere Form des verbalen Missbrauchs ist Necken. Leute, die necken, operieren aus dem Vorwand, es läge ihnen an dir, aber wenn du als Kind geneckt oder gehänselt worden bist, weißt du, wie schmerzhaft das sein kann und wie gemein es tatsächlich ist.

Psychologischer oder emotionaler Missbrauch

Psychologischer oder emotionaler Missbrauch ist verbaler Missbrauch auf Steroiden. Es gibt eine stärkere Absicht, die Person zu zerstören, zu erniedrigen, zu verhöhnen oder sie oder ihn ein einem Zustand von Angst und Schrecken festzuhalten. Psychologischer und emotionaler Missbrauch tritt am Arbeitsplatz oder in der Schule auf, wenn Manager oder Lehrer andere öffentlich aufrufen oder sie der Lächerlichkeit preisgeben. Es passiert in Kirchen oder spirituellen Gruppen, wenn religiöse Anführer jemanden als

Sünder herausstellen. Es geht darum, jemanden zum Sündenbock zu machen oder ein Exempel zu statuieren.

Ein extremes Beispiel für psychologischen oder emotionalen Missbrauch ist die Art, wie Gefangene in Konzentrationslagern systematisch gebrochen werden. Weniger intensive und dennoch zerstörerische Formen emotionalen Missbrauchs tauchen üblicherweise in Familien mit Kommentaren oder Beschuldigungen auf wie: „Ich weiß, dass du lügst. Du lügst immer" oder „Was hast du gestern Abend getan? Ich weiß, du hast etwas Falsches getan." Es ist dieses Gefühl, dass der Missbrauchende dich in ständigem Falschsein hält, was zum Gefühl des Falschseins beiträgt, das du von dir selbst hast.

Es ist üblich, dass Leute gegenüber Personen, die einem Suchtverhalten nachgehen, emotionalen Missbrauch an den Tag legen. „Warum musst du dieses Stück Schokoladenkuchen essen? Du bist schon fett." „Diese Zigarette musstest du jetzt gerade unbedingt rauchen, oder? Jetzt stinkt dein Atem. Kannst du nicht mehr Rücksicht auf mich nehmen?" Diese Art von Kommentaren sind missbräuchlich, weil ihre Absicht darin liegt, andere kleiner zu machen und zu erniedrigen.

Verspotten und Mobben sind auch Formen psychologischen und emotionalen Missbrauchs. Diese Formen von Missbrauch können auch die Ausübung extremer Kontrolle über eine andere Person umfassen. Ich habe einmal mit einer Familie gearbeitet, wo der Ehemann die Autoschlüssel verwahrte und die einzige Art, wie die Ehefrau das Auto haben konnte, darin bestand, ihn um die Schlüssel zu bitten, ihm genau zu sagen, wo sie hinfuhr, wann sie zurück sein würde und wen sie treffen würde. Sie musste sich auch pünktlich zu jeder Stunde melden.

Psychologischer und emotionaler Missbrauch besteht auch darin, die Talente eines anderen zu untergraben. Ich hatte eine Klientin, die als Kind eine angehende Schauspielerin, Sängerin und Darstellerin war. Ihr Vater sorgte absichtlich dafür, dass sie zu spät zu Aufführungen kam, und machte noch Witze darüber: „Haha, du wirst zu spät sein. Du wirst deinen Text vergessen." Dies war eine offen grausame Form psychologischen Missbrauchs.

Manchmal ist der Missbrauch nicht so direkt wie in den oben aufgeführten Beispielen. Psychologischer oder emotionaler Missbrauch zeigt sich häufig bei Scheidungen, wenn ein Elternteil ständig den anderen Elternteil vor den Kindern runtermacht und entwertet. Das kann auch die Form annehmen, dass ein Elternteil das Kind ermutigt, als sein Partner zu agieren. Wenn ein Elternteil ein junges Kind als Gesprächspartner für seine emotionalen oder Liebesprobleme benutzt oder das Kind Diskussionen aussetzt, die nicht kindesgemäß sind, ist dies eine Form psychologischen oder emotionalen Missbrauchs. Ich hatte eine Klientin, deren geschiedener Vater begann, sie als Gesprächspartnerin für seine emotionalen und Liebesprobleme zu benutzen, als sie erst sieben Jahre als war. Es sollte einem Kind erlaubt sein, Kind zu sein – und nicht zu einem Partner, Therapeuten, Betreuer oder Mitwisser für einen Elternteil gemacht werden.

Verletzungen der Privatsphäre

Verletzungen der Privatsphäre sind eine Variation des emotionalen Missbrauchs. Wenn jemand deine E-Mails oder Tagebücher liest oder dein Zimmer durchsucht, ist dies emotionaler Missbrauch, weil es dir vermittelt, dass du nichts für dich haben kannst. Alles, was du bist, steht zur Inspektion durch jemanden offen, der beschlossen hat, dass du beobachtet oder überwacht werden musst. Es ist schwierig, ein Gefühl der Großartigkeit von dir zu haben, wenn man derart in dich eindringt. Eltern tun das oft mit ihren Kindern und manchmal tun es Eheleute einander an. Es ist immer ein Anzeichen dafür, dass die Person den anderen nicht als das Individuum achtet, das er oder sie ist.

Verletzungen der Privatsphäre überschreiten manchmal die Grenze zu sexuellem Missbrauch, wenn ein Erwachsener nicht das Recht des Kindes auf die Privatsphäre seines Körpers respektiert.

Hierbei gibt es einen Vorbehalt. Wenn ein Elternteil feststellt, dass ein Kind selbstmordgefährdet ist, starke Drogen nimmt oder etwas Gefährliches plant, ist es angemessen einzugreifen. Es gibt keine allgemeingültigen Regeln hierzu; du musst dir die Energie der Situation ansehen. Wird die Maßnahme wirklich dazu ergriffen, dem Kind zu helfen – oder kommt sie aus dem Bedürfnis des Elternteils zu dominieren und kontrollieren?

Physischer Missbrauch

Physischer Missbrauch ist jegliche Art von Stoßen, Schubsen, Ohrfeigen oder Schlagen. Es umfasst, verprügelt oder mit Objekten geschlagen oder getroffen zu werden, gefesselt oder verbrannt zu werden. Es ist alles, was andere tun, um dem Körper einer anderen Person Schmerzen zuzufügen.

Wenn ich meine Klienten frage, ob sie körperlich missbraucht worden wären, sagen viele von ihnen etwa: „Ach nein, naja, meine Mutter hat mich manchmal mit einem Gürtel geschlagen, aber es war nicht so schlimm. Und einmal hat mein Vater mich die Treppe heruntergestoßen, aber ich hatte es verdient." Die Vorstellung, es zu verdienen, missbraucht zu werden, ist eine Lüge. Tatsächlich ist dies eine der größten Lügen, die gegen Kinder verwendet wird, die missbraucht werden. „Mein Vater hat mich gegen den Schrank gestoßen, weil ich ihn wütend gemacht habe. Er wollte mir den Arm nicht brechen." „Nun, ja, hat mich ins Gesicht geschlagen und mir die Nase gebrochen, aber ich habe ihm auch Widerworte gegeben." Nichts davon ist ein akzeptables Verhalten. Du hast es nicht verdient. Und du musst es nicht herunterspielen, rechtfertigen oder erklären. Du verdienst keinen körperlichen Missbrauch – nie.

Vernachlässigung

Vernachlässigung kann körperlich oder emotional sein. Als Kinder brauchen wir Essen, Unterkunft, Kleidung und die Erfüllung anderer physischer Grundbedürfnisse. Wir haben auch grundlegende emotionale Bedürfnisse, die Augenkontakt, Anerkennung, Berührung, Aufmerksamkeit und das Gefühl umfassen, dass wir wichtig sind. Wenn wir diese Dinge nicht bekommen, werden wir vernachlässigt.

Manchmal sehe ich Klienten, die viele der typischen Merkmale aufzuweisen scheinen, die mit Missbrauchserfahrungen zu tun haben, aber wenn ich sie frage, ob es irgendeinen Missbrauch in ihrem Leben gegeben habe, sagen sie Nein. Wenn ich dann ein wenig nachhake, stelle ich fest, dass sie vernachlässigt wurden. Sie hatten Essen und ein Dach über dem Kopf, aber sie wurden nicht gehalten, genährt und man hat ihnen nicht das Gefühl gegeben, dass man sich um sie kümmert. Oder sie waren ab dem Alter von drei oder vier Jahren Schlüsselkinder und mussten sich im Prinzip um sich selbst kümmern.

Vernachlässigung ist eine subtile Form des Missbrauchs, denn es geht nicht darum, was einem angetan wird; es geht darum, was nicht getan wurde. Wenn deine grundlegenden physischen und emotionalen Bedürfnisse nicht abgedeckt wurden, hast du womöglich das Gefühl, du seist irgendwie falsch, unerwünscht oder unwürdig. Nur weil dir jemand nicht das gegeben hat, was du benötigtest, bedeutet dies nicht, dass du es nicht verdient und gebraucht hast oder ein Recht darauf hattest. Vernachlässigung ist genau so wie körperlicher oder emotionaler Missbrauch eine einschneidende Form von Missbrauch, und seine Auswirkungen können lange andauern.

Sexueller Missbrauch

Sexueller Missbrauch liegt vor, wenn eine Person einer anderen Person unerwünschte sexuelle Handlungen aufzwingt. Wenn Kinder im Spiel sind, ist es jegliches Verhalten eines Erwachsenen (oder älteren Jugendlichen), dessen Zweck darin besteht, entweder sich selbst oder das Kind sexuell zu erregen. Dies umfasst unangemessene Berührungen, sexuellen Kontakt, seinen Körper einem Kind mit der Absicht zu zeigen, seine eigenen sexuellen Wünsche zu befriedigen, und ein Kind zu bitten oder dazu zu zwingen, sexuelle Handlungen auszuüben. Das kann auch umfassen, einem Kind Pornografie zu zeigen oder ein Kind zu benutzen, um Pornografie zu produzieren.

Viele Menschen, die sexuellen Missbrauch erlebt haben, haben aufgrund dieser Verletzung ihrer Intimsphäre Schwierigkeiten mit jeglichen Beziehungen. Sie haben möglicherweise kein gesundes Verhältnis zu ihrem eigenen Körper – oder den Menschen in ihrem Leben. Und wenn Menschen sexuellen Missbrauch im Gepäck haben, macht sie dies oft ganz besonders anfällig für Sucht- oder Zwangsverhalten. Wenn dies auf dich zutrifft, wisse bitte, dass dies nicht an einer angeborenen Falschheit deiner selbst liegt – und dass du darüber hinwegkommen kannst. Wenn du deine Beziehung mit dir selbst und deinem Körper wiederherstellst und immer mehr zu dem wirst, wer du wirklich bist, ist dies ein großartiges Gegenmittel gegen die Auswirkungen des Missbrauchs.

Sich jegliche Form von Missbrauch anzusehen, bedeutet zu erkennen, was ist, und zu wissen, was du weißt. Es gibt keine auf alle Menschen zutreffenden Schlussfolgerungen, die wir dazu treffen können. Wenn du präsent bist mit dem Missbrauch, den du möglicherweise erlebt hast, geht es darum, in deinem Gewahrsein von Menschen und Situationen zu sein. Ich würde dir gerne etwas über einen außergewöhnlichen Mann erzählen, der in der Lage war, über einen Missbrauch hinwegzukommen, den er erlebt hatte, weil er bereit war, in seinem Gewahrsein zu sein und Fragen zu stellen.

Dieser Mann erzählte mir, er sei als Kind sexuell und physisch schwer missbraucht worden. Er hatte viel an diesem Missbrauch mit Gary Douglas, dem Gründer von Access Consciousness®, gearbeitet und konnte nicht verstehen, warum er nicht darüber hinwegkam. Gary ging den Missbrauch dieses Mannes aus der Schlussfolgerung heraus an, Missbrauch sei etwas Schreckliches und dürfe niemals einem Kind geschehen. Aber als sie weiter zusammenarbeiteten, sagte der Mann, er fühle sich immer mehr so, als sei er in Zement eingeschlossen. Warum wurde es nicht leichter? Dann sagte Gary eines Tages zu ihm: „Das ist eine verrückte Frage, aber hast du irgendeinen Anteil daran gehabt, den Missbrauch zu kreieren, den du erfahren hast?"

Plötzlich wurde das Universum dieses Mannes heller und leichter und er sagte: „Ja, das stimmt. Ich weiß nicht genau, welchen Anteil ich daran hatte, das zu kreieren, aber ja, ich hatte einen Anteil daran. Was könnte das sein?"

Als Gary und der Mann zusammenarbeiteten, wurde dem Mann klar, dass er sich als Sechsjähriger selbst dem Missbrauch ausgesetzt hatte, um zu verhindern, dass andere diesen Missbrauch erleben müssten. Er wusste, hätte er es nicht getan, hätte der Missbrauchstäter viele andere Kinder angegriffen. Er hatte tatsächlich die Wahl getroffen, missbraucht zu werden – und dadurch war er in der Lage, sich auf eine solche Art zu verhalten, dass der Übergriffige aufflog. Schließlich suchte sich der Missbrauchstäter Hilfe und konnte seinem Leben eine ganze neue Richtung geben.

Vielleicht möchtest du dir selbst auch die Frage stellen, die Gary dem Mann stellte. „Habe ich irgendeinen Anteil daran gehabt, den Missbrauch zu kreieren, den ich erlebt habe?" „War ich bereit, den Missbrauch auf mich zu nehmen, weil ich jemand anders davor beschützte, ihn zu erleben?" Vielleicht hast du deine Geschwister geschützt. Vielleicht hattest du das Wissen, dass, wenn diese Person dich missbrauchte, er oder sie auffliegen würde – und dass dies verhindern würde, dass andere belästigt würden oder Schaden erlitten. Hast du irgendeine Vorstellung davon, wie weit deine Freundlichkeit und Fürsorge tatsächlich reicht in deiner Bereitschaft, dich selbst für andere zu opfern?

Benutze das Schwer/leicht-Werkzeug, wenn du dir selbst diese Frage stellst:

* Hatte ich irgendeinen Anteil daran, den Missbrauch, den ich erlebt habe, zu kreieren?

Natürlich wird das nicht bei allem so sein, aber wenn es leicht ist, ist da etwas Wahres für dich dran. Es geht darum, gewahr zu sein und jegliche Lügen aufzudecken, die du dir selbst erzählt hast. Ich möchte diese Möglichkeiten aussprechen, damit du sie in Betracht ziehen kannst, denn wenn dies wahr für dich ist und du es nicht anerkennst, wirst du nicht sehen, was ist. Du funktionierst dann aus einer Phantasie oder jemand anderes Ansicht heraus, und das wird dich nicht befreien.

Wenn du dich dafür entscheidest, mit einem Therapeuten zu arbeiten, der dir bei Problemen im Zusammenhang mit sexuellem Missbrauch helfen kann, rate ich dir, jemanden zu suchen, der keine festen Vorstellungen über Missbrauch hat. Wenn du mit jemandem arbeitest, der keine Bewertungen hat, wird dir dies erlauben zu sehen, was tatsächlich geschah, denn wie diese Geschichte zeigt, wählen wir manchmal, Missbrauch zu kreieren, um den Missbrauchenden davon abzuhalten, andere zu missbrauchen. Wenn dies auf dich zutrifft und du mit einem Therapeuten arbeitest, dessen

Einstellung ist: „Das war schrecklich, das war fürchterlich, das hätte dir nie geschehen sollen", wird dies Verzerrung in deinem Universum kreieren. Du bist dann nicht in der Lage, die Erfahrung als das zu sehen, was sie tatsächlich war – und du kannst sie nicht ganz loslassen.

Es muss außerdem hervorgehoben werden, dass nicht jeder, der Missbrauch erfährt, auf die gleiche Weise reagiert. Es gibt viele verschiedene Faktoren, die bestimmen, wie Menschen auf Missbrauch reagieren, wie ihr Temperament ist, ob sie es damals einem Erwachsenen erzählt haben, ob ihnen geglaubt wurde und sie ernst genommen wurden, und wie lange und schwerwiegend der Missbrauch war.

Es gibt noch einige andere Aspekte sexuellen Missbrauchs, die zu kennen hilfreich ist. Zum Beispiel fühlt es sich für den Körper gut an, berührt und gestreichelt zu werden, und viele Kinder nehmen aus sexuellem Missbrauch Scham und Schuld mit. Sie wissen, dass es falsch war, sie wissen, der Missbrauch hätte nicht geschehen sollen, und sie sagen: „Aber es hat mir gefallen." Natürlich hat ein Teil von ihnen es genossen, weil Körper Berührung lieben. Sie ist stimulierend – und Kinder sind sehr sinnlich. Hast du jemals ein Baby beobachtet? Ich ging einmal zu einer Party und da war ein zwei Monate altes Baby in den Armen seiner Mutter und bekam die Brust. Eine seiner Hände war auf der Brust seiner Mutter und die andere hielt seinen kleinen Penis. Er war so glücklich wegen der wunderbaren Gefühle in seinem Körper. Welche Freude dieses kleine Baby hatte! Unsere Körper lieben das Spüren. Wenn du also sexuell missbraucht wurdest und irgendeinen Teil davon genossen hast, verurteile dich bitte nicht dafür.

Ein weiterer Aspekt sexuellen Missbrauchs, der verwirrend sein kann, hat mit unserer Fähigkeit zu tun, die Gefühle, Gedanken und Emotionen anderer wahrzunehmen. Menschen, die sexuellen Missbrauch verüben, sind sich bewusst, dass das, was sie tun, falsch ist, und häufig haben sie ein Gefühl von Scham oder Bewertung, ganz zu schweigen von anderen komplizierten Emotionen. Kinder identifizieren diese Gefühle häufig fälschlicherweise als ihre eigenen. Sie können sich nicht von ihnen befreien, solange sie nicht anerkennen, dass diese Gefühle, Gedanken und Emotionen nie ihre eigenen waren.

Selbstmissbrauch

In der Regel denken wir bei Missbrauch an etwas, was eine Person einer anderen antut, aber eine der Formen des Missbrauchs ist der Selbstmissbrauch oder selbstverletzendes Verhalten. Du schneidest dich selbst, hungerst, enthältst dir Dinge vor, erlegst dir sehr strenge und hohe Standards auf oder bestrafst dich auf irgendeine Art. Abhängigkeit ist ein klassisches Beispiel für Selbstmissbrauch. Selbstbewertung ist auch eine Form von Selbstmissbrauch, weil es im Kern beim Missbrauch immer darum geht, den Körper oder das Wesen herabzumindern oder abzuwerten – und genau das tut die Selbstbewertung. Das kann darin bestehen, dass du dir selbst gemeine Sachen sagst wie „Ich hasse mich", „Ich bin dumm", „Mein Körper ist hässlich und fett", „Ich sehe so alt aus" oder irgendetwas anderes, das dich und/oder deinen Körper herabsetzt. Auch wenn du andere Formen des Missbrauchs bereits abgelegt hast, kann diese immer noch sehr aktiv sein bei dir. Ich lade dich dazu ein, dir gewahr zu sein, wie du dich selbst behandelst. Selbstmissbrauch kann eine der zerstörerischsten Formen des Missbrauchs sein, die es gibt, und sie hat die Tendenz, Leute in ihrem Sucht- oder Zwangsverhalten gefangen zu halten.

Finanzieller Missbrauch

Finanzieller Missbrauch ist eine weitere Form des Missbrauchs, die oft nicht erkannt wird. Ich hatte eine Klientin, deren

Eltern über ausreichend finanzielle Mittel verfügten, doch als sie zehn Jahre alt war, sagten sie, sie sei verantwortlich dafür, ihren Anteil an den Haushaltsausgaben zu zahlen und schickten sie raus, um 12-Stunden-Tage bei der Gemüseernte mit Wanderarbeitern zu ackern. Mir ist bewusst, dass es Zeiten gibt, wenn die Eltern nicht genug Geld haben und Kinder arbeiten müssen, aber dies war hier nicht der Fall. Es wurde getan, um das Mädchen herabzusetzen und sie wissen zu lassen, dass sie es nicht wert war, unterhalten zu werden.

Der Unterschied zwischen finanziellem Missbrauch und einem Mangel an Geldmitteln liegt in der Absicht, der Energie und der Haltung der Eltern. Wenn Kinder wissen, dass sie geliebt werden und man sich um sie kümmert, werden sie nicht die Idee übernehmen, sie seien unwürdig und wertlos. Aber wenn sie Kommentaren wie: „Du kostest uns zu viel Geld" oder „Du bist eine echte finanzielle Last für uns" ausgesetzt werden, können sie am Ende eine verzerrte Sicht über ihren Wert als Person entwickeln.

Finanzieller Missbrauch richtet großen Schaden in der Art an, wie jemand über Geld denkt, und er verstärkt die Vorstellung von Mangel. Aber das ist noch nicht alles: Weil Geld so sehr mit unserer Vorstellung vom Wert von Dingen verbunden ist, kommen Kinder, die finanziell missbraucht worden sind, zu der Schlussfolgerung, sie seien wertlos und sogar ihre ureigensten Grundbedürfnisse kosteten zu viel.

Spiritueller Missbrauch

Wenn dir gesagt wurde, du müsstest an eine bestimmte Religion glauben oder bestimmte Glaubenssätze oder Lebensweisen annehmen, war dies spiritueller Missbrauch. Wurde dir gesagt, du kämest in die Hölle oder du seist falsch in Gottes Augen? Das war Missbrauch – weil es dich nicht geachtet hat. Meine Ansicht ist,

151

dass jeder, der ein echter Freund und eine hilfreiche Person in deinem Leben ist, dich ermutigen wird, den spirituellen oder religiösen Pfad zu wählen, den du verfolgen möchtest. Den, der für dich richtig ist. Du kannst dir dein Glaubenssystem aussuchen. Wenn du Gewahrsein und Bewusstsein verfolgen möchtest, kannst du das wählen. Wenn du eine traditionelle Religion ausüben möchtest, kannst du das wählen. Wenn du wählst, überhaupt keine Religion zu haben, ist das auch in Ordnung.

Niemand hat das Recht, dir zu sagen, woran du glauben solltest und dass du falsch bist, wenn du seine Glaubenssätze nicht teilst.

Einige Faktoren, die die Auswirkung von Missbrauch beeinflussen

Am Anfang meiner Laufbahn arbeitete ich in einer psychiatrischen Klinik mit Kindern, die missbraucht worden waren. Häufig hatten sie sexuellen Missbrauch erfahren. Wir stellten fest, dass in diesen Fällen – und dies ist auch in der Forschung belegt – die Kinder sich sehr viel schneller wieder erholten, wenn die Eltern, nachdem sie von dem Missbrauch erfahren hatten, sofort den Täter anzeigten und dem Kind halfen zu sehen, dass es nicht seine Schuld war; dass das Kind nichts falsch gemacht hatte und nicht verdiente, so behandelt zu werden. Wenn dies der Fall war, konnten die Kinder den Missbrauch schnell hinter sich lassen, selbst wenn er extrem gewesen war. Wenn jedoch niemand den Missbrauch anerkannte, wenn das Kind einem Elternteil davon erzählte und dieser nichts unternahm oder wenn ein Elternteil in den Missbrauch involviert war oder dem Kind sagte, es denke sich das nur aus, wurden die Auswirkungen des Missbrauchs sehr viel stärker.

Vielleicht bist du missbraucht worden und hast nie jemandem davon erzählt. Oder vielleicht hast du jemandem davon erzählt, aber man glaubte dir nicht. Niemand sagte: „Du hast nicht verdient, so behandelt zu werden, und ich werde alles tun, was ich kann, um dich von jetzt an zu beschützen." Oder vielleicht hast du jemandem davon erzählt und derjenige sagte: „Stell dich nicht so an. Du bist zu empfindlich" oder „Du denkst dir das nur aus" oder „Soundso würde nie so etwas tun" oder „Du hast es verdient. Es war deine Schuld. Du bist ein böses Mädchen oder ein böser Junge". Diese Arten von Reaktionen steigern und verlängern die Auswirkungen des Missbrauchs und machen dich für die Herabsetzung empfänglich, die Zwangs- und Suchtverhalten als attraktive Wahl erscheinen lassen.

Missbrauch wirkt sich auf deinen Körper und dein Wesen aus

Dein Körper und dein Wesen sind auf das Engste miteinander verbunden, also ist es unerheblich, welche Form der Missbrauch annimmt, er wirkt sich sowohl auf den Körper als auch auf das Wesen aus. Zum Beispiel sind die Nachwirkungen von verbalem oder psychologischem Missbrauch häufig augenfällig in den Körpern von Menschen. Sie tendieren dazu, sich physisch kleiner zu machen, wenn sie umhergehen, gebeugt oder mit hängenden Schultern. Es kann so aussehen, als würden sie am liebsten verschwinden. Und Menschen, die körperlichen Missbrauch erfahren haben, sind oft auch emotional und psychologisch betroffen. Sie halten sich vielleicht zurück oder zögern zu sprechen. Sie haben möglicherweise kein Selbstvertrauen.

Viele dieser Menschen beschließen in Reaktion auf den Missbrauch etwa: „Ich kann anderen Menschen nicht vertrauen. Ich habe nicht die Macht, Missbrauch zu stoppen. Ich kann nicht ich selbst sein, ohne viele Barrieren hochzuziehen und eine Festung zu bauen. Ich bin ohnehin nicht sicher, ob ich überhaupt ich sein möchte, denn offensichtlich bin ich nichts wert, sonst wäre ich ja nie so behandelt worden. Die Leute werden nicht nett zu mir sein. Vielleicht muss ich jede Beziehung, jede Situation, jeden Job annehmen, die mir über den Weg laufen, weil das alles ist, was ein Verlierer wie ich verdient. Ich weiß, dass diese Person nicht nett zu mir sein wird, aber jede Aufmerksamkeit, selbst schlechte, ist besser als gar keine Aufmerksamkeit." Kannst du sehen, wie diese Beschlüsse und Schlussfolgerungen eine psychologische und emotionale Umgebung kreieren, in der Abhängigkeit wie eine willkommene Option erscheint?

Einer der Gründe, warum Missbrauch so viel Macht über uns ausüben kann, liegt darin, dass er häufig sehr früh beginnt, bevor wir die Vorstellung haben, dass das Leben anders sein kann als von Missbrauch bestimmt. Wir denken, Missbrauch sei normal. Hier ist eine interessante Tatsache über Missbrauch: Menschen, die als Kinder nicht missbraucht wurden, wachsen selten zu Erwachsenen heran, die missbraucht werden. Erwachsene, die keinen Missbrauch als Kinder erfahren haben, erkennen und lehnen eine missbrauchende Person oder Situation sehr viel eher ab, weil sie sich für sie nicht „normal" anfühlt, im Gegensatz zu jemandem, der als Kind missbraucht wurde.

Ich hatte eine Klientin, die eines Tages hereinkam und sagte: „Ich verstehe das nicht. Ich ziehe immer wieder missbrauchende Männer in meinem Leben an."

Ich entgegnete: „Es ist nicht so, dass du missbrauchende Männer anziehst. Missbrauchende Männer suchen nach einem Ort, wo sie sich niederlassen können. Sie werden zu Betty gehen, dann zu Sarah, Mary und Ellen – und Betty, Sarah, Mary und Ellen sagen alle ,Ich werde mich auf keinen Fall mit dir einlassen!'"

Dann kommt der missbrauchende Typ zu dir und du sagst: „Klar, komm rein!" Er hat sein Ziel gefunden. Menschen, die eine von Missbrauch bestimmte Beziehung suchen, suchen jemanden, der einen Partner akzeptiert, der Missbrauch ausübt.

Es geht darum, sich klar darüber zu werden, was ist

Während du dir diese Zusammenfassung der am häufigsten auftretenden Formen des Missbrauchs ansiehst, empfehle ich dir, jeglichen Missbrauch anzusehen, den du vielleicht erfahren hast, und zu fragen:

- Zu welchen Beschlüssen, Bewertungen und Schlussfolgerungen bin ich aufgrund des Missbrauchs über mein Leben, meine Zukunft und darüber gekommen, was für mich möglich ist?
- Wie hat sich der Missbrauch auf mein Leben, meine Beziehungen und meinen Körper ausgewirkt?

Der erste Schritt, über den Missbrauch hinwegzukommen, liegt immer darin, den Missbrauch anzuerkennen, der stattgefunden hat. Es geht nicht darum, in der Vergangenheit zu verweilen, und es geht nicht darum, dich darauf zu konzentrieren, dass du ein Opfer gewesen bist, und es geht nicht darum, zu erklären, warum du nicht das Leben haben kannst, das du gerne hättest. Du kannst immer über den Missbrauch und seine Nachwirkungen hinwegkommen – aber du musst eine bewusste Wahl treffen, dies zu tun. Im nächsten Kapitel werde ich über die Nachwirkungen und einige Möglichkeiten sprechen, wie du damit beginnen kannst, den Missbrauch hinter dir zu lassen.

KAPITEL SIEBEN

Über Missbrauch hinwegkommen

Wenn du einige der Anzeichen und Symptome von Miss-
brauch bei dir selbst wiederfindest, hoffe ich, dass dich dies
ermutigt, Fragen zu stellen und einen neuen Blick darauf zu
werfen, wie Missbrauch in der Vergangenheit möglicherweise
mit deinem Sucht- oder Zwangsverhalten zusammenhängt.

Manchmal, wenn ich mit jemanden arbeite, der eine Abhängigkeit hat, und ich ihm Fragen zu Missbrauch stelle, sagt er oder sie: „Oh, ja, ich bin missbraucht worden, aber ich habe mich damit schon auseinandergesetzt."

Ich antworte: „Wenn du dich wirklich mit dem Missbrauch auseinandergesetzt hättest, hättest du wahrscheinlich nicht mehr die Probleme mit Abhängigkeit, die du noch hast."

Wenn du etwa beschließt: „Das ist abgeschlossen, das ist vorbei", führt dich dies von der Frage weg. Und das, was dir die meiste Freiheit vom Missbrauch geben wird – oder von irgendetwas anderem, das dich begrenzt –, ist die Bereitschaft, in der Frage zu sein.

Eine andere Ansicht, die Menschen davon abhält, über den Missbrauch hinwegzukommen, den sie erfahren haben, hat damit zu tun, dass mancher Missbrauch subtil ist, und wenn er ein ständiger Bestandteil des Lebens von jemandem gewesen ist, erscheint er am Ende als „normal". Er ist schwer als solcher zu erkennen. Also möchte ich in diesem Kapitel den Missbrauch aus einer anderen Perspektive angehen und über die Anzeichen und Symptome sprechen, die darauf hindeuten, dass es Missbrauch im Leben einer Person gegeben hat. Wenn du einige der Anzeichen und Symptome bei dir selbst erkennst, hoffe ich, dass dich dies dazu ermutigen wird, Fragen zu stellen und einen neuen Blick darauf zu werfen, wie Missbrauch möglicherweise mit deinem Sucht- oder Zwangsverhalten zusammenhängt.

Die Anzeichen und Symptome von Missbrauch erkennen – Überleben statt Erblühen

Eines der Anzeichen für Missbrauch in der Vergangenheit ist, wenn man überlebt anstatt aufzublühen. Beim Überleben liegt der Fokus darauf, nur durch den Tag, die Woche oder den Monat zu kommen. Es gibt immer eine Ängstlichkeit in Bezug auf das Leben – denn die Vorstellung beim Überleben liegt darin, dass du es vielleicht nicht schaffen wirst. Beim Überleben weißt du nicht, ob du sicher sein wirst auf der Welt. Du weißt nicht, ob du dir vertrauen kannst. Es gibt nicht das Gefühl, dass das Universum dich unterstützt oder dass das Leben voller Fülle ist. Du hast eine recht karge, zusammengezogene Existenz. Wenn du im Überlebensmodus bist, hast du möglicherweise überhaupt nicht viel Freude in deinem Leben, denn Freude gilt als Luxus.

Beim Erblühen geht es darum, dass du weißt, dass du das Leben kreieren kannst, das du dir wünschst. Es geht um Ausdehnung, Freude und das Gefühl, dass alles möglich ist. Es geht nicht darum, eine riesige Menge an Dingen zu haben. Es geht darum zu wissen, dass das Universum ein Ort der Fülle und der Freundlichkeit ist. Man schreibt Einstein folgendes Zitat zu: „Die wichtigste

Frage für die Menschen ist: Ist das Universum freundlich?'" Im Überlebensmodus lautet die Antwort darauf Nein. Im Erblühen lautet die Antwort Ja.

Also schau dir an, ob du erblühst – oder nur überlebst.

Sich selbst als anderen Menschen und den Umständen ausgeliefert ansehen

Eines der Dinge, dich ich festgestellt habe, und dies hat mit der Vorstellung vom Überleben gegenüber dem Erblühen zu tun, ist, dass Menschen, die missbraucht worden sind, dazu tendieren, sich selbst als anderen Menschen oder den Umständen ausgeliefert anzusehen. Dies ist nicht schwer zu verstehen, wenn du ein Kind bist, das einfach unbefangen vor sich hinlebt, und plötzlich wirst du geschlagen, sexuell missbraucht oder grausam kritisiert. Wenn diese Art von Behandlung über einen längeren Zeitraum auftritt, bringt sie dich dazu, dich selbst als den Menschen und Dingen in deinem Leben ausgesetzt zu sehen anstatt als denjenigen, der seine Erfahrungen kreiert.

Wenn ich manchmal mit Menschen spreche, die sich selbst als dem Leben ausgeliefert ansehen, kommt es mir so vor, als seien sie ein Wasserball mitten im Ozean während eines Sturms, da sie kein Gefühl von Kontrolle über irgendeinen Aspekt ihrer Existenz haben. Es ist, als würden sie von einer Welle zur anderen geschleudert. Sie sind sich nicht bewusst, dass sie ihr Leben oder ihre Zukunft in irgendeiner Weise beeinflussen können.

Kinder haben nicht die Kontrolle in ihrem Leben, die Erwachsene haben, und viele Erwachsene, die als Kinder missbraucht wurden, handeln vielleicht immer noch aus der Position heraus, sie hätten keine Kontrolle. Ich möchte dir eine Frage stellen: Weißt du auf irgendeiner Ebene, dass du Wahlen treffen kannst, die deine

Umstände verändern und eine Zukunft kreieren werden, die du wirklich gerne hättest? Oder steckst du fest in der Vorstellung, dass das Leben dir „passiert"?

Manchmal sagen die Leute, wenn ich ihnen diese Frage stelle: „Mensch, mir war noch nicht einmal klar, dass ich in dieser Vorstellung festgesteckt habe." Genau deswegen möchte ich sie dir gerne bewusst machen. Wenn du dich selbst als Menschen und Situationen ausgeliefert siehst, blockiert dich das dabei, die Zukunft zu kreieren, die du dir wünschst. Du schaust immer, was passieren wird, wie es sich auf dich auswirken wird, und welche begrenzten Wahlen oder Optionen innerhalb dieses begrenzten Bezugsrahmen liegen. Ein sehr viel positiverer und produktiverer Ansatz ist: „Ich kann gewahr sein. Ich kann der Kreateur meines Lebens sein."

Wenn anderen Menschen und Umständen ausgeliefert zu sein zu einer Grundhaltung des „In-der-Welt-Seins" wird, führt dies oft zu Sucht- oder Zwangsverhalten. Du wählst aus Gewohnheit, einem Suchtmittel oder einem Verhalten ausgesetzt zu sein, anstatt präsent zu sein und dich mit den Situationen und Umständen deines Lebens auseinanderzusetzen. Überprüfe, ob dies in deinem Leben vor sich geht, und bemerke, wenn du dich selbst zum Spielball eines Suchtmittels oder Verhaltens machst, um etwas zu vermeiden. Anstatt dies zu tun, kannst du fragen: „Wie könnte ich das verändern?" oder „Was würde es brauchen, etwas anderes in dieser Situation zu wählen?"

Vor Kurzem erfuhr eine Freundin, dass ihr Vater Krebs im Endstadium hatte. Die meisten in ihrer Familie gingen in das Trauma, das Drama und die Trauer der Situation hinein, aber meine Freundin traf die Wahl, dies nicht zu tun. Sie wählte, ihrem Vater so viel Freude, Leichtigkeit und Glück wie möglich zu bringen, und auch der Familie in den letzten Tagen mit ihm. Aufgrund ihrer Wahl war die Familie in der Lage, an einen Ort zu gelangen, der sich um ihre Dankbarkeit für ihren Vater drehte. Der Vater konnte all die Anerkennung empfangen, wie viel er der Familie bedeutete, und niemand musste an diesem Ort von „Dies ist schrecklich und furchtbar" bleiben. Sie erlebten alle Freude und Frieden in den letzten Lebenstagen des Vaters.

Während der Großen Depression in den 1930ern in der Vereinigten Staaten beschlossen viele Menschen: „Dies ist eine schreckliche Situation. Ich werde arm sein. Ich bin den Umständen ausgeliefert." Aber es gab einige Menschen, die unglaublich reich wurden während der Depression, weil sie sich weigerten, der am Boden liegenden Wirtschaft ausgeliefert zu sein. Dies waren nicht Menschen, die von Anfang an wohlhabend gewesen waren; es waren vielmehr Einzelpersonen, die bereit waren, Möglichkeiten zu sehen, die zuvor nicht existiert hatten. Sie agierten aus einem Wissen heraus, dass sie etwas generieren und kreieren könnten, was jenseits dessen war, von dem alle anderen beschlossen hatten, sie seien ihm ausgeliefert. Auf irgendeiner Ebene stellten sie Fragen wie: „Was ist hier möglich?" und „Was würde es brauchen, damit ich Geld mache?"

Wenn du nicht bereit bist, den Umständen ausgeliefert zu sein, siehst du dich selbst als den Kreateur oder die Quelle deines Lebens.

Opfer sein

Sich selbst als Opfer zu sehen ist eng verwandt damit, sich selbst als den anderen ausgeliefert zu sehen. Ich verstehe, dass es Zeiten gibt, in denen es so scheint, als seist du das Opfer von jemand anderes Verhalten oder irgendeinem Umstand in deinem Leben gewesen, aber ich ermutige dich, „Opfer" nicht als eine Identität abzukaufen oder weiterhin deine Erfahrungen in der Vergangenheit als eine Entschuldigung zu benutzen, um dich nicht in deinem Leben zu zeigen.

Marilyn Maxwell Bradford

Der Elefant im Porzellanladen sein

Ein Elefant im Porzellanladen ist eine Person, die überall hineinrennt. Diese Menschen nehmen keine Rücksicht auf andere und hinterlassen zerschmetterte Teller und Gläser auf ihrem Weg. Dies kann passieren, wenn jemand auf Missbrauch reagiert, indem er beschließt: „Diese Welt ist voller Missbrauch und ich werde so rücksichtslos mit anderen sein, wie sie mit mir gewesen sind." Der Elefant im Porzellanladen ist die Kehrseite des Opferseins. Beides sind verfestigte Positionen, aus denen heraus jemand wählt zu agieren. Keine von beiden bietet die Freiheit davon, über den Missbrauch hinweggekommen zu sein.

Hyper-Vigilanz (Überwachsamkeit)

Wenn du überwachsam bist, befindest du dich in einem ständigen physischen Schnellgang, einem Turbo. Das ist der Zustand, in dem du wärst, wenn dich ein wildes Tier jagen würde. Es ist, als sei die Welt gefährlich und du ständig auf der Lauer vor Bedrohungen für dein Überleben. Hyper-Vigilanz ist nicht Gewahrsein und sehr anstrengend für deinen Körper. Das Gegenmittel gegen Hyper-Vigilanz ist die Bereitschaft, gewahr zu sein.

PTSD (PTBS) – Posttraumatische Belastungsstörung

Ein weiteres Anzeichen oder Symptom von Missbrauch ist, was in der Psychologie als PTBS, posttraumatische Belastungsstörung, bezeichnet wird. Bei der PTBS werden Energien von traumatischen Ereignissen im Körper und im Hirn eingeschlossen. Menschen mit PTBS haben Rückblenden (ein ständiges Wiedererinnern) von höchst traumatischen Ereignissen, die sie durchlebt haben. Sie erleben die Vergangenheit, als fände sie in der Gegenwart statt, immer und immer wieder. Sie tendieren dazu, emotional von anderen abgeschnitten zu sein und immer das Gefühl zu haben, sich ständig in Gefahr zu befinden. Und häufig nehmen sie Sucht- oder Zwangsverhalten an, um etwas Erleichterung von dem Schmerz zu erfahren.

Es gibt viele effektive Arten, mit posttraumatischer Belastungsstörung umzugehen. Eine der wertvollsten Maßnahmen, die ich entdeckt habe, besteht in der Kombination zweier Körperprozesse von Access Consciousness®, die ein Access-Consciousness®-Facilitator anbietet, die Bars und die Dreifachen Sequenzsysteme.[9*]

Es gibt eine Frau in Australien, deren Ehemann als Teil einer Sondereinheit bei der Australischen Marine in Kampfhandlungen involviert gewesen war. Er hatte viele posttraumatische Belastungsstörungen und wurde manchmal mitten in der Nacht von seinen Träumen getriggert und begann sie zu schlagen. Sie begann damit, ihm die Bars mit den Dreifachen Sequenz-Systemen zu geben und er erfuhr so viel Frieden und Erleichterung, dass seine Kameraden anfingen, ihn zu fragen: „Was machst du? Du bist so anders!"

Als er ihnen erzählte, dass seine Frau einige Prozesse bei ihm laufen ließ, waren sie sehr interessiert und schließlich gab sie jedem Einzelnen in seiner gesamten Division diese Prozesse – und es kreierte enorme Veränderung für sie alle.

9* Wenn du Interesse hast, mehr über diese Körperprozesse zu erfahren, kannst du auf der am Ende dieses Buches aufgeführten Access-Consciousness®-Webseite einen Access-Consciousness®-Facilitator in deiner Nähe finden.

In der Vorstellung verhaftet sein, du seist nicht gut genug

Ein weiteres typisches Merkmal für Menschen, die missbraucht wurden, ist, dass sie nicht sehen, welches Geschenk und welcher Beitrag sie für die Welt sind. Selbst wenn andere Menschen das Potential, das sie haben, oder das Geschenk, das sie sind, sehen können, kann der oder die Einzelne, der sich selbst als nicht genug empfindet, diese Informationen nicht empfangen. Trifft das auf dich zu? Wenn ja, dann sei dir bitte bewusst, dass die Vorstellung, du seist nicht gut genug, nur eine weitere willkürliche Bewertung ist, die dein Falschsein verstärkt. Es ist eine Überzeugung, aus der heraus du funktionierst, und sie liegt wahrscheinlich in dem Missbrauch begründet, den du erfahren hast. Deine Bewertungen über dich selbst sind nicht wahr – und sie können geändert werden.

Dies sind einige der Anzeichen, die darauf hinweisen, dass Missbrauch in deinem Leben stattgefunden hat. Wenn du irgendwelche dieser Anzeichen oder Symptome bei dir selbst wiedererkennst, kann dies ein Hinweis darauf sein, dass du immer noch die Folgen von Missbrauch in deinem Leben erlebst.

Einige Dinge, die du tun kannst, um über den Missbrauch hinwegzukommen

Stelle sicher, dass der Missbrauch nicht weiter stattfindet

Wenn du Missbrauch in deiner Vergangenheit hast, ist es wahrscheinlich, dass du auch in der Gegenwart wählst, mit Menschen zusammenzusein, die missbrauchen – weil dies das ist, was dir normal erscheint. So erfährst du vielleicht beispielsweise ständigen verbalen Missbrauch durch deinen Partner, deine Kollegen, Freunde oder Familienmitglieder.

Eine meiner Klientinnen, eine Frau, die ich Susan nennen werde, hat verbalen und emotionalen Missbrauch in ihrer Kindheit erlebt. Sie war sich anfänglich nicht bewusst, dass eine Konsequenz des Missbrauchs in ihrem Erwachsenenleben war, dass sie „Freunde" gewählt hatte, die sie erniedrigten. Dies hieß nicht, dass diese Leute nicht auch einige gute Eigenschaften hatten oder Susan keinen Spaß mit ihnen hatte, aber diese „Freunde" schienen immer wieder Wege zu finden, sich selbst besser aussehen zu lassen als Susan und sie mit dem Gefühl zurückzulassen, „geringer als" zu sein. Als Susan schließlich klar wurde, dass ihr Verhalten missbrauchend war, konnte sie sich selbst achten, indem sie diese sogenannten Freundschaften losließ. Dies war zunächst äußerst unangenehm für sie, da sie sonst nicht viele Freunde hatte, doch nach und nach begann sie, Menschen in ihr Leben einzuladen, die sie nicht bewerteten. Dies waren echte Freunde, die sie achteten und unterstützten und ihre Siege und Erfolge feierten.

Schau dir dein Leben im Moment an:

- Unterstützen und ermächtigen dich die Menschen in deinem Leben wirklich? Oder bewerten sie dich?
- Verhalten sie sich dir gegenüber in irgendeiner Weise erniedrigend oder herabsetzend?

Wenn du jemanden in deinem Leben hast, der Missbrauch ausübt, kannst du die Wahl treffen, diese Tatsache anzuerkennen und deine Beziehung mit ihm oder ihr aufrechterhalten – aber mein Vorschlag ist, in Betracht zu ziehen, diese Beziehung, wie auch immer sie aussieht, zu verlassen.

Manchmal rechtfertigen Leute ihren Missbrauch deiner selbst, indem sie alle ihre wunderbaren Eigenschaften oder das Gute, was sie getan haben, herausstellen. Bitte lass dich nicht in der Falle fangen, ihre Rechtfertigungen abzukaufen. Missbrauch ist Missbrauch, selbst wenn es positive Aspekte in einer Beziehung gibt. Du musst nicht in einer Beziehung bleiben, in der du danach suchst, wie das Gute das Schlechte aufwiegt. Ob die Situation nun einen Freund, ein Familienmitglied oder jemand anderes betrifft, rate ich dir, so schnell wie möglich aus der Missbrauchssituation herauszukommen. Es gibt nie einen Grund oder eine Rechtfertigung dafür zuzulassen, dass jemand dich missbraucht.

Mache Freundlichkeit zu etwas, was du aktiv beobachtest

Wenn du erkennst, dass du dich eher von Menschen angezogen gefühlt hast, die Missbrauch ausüben, sei dir bitte bewusst, dass du wählen kannst, dies zu ändern. Der erste Schritt könnte darin bestehen, wahrzunehmen, wie Menschen einander behandeln. Beobachte Beziehungen, die sich stark von jenen unterscheiden, an die du gewöhnt bist. Richte deine Aufmerksamkeit auf Menschen, die fürsorglich sind. Frage andere Leute: „Wenn kennt ihr, der freundlich ist? Wie könnte das aussehen?" Bitte das Universum: „Ich möchte gerne einige Leute treffen, die eine echte Unterstützung sind, echte Freunde. Was würde das brauchen?" und fange an, danach zu suchen.

Du kannst auch Beispiele von Freundlichkeit und Fürsorge sehen, indem du fernsiehst, die Filme ansiehst oder Bücher liest. Mache Freundlichkeit zu etwas, was du aktiv beobachtest. Dann kannst du sie zu etwas machen, was du anstrebst. Es mag sich für eine Weile ungewohnt und sogar unangenehm anfühlen, aber du kannst es immer noch zu einem Ziel machen, und du kannst die

Energie verändern, die den jetzigen Missbrauch in deinem Leben kreiert hat. Und unterm Strich ist es so: Irgendwo weißt du, auch wenn du es geleugnet hast, ob jemand freundlich zu dir ist oder missbräuchlich. Also folge dem, was du weißt.

Wenn der Missbrauch nicht mehr stattfindet, erkenne an, dass er vorbei ist

Du bist jetzt an einem anderen Ort. Das klingt so logisch, aber viele Menschen verstehen das nicht. Sie verhalten sich so, als wäre der Missbrauch noch akut. Sie agieren weiterhin von einer Überwachsamkeit aus. Sobald du dir erlaubst zu wissen, dass der Missbrauch wirklich vorbei ist, ist dies, als öffnetest du die Tür zu einer anderen Zukunft.

Schau, ob du möglicherweise Missbrauch einlädst

Wenn der Missbrauch in deinem Leben fortbesteht, ist noch etwas anderes zu betrachten. Dies ist vielleicht keine einfache Frage, die du dir stellen musst, aber sie ist grundlegend: Lädst du den Missbrauch in deinem Leben ein? Nur weil du missbraucht worden bist, heißt dies nicht, dass dich alle drankriegen wollen. Manchmal kreieren Menschen, die missbraucht wurden, Missbrauch und laden ihn ein.

Häufig kreieren Menschen, die eine Kindheit mit Missbrauch erlebt haben, bewusst oder unbewusst dieselben Missbrauchsumstände in ihren Ehen oder anderen Beziehungen. Ich versuche hier nicht, das Opfer zu beschuldigen, aber es ist wichtig, sich anzusehen, ob du den Missbrauch, den du einst erfahren hast, wiedererschaffst. Und dabei geht es nicht nur um die Art von Leuten, mit denen wir Beziehungen kreieren. Es geht auch darum, was wir ihnen darüber, wie sie uns behandeln sollen, erzählen und beibringen, energetisch und in Worten.

Ich arbeitete mit einem Klienten, der gerade eine Scheidung hinter sich hatte. Ich fragte ihn, warum er seine Frau verlassen habe. Er sagte: „Ich habe nie jemanden geschlagen, mein ganzes Leben. Meine Exfrau war in drei Beziehungen mit körperlichem Missbrauch gewesen, bevor sie mich traf, und sie hat mich energetisch und verbal immer wieder angetrieben, sie zu schlagen. Es war, als wolle sie beweisen, dass es das ist, was Männer tun – Frauen missbrauchen. An dem Tag, als ich meine Faust erhob, um sie zu schlagen, stoppte ich mich selbst und ging aus dem Haus. Das war das Ende der Ehe."

Stelle Fragen

Stelle viele Fragen zu den Schlussfolgerungen und Beschlüssen, die du über Missbrauch hast. Stelle die Glaubenssysteme in Frage, die du von den Menschen in deinem Umfeld abgekauft hast. Frage:

- Sind die Schlussfolgerungen, Beschlüsse und Glaubenssätze, zu denen ich in Bezug auf Missbrauch gekommen bin, tatsächlich meine – oder gehören sie zu jemand anders?

So kannst du erkennen, was für dich wahr ist. Und das ist wichtig.

Eine andere Frage, die ich dich anrege zu stellen, ist:

- Welches Geschenk habe ich durch den Missbrauch, den ich erfahren habe, bekommen?

Dies ist ein wenig wie die Frage: „Was ist richtig an deiner Abhängigkeit?" Wenn du anfängst, die positiven und negativen

Aspekte von etwas zu sehen, öffnest du dich selbst gegenüber mehr Möglichkeiten. Schau dir an, was der Missbrauch kreiert hat, was nicht hilfreich für dich war. Sei jedoch auch offen dem gegenüber, was diese Erfahrung für dich und andere in der Welt ermöglicht.

- Hat deine Erfahrung mit dem Missbrauch dir das Gewahrsein gegeben, das erforderlich ist, um etwas in der Welt zu verändern?
- Hat er dich zu einer stärkeren Person gemacht?
- Hast du von dir selbst gefordert, etwas zu tun, um sicherzustellen, dass dies anderen nicht geschieht?
- Oder hast du an dich selbst die Forderung gestellt, andere immer mit Achtung und Respekt zu behandeln, wie du nämlich hättest behandelt werden sollen, es aber nicht wurdest?

Stelle dir selbst diese Fragen und andere, die dir vielleicht einfallen. Möglicherweise stellst du fest, dass es ein vollkommen unerwartetes Geschenk an dem Missbrauch gibt, den du erfahren hast.

Übe, Nein zu sagen

Viele Kinder lernen von jeglicher Form von Missbrauch, dass sie keine Kontrolle über ihr Leben haben. Sie sind anderen ausgeliefert und haben nicht das Recht, *Nein* zu sagen. Trifft das auf dich zu? Fällt es dir schwer, *Nein* zu sagen? Glaubst du, du habest nicht das Recht, *Nein* zu sagen? Weißt du was? Du hast das Recht. Du kannst *Nein* auf ganz verschiedene Arten sagen. Das ist etwas, was du üben kannst – und worin du gut werden kannst.

Mache es dir zur Gewohnheit, jeden Tag zu jemandem oder etwas *Nein* zu sagen. Das kann etwas Kleines sein und es kann höflich sein. In einem Restaurant kannst du sagen: „Nein danke. Ich denke, ich möchte keinen Kaffee mehr." Du kannst auf eine

Einladung antworten mit: „Nein danke, der Film interessiert mich nicht." Du kannst *Nein* zu einer Bitte um einen Gefallen sagen: „Nein, ich kann deinen Hund nicht ausführen, wenn du weg bist." Oder du kannst *Nein* zu dir selbst sagen: „Nein, ich werde diese Extrakugel Eis nicht essen."

Eine andere Möglichkeit, *Nein* zu sagen, wäre die Aussage: „Es tut mir leid, das funktioniert nicht für mich." So musst du den anderen nicht konfrontieren oder ihn in die Defensive treiben. Du schuldest niemandem eine Erklärung für deine Antworten, und wenn jemand versucht, dich dazu zu bringen, dich zu rechtfertigen, kannst du einfach weiter wiederholen: „Es tut mir leid, das funktioniert nicht für mich." Einer der größten Fehler, den wir begehen, besteht darin, dass wir glauben, wir schuldeten anderen Erklärungen, Gründe und Rechtfertigungen für unsere Antworten, insbesondere, wenn wir ihnen absagen. Aber hier ist der Clou: Das tun wir nicht.

„Es tut mir leid, das funktioniert nicht für mich" mag nicht stark genug sein, um manche Menschen zu stoppen, und in dem Fall musst du einfach ganz klar sein und sagen: „Nein, ich mache das nicht." Aber: „Es tut mir leid, das funktioniert nicht für mich" ist ein guter Start. Probiere es aus und sieh, was du damit machen kannst.

Es kann auch hilfreich sein, Rollenspiele zu machen oder vor einem Spiegel zu üben, *Nein* zu sagen. „Nein, Mama, ich komme dieses Jahr nicht zu Weihnachten zu Besuch." „Nein, ich werde diese Leute heute nicht einladen. Es funktioniert nicht für mich." Wenn du einen Freund hast, der dich unterstützt und nicht bewertet oder kritisiert, bitte ihn oder sie, mit dir zu üben oder kleine Rollenspiele zu machen. Du sagst dann Nein nicht aus einer Aufregung, sondern aus dem Gefühl heraus, wirkliche Wahl zu haben.

Die Fähigkeit, *Nein* zu sagen, ist unerlässlich dabei, als du selbst aufzutreten – und sie ist unerlässlich, um über die Abhängigkeit hinauszugehen; sie umfasst auch (zumindest am Anfang, wenn du noch daran arbeitest), *Nein* zu Umständen zu sagen, von denen du weißt, dass sie dein Sucht- oder Zwangsverhalten auslösen können.

Ich arbeitete mit einer Klientin, die zu viel aß, und drei Wochen lang schlug sie sich wirklich wacker. Dann schickte sie mir eines Tages eine E-Mail und meinte, sie habe total versagt und würde sich fürchterlich verurteilen, weil sie zu einer Party gegangen war und exzessiv gegessen hatte. Als ich sie zu den Umständen befragte, sagte sie mir, sie habe schon vorher gewusst, dass jeder Aspekt der Party einen Auslöser bot, zu viel zu essen: die Art von Essen, die Menge an Essen und die Leute, die da waren. Heraus kam ein Gewahrsein ihrerseits, dass es nicht hilfreich oder freundlich ihr selbst gegenüber war, sich in den frühen Stadien ihrer Arbeit an ihren Essensproblemen Situationen mit Essen auszusetzen, die Auslöser für sie darstellten. Programmiere nicht deinen Misserfolg. Dein Sucht- oder Zwangsverhalten hat dich lange Zeit begleitet, also gib dir selbst die Zeit, den Raum und die Umgebung, die du brauchst, um darüber hinwegzukommen. Dies heißt auch, *Nein* zu Umständen zu sagen, die ein Auslöser für dich sein könnten.

Höre dir die CDs und aufgezeichneten Kurse über Missbrauch an

Im Access-Consciousness®-Shop werden verschiedene CDs und aufgezeichnete Kurse zum Klären der Probleme von Missbrauch angeboten.[10*] Viele Menschen haben enorme Heilung

---

10 * Die Access-Consciousness®-Webseite ist im Abschnitt „Ressourcen" am Ende des Buches aufgeführt.

und Veränderung hierdurch erfahren. Ich rate dir, das Schwer/leicht-Werkzeug anzuwenden, um zu sehen, ob sie etwas sein könnten, was dir dabei helfen könnte, Probleme mit Missbrauch in der Vergangenheit zu klären.

Lass dir Körperbehandlungen geben

Viele Menschen, die Missbrauch erlebt haben, insbesondere körperlichen oder sexuellen Missbrauch, mögen es nicht, wenn ihr Körper berührt wird. Aber wenn du dich bereit dazu fühlst, überlege, Körperarbeit machen zu lassen, die sich für dich und deinen Körper gut anfühlt. Das kann sehr hilfreich und heilend für dich sein, weil wir, wenn wir Missbrauch erfahren, dazu tendieren, ihn in unserem Körper einzuschließen.

Ich habe die Access-Consciousness®-Körperprozesse mit großem Erfolg angewendet, um mir dabei zu helfen, den Schmerz und die Spätfolgen von Missbrauch loszulassen, und empfehle sie, aber es gibt auch viele andere Modalitäten. Finde heraus, was wirklich für dich funktioniert.

Zerstöre und unkreiere die Vergangenheit

Hier ist noch etwas ganz Einfaches, was du tun kannst, was aber sehr viel bewirkt: Benutze das Clearing Statement, um deine Vergangenheit zu zerstören und unzukreieren. Stelle dir vor, wie befreiend es wäre, all diesen Ballast zu zerstören und unzukreieren – die Beschlüsse, Glaubenssätze und anderen Formen der Bewertung, die du aus deinen ehemaligen Erfahrungen mitgebracht hast, einschließlich Missbrauch in der Vergangenheit. Wenn du bereit bist, die Vergangenheit loszulassen, kannst du eine komplett andere Zukunft haben.

RIGHT RECOVERY FOR YOU

Sage einfach jeden Morgen und/oder Abend:

Alles, dem ich bis zu diesem Moment zugestimmt und nach dem ich mich ausgerichtet habe und wogegen ich im Widerstand war und worauf ich reagiert habe, alles, was ich verfestigt und real gemacht habe, hebe ich nun auf, widerrufe ich, nehme ich zurück, fordere ich zurück, schwöre ich ab, prangere ich an und zerstöre und unkreiere ich jetzt alles. Right and wrong, good und bad, POD und POC, all 9, shorts, boys und beyonds®.

Bitte wisse, dass du nichts zerstören und unkreieren kannst, was nicht wirklich wahr ist. Was du zerstörst und unkreierst, sind die Lügen, Unwahrheiten, Bewertungen und Glaubenssysteme, die du in der Vergangenheit angenommen hast, die dich in der Gegenwart begrenzen.

Werkzeug: Das bin ich nicht

Ein Werkzeug, das du benutzen kannst, wenn du merkst, dass du dich auf die Vergangenheit beziehst und präsenter werden möchtest, ist, dass du dir sagst: „Das bin ich nicht." Du bist nicht dieselbe Person, die du warst, als du den Missbrauch erfuhrst. Selbst wenn du über die Vergangenheit sprichst, die zehn oder 20 Sekunden zurückliegt, bist du nicht dieselbe Person, die du damals warst. Du hast dich energetisch verändert und die Umgebung auch. Also, erinnere dich einfach jedes Mal, wenn du merkst, dass du dich auf die Vergangenheit beziehst: „Oh! Das bin ich nicht."

Übe jeden Tag Dankbarkeit

Hast du bemerkt, dass die Energie der Dankbarkeit sehr ausdehnend ist, während die Energie von Missgunst und Vorwurf sehr zusammenziehend ist? Dankbarkeit zu praktizieren kann dir helfen, eine Zukunft zu kreieren, die sich sehr von deiner Vergangenheit unterscheidet.

Ich spreche nicht davon, dankbar für deine Gesundheit oder andere große Dinge zu sein. Ich spreche davon, kleine, konkrete Dinge zu finden, für die du dankbar bist, und zu sagen, warum du dankbar dafür bist. Ich empfehle in der Regel nicht, dir selbst Warum-Fragen zu stellen, aber in diesem Fall gibt dir der Blick darauf, warum du für etwas dankbar bist, einen Hinweis auf das, was für dich zählt. Und das sind Informationen, die es sich für dich lohnt zu haben. Wenn du deine Aufmerksamkeit auf Dinge richtest, für die du dankbar bist, nimmst du den Fokus vom Schmerz und den Problemen weg und kreierst eine Energie, die dir hilft, vorwärts in ein expansiveres Leben zu gehen.

Zum Beispiel war ich gestern dankbar dafür, eine E-Mail von jemandem zu bekommen, der bereit ist, meine Arbeit ins Spanische zu übersetzen, weil das bedeutet, dass ich nach Mexiko gehen und die Arbeit teilen kann, die ich mache. Ich war so dankbar, dass es meinen Pflanzen gut ging; ich liebe es, mit ihnen auf der Veranda zu sitzen. Du kannst auch dankbar für den Fortschritt sein, den du in Bezug auf deine Abhängigkeit, dein Sucht- oder Zwangsverhalten machst. Du kannst dir selbst dankbar sein, dass du nicht diese vierte Zigarette geraucht und von deinem üblichen Muster Abstand genommen hast, dein Kind oder dich selbst zu kritisieren.

Normalerweise braucht es drei Wochen, um eine Gewohnheit zu kreieren, also ermutige ich dich, mindestens einundzwanzig Tage aktiv daran zu arbeiten, bis es natürlicher für dich wird, in Dankbarkeit zu sein.

Übe dich in kleinen Gesten der Freundlichkeit und Fürsorge

Etwas anderes, was du tun kannst, sind kleine Gesten der Freundlichkeit und Fürsorge, sowohl dir selbst als auch anderen gegenüber.

Noch einmal, dies müssen keine großen Sachen sein. Ich schlage vor, dass du kleine Dinge tust, wie den Verkäufer im Supermarkt anzulächeln, etwas aufzuheben, was jemandem heruntergefallen ist, Augenkontakt mit jemandem herzustellen und von Herzen zu grüßen oder dir eine halbe Stunde am Tag nur für dich zu nehmen.

Kleine, freundliche Gesten wie diese bringen dich in die Gegenwart – und eines der Dinge, das äußerst hilfreich dabei sein wird, über Missbrauch und Abhängigkeit hinwegzukommen, ist alles zu tun, was du kannst, um präsent zu bleiben. Etwas daran, wenn du jemanden anlächelst, einen Hund streichelst oder eine leckere gesunde Mahlzeit für dich kochst, hilft dir dabei, präsenter zu sein. Und präsenter zu sein ermöglicht mehr Freude und die Möglichkeit, Missbrauch und Abhängigkeit hinter dir zu lassen.

KAPITEL ACHT

Abhängigkeit und Körper

Ich habe nie jemanden getroffen, der einem Sucht-
oder Zwangsverhalten nachging, der komplett in sei-
nem oder ihrem Körper „zu Hause" war.

Ich fragte einmal eine Gruppe „trockener" Frauen bei einem herkömmlichen Wiedergenesungsprogramm, was sie von ihrem Körper hielten. Sie schauten mich an, als sei ich plemplem. Ihre Reaktion war: „Warum stellst du so eine Frage? Manchmal ist mein Körper nützlich für mich, aber, igitt, er ist etwas, worüber ich nicht gerne nachdenke."

Ich war viele Jahre lang in demselben Wiedergenesungsprogramm und hatte dieselbe Ansicht über meinen Körper. Einen Großteil meines Lebens lang hatte ich ihm keine Aufmerksamkeit geschenkt. Er war etwas, das aß, trank, rauchte und manchmal dabei übertrieb. Ab und zu war er eine Quelle des Genusses. Manchmal war er eine Quelle des Schmerzes, aber meistens war er etwas, worüber ich nicht nachdachte oder was ich im schlimmsten Fall bewertete und herabwürdigte.

Wenn ich mir dieses Wiedergenesungsprogramm heute ansehe, wird mir klar, dass nie etwas über den Körper gesagt wurde – außer, dass er eine Allergie gegen Alkohol hatte. Mit anderen Worten war mein Körper Teil des Problems. Er war einer der Gründe, warum ich „Alkoholikerin" war.

Die Vorstellung, der Körper sei ein Problem oder etwas, das man herabwürdigen oder außer Acht lassen müsste, spiegelt eine Menge darüber wider, wie unsere Kultur über Körper denkt. Ob dies nun aufgrund jüdisch-christlicher Einflüsse so ist, der Betonung der Wichtigkeit des Verstandes oder einiger anderer Faktoren – Körpern wird häufig eine sehr niedere Position zugeschrieben. Sie sind etwas, mit dem wir klarkommen müssen, während wir hier auf dem Planeten Erde sind. Viele spirituelle und religiöse Traditionen machen den Körper tatsächlich minderwertig. Er wird als das Haus für den Geist betrachtet, bis der Geist den Körper verlassen, an einen besseren Ort gehen oder zu etwas Großartigerem werden kann. In unserer Kultur tendieren wir auch dazu, Körper mit Tieren zu assoziieren, die als geringere Lebensformen angesehen werden.

Hast du deinen Körper vernachlässigt, indem du zu viele Stunden gearbeitet hast, beschlossen hast, dass deine Aufgabenliste wichtiger sei als Schlaf, zu viel gegessen oder exzessiv viel Alkohol getrunken hast? Hast du Aktivitäten ausgeübt, die schädlich für deinen Körper waren? Wenn du morgens aufstehst, schaust du in den Spiegel und bewertest deinen Körper gnadenlos? Hast du deinen Körper völlig vernachlässigt und ignoriert? Hast du deinen Körper so behandelt? Ich habe es getan – bis ich erkannte, was für ein Geschenk er ist.

Ein Teil des Gegenmittels gegen die Abhängigkeit liegt darin, den Körper und alles, was er zu bieten hat, freudig zu empfangen. Also möchte ich über unseren Körper sprechen und was er mit Abhängigkeit und Wiedergenesung zu tun hat.

Abhängigkeit ist hart für deinen Körper

Zunächst einmal ist Abhängigkeit ganz praktisch gesehen hart für deinen Körper. Wenn du irgendeiner Art von Sucht- oder Zwangsverhalten nachgehst, bist du nicht präsent mit deinem Körper. Du kannst die Informationen und das Gewahrsein, das er dir zu geben hat, nicht empfangen. Und hier ist ein noch wichtigerer Aspekt im Hinblick auf Abhängigkeit und Körper: Wenn du von deinem Körper abgekoppelt bist, wirst du nie über dein Sucht- oder Zwangsverhalten hinwegkommen. Das meiste, was du erreichen kannst, ist, die Symptome mit einem lebenslangen Programm in den Griff zu bekommen. Warum ist das so? Weil dein Körper für dein Leben und deine Lebensweise unabdingbar ist. Du und dein Körper sind nicht dasselbe, aber ihr seid auf das Engste verbunden. Dein Körper kann dein Partner oder dein bester Freund sein, aber wenn du dich von ihm abkoppelst, kannst du nicht auf eine Art präsent sein, die dir erlaubt, das Sucht- oder Zwangsverhalten hinter dir zu lassen.

Wenige Menschen haben die Informationen und Werkzeuge, die sie benötigen, um sich mit ihrem Körper zu verbinden. Dir ist wahrscheinlich beigebracht worden, deinen Körper als Objekt zu sehen. Niemand hat dir je gesagt, dass dein Körper bewusst ist. Nun, ich möchte dir jetzt sagen, dass dein Körper tatsächlich bewusst ist. Er hat Vorlieben, Wünsche und Ansichten. Dein Körper ist derjenige, der isst, er ist derjenige, der Kleidung trägt, er ist derjenige, der eine Behausung braucht. Je mehr du mit deinem Körper verbunden bist und je mehr du auf ihn hörst, umso mehr werden diese Bereiche in deinem Leben harmonisch sein.

Wir sind uns alle der Mitteilungen von unserem Körper bewusst, wenn wir sie als Schmerz wahrnehmen. Schmerz ist nämlich das letzte Mittel des Körpers, um mit dir zu kommunizieren. Je mehr du dir deines Körpers gewahr wirst, wirst du feststellen, dass er auch auf subtilere Weise mit dir kommuniziert. Da dies eher energetisch als kognitiv abläuft, ist es ein wenig schwierig in Worte zu fassen. Wenn du aber bereit bist zu üben, präsenter mit deinem Körper zu sein, wirst du feststellen, dass du dir immer mehr der wertvollen Informationen bewusst wirst, die er dir mitzuteilen hat.

Irgendwann begann ich, mich mit meinem Körper zu verbinden. Ich war immer noch nicht sicher, wie ich auf ihn hören sollte, aber ich war bereit, es zu versuchen. Ich war in einem sehr schönen Laden und fand eine Jacke im Angebot. Sie kostete nur 20 Dollar. Ich dachte: „Oh! Die ist so nett! Ich möchte diese Jacke." Ich probierte sie an und hörte in meinem Kopf: „Du kannst sie kaufen, aber ich werde sie nicht tragen."

Mein erster Impuls war, mich im Raum umzusehen, um zu sehen, wer das gesagt hatte, aber ich wusste eigentlich, dass es eine Stimme in meinem Kopf war und dass sie von meinem Körper kam. Das war das erste Mal, dass ich eine Nachricht von meinem Körper bekam. Ich denke, sie wurde in einen Gedanken übersetzt, damit ich sie hören konnte. Nun erhalte ich die Nachrichten auf sehr viel subtilere Art. Auf jeden Fall sagte ich: „Okay, ich werde sie nicht kaufen. Was tun wir jetzt?"

Ich wollte aus dem Laden gehen, aber die Energie sagte: „Nein, gehe nicht."

Ich sagte: „Okay, Körper, das ist seltsam. Gibt es hier etwas, was dir gefallen würde?"

Mein Körper sagte: „Ja." Dieses Mal kam die Mitteilung eher als Energie bei mir an.

Ich lief im Laden herum und hielt plötzlich vor einem pinken Pyjama. Ich sagte: „Willst du mich veräppeln? Ein pinkfarbener Pyjama?" Ich bin nie ein sehr mädchenhaftes Mädchen gewesen und habe nie etwas getragen, was auch nur im Entferntesten so war wie dieser pinkfarbene Pyjama. Aber die Energie meines Körpers sagte: „Yeah!", also kaufte ich ihn.

Seitdem habe ich entdeckt, dass mein Körper gerne mädchenhafte Dinge mag. Er war glücklich darüber, etwas zu haben, was er sich wirklich wünschte zu kreieren. Wir haben diesen pinkfarbenen Pyjama drei Jahre getragen, bis er auseinanderfiel.

Ich habe viele Erfahrungen wie diese mit meinem Körper gehabt, und sie gingen darüber hinaus, was mein Körper gerne essen oder tragen würde. Sobald du dich wieder mit deinem Körper verbindest, gibt er dir Informationen zu allen möglichen Dingen. Ich war einmal an einem Flughafen auf dem Weg nach Europa; wir waren schon eingestiegen und bereit abzufliegen, als über den Lautsprecher die Ansage kam, dass etwas nicht in Ordnung sei und alle Passagiere wieder aussteigen und zu einem anderen Gate gehen sollten, um in ein anderes Flugzeug umzusteigen. Mein Körper begann, mich in Form eines energetischen Gewahrseins zu führen und ich folgte der Energie. Er sagte: „Geh hierhin, geh dorthin. Tu das nicht. Geh jetzt zum Schalter." Mein Körper wusste, was wir tun mussten, um einen bequemen Sitz auf dem neuen Flug zu bekommen, der in einem kleineren Flugzeug mit weniger Sitzen war, die ausreichend Beinfreiheit hatten – und weil ich der Energie folgte, bekam ich einen dieser Plätze.

Dies sind nur einige Beispiele dafür, wie ich mich wieder mit meinem Körper verbunden habe. Seitdem habe ich vielen Menschen, die Abhängigkeitsthemen hatten, eben bei diesem Prozess der Sich-wieder-Verbindens mit ihrem Körper geholfen.

Auf Experten hören

Manchmal sagen mir die Leute, sie seien mit ihrem Körper verbunden, aber was sie in der Regel meinen, ist, dass sie auf einen Ernährungsexperten, einen Trainingsexperten oder einen Outfit-experten gehört hatten, um zu lernen, was sie ihrem Körper auf-erlegen sollten. Etwas neunzig Prozent der Diät- und Sportpro-gramme scheitern. Warum? Weil es dabei darum geht, die Ansicht von jemand anders deinem Körper überzustülpen. Und wie sehr bewertest du dich als Versager, weil du diese Diät, jenes Sportpro-gramm, diesen Hautpflegeansatz oder was auch immer es bei dir war ausprobiertest und es nicht funktionierte?

Jetzt, wo ich auf meinen Körper höre, muss ich ihm niemand anderes Ansicht auferlegen. Ich brauche keine Diäten. Manchmal wird mein Körper sagen: „Könntest du ein wenig weniger Koh-lenhydrate zu dir nehmen?" Es ist nicht unbedingt eine Stimme, es ist ein Gewahrsein.

Wenn du dich mit deinem Körper verbindest, wird er dich wissen lassen, was er braucht. Was, wenn du dich nie wieder auf einen Experten verlassen müsstest? Wärst du bereit, das jetzt zu wählen? Jedes Mal, wenn du auf darauf hörst, was ein Experte sagt, das richtig für dich sei, ohne deinen Körper zu fragen, machst du dich selbst und dein Wissen kleiner und bringst dich zurück in die Energie der Abhängigkeit, wo die Antwort immer außerhalb von dir liegt. Du machst dich wieder geringer.

Ich möchte nicht sagen, du solltest nicht darauf hören, was die Leute sagen, oder die Informationen, die du bekommst, nicht beachten. Es geht mir darum, dass du nicht jemand anders zum „Experten" machen und deinen Körper ignorieren musst. Zum Beispiel sagt dir vielleicht dein Körper: „Du musst zum Arzt ge-hen." Also gehst du zu einer Ärztin und sie sagt dir zehn Dinge, die du tun solltest. Du sitzt da und nickst und sagst: „Aha, aha, ja, Frau Doktor.“

Du sagst nicht: „Es tut mir leid, Frau Doktor, mein Körper stimmt dem fünften Punkt nicht zu“, denn sie wird dich für verrückt halten. Sage einfach: „Vielen Dank.“ Denke daran, im Großen und Ganzen verlässt sich die Ärztin auf andere sogenannte Experten. Sie folgt auch nicht dem, was sie weiß.

Wenn du die Praxis der Ärztin verlässt, frage deinen Körper: „Körper, welche dieser zehn Sachen, die sie uns gesagt hat, funktionieren für dich?“

Dein Körper sagt etwa: „Eins, drei und sieben. Der Rest funktioniert nicht für mich.“

Du sagst dann: „Okay.“

Wenn du wieder zur Ärztin gehst und sie fragt: „Wie haben diese Empfehlungen für Sie funktioniert?“, kannst du antworten: „Eins, drei und sieben haben sehr gut funktioniert, der Rest nicht so sehr.“ Du musst nicht sagen: „Ich habe sie nicht gemacht.“ Schaue einfach, was in der Situation funktioniert, während du weißt, dass du auf deinen Körper gehört hast.

Wie behandelst du deinen Körper?

Wenn dein Körper eine andere Person wäre, die dir sehr nahesteht, wie würdest du dich gegenüber dieser Person verhalten? Wärst du für ihn oder sie dankbar? Würdest du auf deinen Freund hören? Würdest du anerkennen, wie wunderbar er ist? Würdest du ihn nehmen, wie er ist, und ihm vielleicht Fragen dazu stellen, was sein Leben verbessern würde und was er gerne hätte? Oder wärst du kritisch und würdest versuchen, ihn dazu zu bringen, dass er sich verändert, indem du ihm sagtest, er liege hier falsch und sei dort dumm?

So hat man uns beigebracht, unseren Körper so zu behandeln. Sehr wenige Menschen sagen: „Du bist großartig, Körper. Danke, dass du bei mir bist und mich unterstützt und all diese wunderbaren Dinge mit mir machst."

Wenn du anfängst, nach einer langen Zeit des Ignorierens wieder mit deinem Körper zu kommunizieren, wirst du vielleicht eine feindliche Reaktion bekommen. Schau dir dies so an wie eine Freundin, die du jahrelang schlecht behandelt hast. Wenn du sie plötzlich anrufst und sagst: „Ich möchte wirklich mit dir befreundet sein", zögert sie vielleicht oder ist misstrauisch, wenn es darum geht, die Beziehung mit dir wieder aufzunehmen. Vielleicht kannst du dich bei deinem Körper dafür entschuldigen, dass du ihn ignoriert und so achtlos behandelt hast. Du kannst sagen: „Körper, es tut mir leid, dass ich dich so lange so schlecht behandelt habe. Bitte gib mir noch eine Chance. Lass uns sehen, ob wir das gemeinsam wieder ins Lot bringen." Dein Körper kann nämlich dein bester Freund sein. Er eignet sich am besten als bester Freund, und weißt du warum? Ihr seid immer zusammen.

Wenn du deinem Körper erlaubst, dein bester Freund zu werden, bist du einen Schritt näher daran, jegliche Art von Sucht- oder Zwangsverhalten hinter dir zu lassen, denn Körper machen sich nichts aus derlei Verhalten. Tatsächlich habe ich nie jemanden kennengelernt, der sich komplett heimisch in seinem Körper gefühlt hat und einem Sucht- oder Zwangsverhalten nachging. Diese Verhaltensweisen passieren einfach nicht, wenn du mit deinem Körper verbunden bist – und dein Körper wird dich dabei unterstützen, dahin zu kommen, dass du Wahl hast.

Willkürliche Standards für Körper

Viele der Menschen, mit denen ich arbeite, gehen in die Falle zu versuchen, ihren Körper den gegenwärtigen willkürlichen Standards anpassen zu wollen, wie ein Körper aussehen sollte. Wenn du eine Frau bist, wird dir glauben gemacht, du müsstest dünn sein. Wenn du ein Mann bist, ist es in Ordnung, ein bisschen mehr Gewicht zu haben, solange du massig bist und Muskeln hast. Es geht nie darum, deinen Körper zu akzeptieren und ihn zu feiern; es geht immer darum, dich dazu zu bringen herauszufinden, was an deinem Körper falsch ist, damit du ein Programm, ein Buch, ein Nahrungsmittel, ein Nahrungsergänzungsmittel oder ein Workoutvideo kaufst. Oder vielleicht dreht es sich darum, Schönheits-OPs oder Botoxinjektionen vorzunehmen, damit du dazupasst und endlich glücklich darüber bist, wie du aussiehst, was du natürlich niemals wirst, weil du wieder etwas anderes findest, was an deinem Körper nicht stimmt.

Dein Körper weiß, wie er aussehen möchte

Dein Körper weiß eigentlich, wie er aussehen möchte. Es gibt eine Größe und eine Figur, die der gerne hätte. Zwingst du deinem Körper die Ideale von jemand anders auf? Wenn du das tust, ermutige ich dich, jetzt sofort damit aufzuhören. Das klingt vielleicht seltsam für dich, aber du kannst deinen Körper fragen, wie er gerne aussehen möchte, und er wird es dich wissen lassen. Sage einfach: „Körper, zeig mir, wie du gerne aussehen möchtest." Er reagiert vielleicht nicht sofort, aber wenn du bereit bist, immer weiter Fragen zu stellen und gewahr zu sein, wird eines Tages, während du spazieren gehst, jemand an dir vorbeigehen und dein Körper wird sagen: „Das!" oder du schaust eines Abends fern und dein Körper sagt: „Da!"

Lass deinen Körper wissen, dass du bereit bist, ihn die Größe und Figur haben zu lassen, die er gerne hätte, und mit ihm arbeitest, um das zu erreichen. Stell dir mal einen Moment lang vor, wie es wäre, einen Körper zu haben, der sich wunderbar, schön und glücklich mit sich selbst fühlt. Wird er unbedingt so aussehen, wie das, was die Modezeitschriften als perfekten Körper definiert haben? Vielleicht nicht, aber du wirst dich so gut fühlen, dass das keine Rolle spielt. Und je glücklicher und je mehr du mit deinem Körper verbunden bist, umso weniger wirst du dich dazu hingezogen fühlen, einem Sucht- oder Zwangsverhalten nachzugehen.

Eine nichtbewertende Sicht auf deinen Körper

Ich lade dich dazu ein, eine andere Perspektive auf deinen Körper einzunehmen. Wenn du dir deinen Körper durch die Augen einer Katze oder eines Hundes ansehen würdest, die die Augen der Nicht-Bewertung sind, was würdest du sehen? Würde die Katze denken: „Oh Mann! Dein Hintern ist so fett!" oder „Ich kann nicht glauben, dass du keine Brustmuskeln hast!" oder „Ihhh, du hast aber viele Falten!" Das glaube ich kaum.

Einer der Gründe, warum es so leicht ist, Tiere um sich zu haben, ist, dass sie absolut keine Bewertung über Körper haben. Kannst du dir vorstellen, dass sich eine Eidechse auf einem Felsen sonnt und sagt: „Mein Bauch ist unproportional im Verhältnis zu meinem Schwanz. Ich sollte wirklich etwas dagegen tun"? Es gibt so viel Erlauben und Dankbarkeit für Körper in der Natur. Und lass mich noch etwas anmerken: Es gibt keine Abhängigkeit in der Natur. Sie ist eine menschliche Kreation.

Schmerz

Wenn ich über Körper spreche, fragen mich die Leute häufig: „Und was ist mit Schmerzen? Ich habe viele Schmerzen."

Kannst du dir vorstellen, dass Schmerz eine der Arten ist, wie der Körper mit dir Verbindung aufnimmt, besonders, wenn du ihn jahrelang ignoriert hast? Ich habe festgestellt, dass Schmerz das letzte Mittel des Körpers ist, wenn er nicht mehr weiß, was er tun soll. Er versucht, deine Aufmerksamkeit mit einer federleichten Berührung zu gewinnen, und du sagst: „Nein, ich habe nichts gespürt, nein-nein." Dann schubst er dich ein bisschen und du sagst: „Das war unangenehm, aber ich denke, ich mache weiter und mach ein bisschen Sport oder helfe diesem Freund noch mal oder trinke noch ein bisschen was, alles, um mich von meinem Körper abzulenken. Ich werde diesen kleinen Schubser nicht beachten."

Schließlich greift dein Körper auf Schmerz zurück, weil du nicht auf seine subtileren Mitteilungen gehört hast. Mit Schmerz gewinnt dein Körper deine Aufmerksamkeit. Wenn du das hast, was man Schmerz nennt – und ich rege an, dass du stattdessen das Wort Intensität benutzt, denn das nimmt die negative Konnotation weg –, frage:

„Hallo, Körper, welches Gewahrsein gibst du mir, das ich nicht bereit gewesen bin zu empfangen?"

Vielleicht bekommst du die Antwort nicht sofort, aber wenn du weiter diese Frage benutzt, wirst du dir letztendlich erlauben, das Gewahrsein zu haben.

Vor Kurzem habe ich eine Menge Schmerzen – oder Intensität – in meinem Nacken kreiert. Warum sage ich kreiert? Weil ich nicht bereit gewesen bin, auf die subtilen Zeichen von meinem Körper zu hören. Als die Intensität dann stark geworden war, wusste ich, dass ich anfangen musste, Fragen zu stellen und auf die Reaktion meines Körpers zu hören. Als ich am Ende meinen Körper fragte, was vor sich ging, wurde mir klar, dass ich nicht bereit gewesen war, ihm die Energie und die Unterstützung zukommen zu lassen, die er brauchte, um mit allem mitzuhalten, was ich die ganze Zeit gemacht hatte. Als ich meine Gewohnheiten änderte und bereit war, meinen Körper wieder mit einzubeziehen, verschwand die Intensität.

Wenn du Intensität in deinem Körper wahrnimmst, ermutige ich dich, immer weiter Fragen zu stellen. Irgendwann wirst du ein Gewahrsein davon bekommen, was du tun könntest, um die Situation zu ändern. Heißt das, dass du keine Medikamente nimmst oder keine Untersuchungen beim Arzt machst? Nein. Aber es gibt fast immer etwas anderes, was du tun kannst, um deine Wiedergenesung zu beschleunigen und die Intensität, die du erfährst, zu verringern.

Sachen aus anderen Körpern rausnehmen

Ich hatte eine Klientin mit einer Alkoholabhängigkeit, die sich nicht klärte. Wir arbeiteten sechs Wochen zusammen, und nichts bewegte sich, was sehr ungewöhnlich war. Schließlich fragte ich sie: „Wessen Abhängigkeit ist dies überhaupt?"

Sie sah verdutzt aus und antwortete dann: „Oh! Sie gehört meiner Mutter." Sie hatte nie wieder ein Problem mit Alkohol!

Dasselbe kann auch auf Arthritis, Kopfschmerzen oder fast alles, was mit einem Körper vor sich geht, zutreffen. Das ist nicht schwer zu verstehen, wenn man daran denkt, dass alles Energie ist. Dein Körper ist Energie. Der Tisch ist Energie. Gedanken, Gefühle, und Emotionen sind Energie. Abhängigkeit ist eine Energie.

Der Körper kann all diese Formen von Energie aus den Körpern anderer Leute herausnehmen.

Wenn du also merkst, dass etwas in deinem Körper vor sich geht, bist du gut beraten zu fragen: „Ist das meins – oder von jemand anderem?" oder „Zu wem gehört das?" Wenn du entdeckst, dass es nicht deins ist, schicke es an den Absender zurück. Du hilfst anderen Menschen nicht, indem du ihre Krankheit oder physischen Beschwerden übernimmst. Du heilst ihren Schmerz nicht, indem du ihn übernimmst. Wenn du ihn übernimmst, ist er auf irgendeiner energetischen Ebene immer noch präsent für sie, aber sie können ihn auch nicht heilen, weil du ihn ihnen weggenommen hast. Ihn an den Sender zurückzuschicken ist für alle von Vorteil.

Essen und Körper

Ich habe ein Programm mit dem Titel: „Isst du, um zu leben, oder lebst du, um zu essen?" Die meisten Leute, die sich bei diesem Programm anmelden, sind sich dessen bewusst, dass sie kein sehr glückliches Verhältnis mit ihrem Körper haben; die meisten von ihnen kämpfen die ganze Zeit mit ihm. Es gibt einen hässlichen Kreislauf, der wie folgt abläuft: Sie möchten ein Stück Schokoladenkuchen, also essen sie ein Stück, dann werden sie wütend auf sich selbst, weil sie ihn gegessen haben. Um dann den schlechten Gefühlen aus dem Weg zu gehen, die sie durch ihre Selbstbewertung kreiert haben, essen sie gleich noch ein Stück Schokoladenkuchen.

Zu Beginn dieses Programms frage ich die Teilnehmer, was sie sich von dem Programm versprechen, und die meisten von ihnen sagen: „Ich möchte abnehmen." Nur wenige sagen, sie hätten gerne ein besseres Verhältnis zu ihrem Körper. Am Ende des Programms frage ich: „Seid ihr mit den Ergebnissen zufrieden?" Es ist erstaunlich, wie die Antworten ausfallen. Anstatt zu sagen „Ich finde meinen Körper toll, weil ich abgenommen habe", antworten sie meist einhellig mit Aussagen wie: „Ich habe abgenommen, aber das ist mir nicht mehr wirklich wichtig. Meine Beziehung mit meinem Körper hat sich so sehr verändert. Ich bewerte ihn nicht mehr so streng. Ich habe nun Freude an meinem Körper, wie haben so viel Spaß. Wir sind gestern Schwimmen gegangen und haben mit den Kindern gespielt. Mein Körper lässt mich jetzt wissen, was ich essen sollte, und ich kann langsam beobachten, wie er sich verändert. Ich stehe aufrechter. Ich werde fitter. Ich bin mir der Welt meiner fünf Sinne sehr viel gewahrer. Ich möchte immer noch gerne ein paar Pfund loswerden, aber das ist nicht mehr das, was meine Aufmerksamkeit einnimmt. Es geht darum, Dankbarkeit für meinen Körper zu haben und mit ihm auf eine Art und Weise zu arbeiten, die uns beide achtet."

Dein Körper ist immer in gewissem Maße ein Teilnehmer an deinem Sucht- oder Zwangsverhalten. Wie die Welt der Natur haben Körper nicht wirklich eine Resonanz auf Abhängigkeit oder Zwanghaftigkeit. Du musst dich von ihm trennen und ihn übersteuern, um seine Teilnahme an der Abhängigkeit zu erzwingen. Je mehr du mit deinem Körper in Verbindung bist, umso mehr wird er dir helfen, über dein Sucht- oder Zwangsverhalten hinwegzukommen.

Einige Dinge, die du tun kannst, um deinen Körper zu nähren

Hier sind einige Dinge, die meine Klienten und ich als nährend für unsere Körper herausgefunden haben. Du hast wahrscheinlich deine eigenen Punkte, die du der Liste hinzufügen wirst, also bitte frage weiter deinen Körper, was für ihn nährend wäre.

Dein Körper verändert sich ständig, also hat er möglicherweise unterschiedliche Reaktionen bei jedem Mal, wenn du fragst.

Umarmungen

Umarmungen, echte Umarmungen, sind sehr nährend für einen Körper. Ich spreche nicht von „Zelt"-Umarmungen, wo man weit auseinander steht und sich sozusagen zum anderen hinlehnt, um ihn oder sie auf den Rücken zu klopfen. Diese Umarmungen fühlen sich recht nichtssagend an. Und ich spreche auch nicht davon, wenn man sich steif macht, sodass es sich anfühlt, als umarme man eine Steinstatue. Auch meine ich keine Umarmung, die eine Ausrede ist, um jemanden anzugrabschen. Ich meine eine Umarmung, die eine echte Verbindung zwischen zwei Körpern ist. Da gibt es so viel Fürsorge, Verbindung und Nähren. Es ist ein wahres Schenken und Empfangen für deinen Körper.

Massagen

Eine Massage kann eine andere Art sein, deinem Körper etwas zu schenken. Frage deinen Körper. „Hättest du gerne eine Massage oder irgendeine andere Form von Körperarbeit?" Wenn dein Körper dies gerne möchte, bitte ihm, dir den Körpertherapeuten zu zeigen, den er gerne hätte. Komme nicht gleich zur Schlussfolgerung: „Dies ist der beliebteste Körpertherapeut in meiner Gegend" oder „Dies ist der billigste." Frage deinen Körper: „Zu wem würdest du gerne gehen?" Wenn es viel kostet, sage deinem Körper: „Ich bringe dich gerne zu diesem Körpertherapeuten, aber ich brauche ein wenig Hilfe dabei, das Geld zu generieren." Dein Körper kann dir dabei helfen. Dein Körper ist großartig darin, was er in dein Leben bringen kann – aber du musst dich mit ihm verbinden. Du musst ihn bitten.

Access-Consciousness-Bars[11*]

Die Access-Consciousness®-Bars sind ein Körperprozess, der unglaublich nährend für Körper sein kann. Viele meiner Klienten haben festgestellt, dass sie schon nach einigen Barssitzungen ein geringeres Verlangen hatten, ihrem Sucht- oder Zwangsverhalten nachzugehen.

Derjenige, der die Bars empfängt, liegt in der Regel auf einer Massageliege und der Facilitator legt seine oder ihre Hände sanft auf 32 verschiedene Positionen auf dem Kopf der empfangenden Person. Dies lässt viel von dem „Müll" verschwinden, den dein Körper angenommen hat – die Gedanken, Gefühle und Emotionen, die du von anderen Leuten aufgeschnappt hast. Das ist etwa so, als löschst du Dateien von deinem Computer. Im schlimmsten Fall fühlst du dich, als hättest du eine gute Massage bekommen; im besten Fall wirst du die Tür öffnen, um dein Leben zu verändern.

Access-Consciousness®-Körperprozesse

Es gibt viele wunderbare Körperprozesse, die von Access-Consciousness®-Body-Facilitatoren angeboten werden. Wenn du Interesse daran hast, mehr darüber zu erfahren, kannst du auf der Access-Consciousness®-Webseite Facilitatoren und Kurse in deiner Gegend finden.

Lächeln

Lächeln ist eine weitere sehr einfache und effektive Sache, die du tun kannst. In seinem natürlichen Zustand ist dein Kör-

---

11* Du kannst einen Access-Bars®- oder Body-Facilitator in deiner Nähe auf der Access-Consciousness®-Webseite finden, die am Ende des Buches aufgeführt ist.

per glücklich. Er lächelt gerne – und Lächeln kann viele positive Auswirkungen auf deinen Körper haben. Es kann den Blutdruck senken, Endorphine freisetzen und Stress mildern. Also empfehle ich dir sehr, mehr zu lächeln.

Es gibt viele andere Übungen und Aktivitäten, die dir dabei helfen können, in Kontakt mit deinem Körper zu kommen, ihn zu nähren und für ihn zu sorgen. Ich lade dich ein, diesen Bereich zu erkunden und zu sehen, wie viel stärker deine Verbindung mit deinem Körper sein kann.

Kapitel neun

Abhängigkeit und vergangene Leben

*Nicht eine einzelne Sache ist der Grund für deine Abhängig-
keit und nicht eine einzelne Sache ist die Antwort darauf,
aber es ist möglich, dass vergangene Leben eine Rolle in deinem fortbestehenden Sucht- oder Zwangsverhalten spielen.*

Bei meiner Arbeit mit Abhängigkeit in mehr als zwanzig Jahren
bin ich Menschen begegnet, die immer wieder versucht haben,
ihr Sucht- oder Zwangsverhalten loszuwerden, dies jedoch nicht
konnten, bis ich sie zu vergangenen Leben befragte.

Gleich zu Beginn möchte ich festhalten, dass der Blick auf
vergangene Leben ein *Faktor* dabei sein kann, Menschen zu befähi-
gen, ihre Abhängigkeiten hinter sich zu lassen. Vergangene Leben
sind an und für sich nie der *Grund* für Abhängigkeit. Letztendlich
ist das Hinter-sich-Lassen einer Abhängigkeit eine Frage deiner
Bereitschaft, mehr von dir zu haben und die Wahlen zu treffen,
die dir erlauben, gewahrer und präsenter in deinem Leben zu sein.

In diesem Kapitel möchte ich über einige meiner Klienten
sprechen, die in der Lage waren, ihre Abhängigkeiten hinter sich
zu lassen, nachdem wir eine Verbindung zu ihrem Sucht- oder
Zwangsverhalten aus einem früheren Leben ausgeräumt hatten.
Du musst dabei überhaupt nicht an vergangene Leben glauben.

Alles, worum ich dich bitte, ist in Betracht zu ziehen, ein Werkzeug wie leicht oder schwer zu benutzen, um zu sehen, ob dies etwas ist, was möglicherweise auf dich zutrifft.

Essstörungen und vergangene Leben

Bevor ich die Werkzeuge von Access Consciousness® gefunden hatte, wählte ich, keine Klienten mit Essstörungen in meiner Psychotherapiepraxis anzunehmen, weil es eine so geringe Erfolgsrate bei ihrer Behandlung gab. Selbst bei umfassender Psychotherapie sagt man Menschen, die bulimisch oder anorektisch sind oder die exzessiv essen, sie würden mit ihren Beschwerden bis ans Ende ihres Lebens kämpfen und sie wahrscheinlich nie loswerden. Häufig werden sie eingeliefert, überwacht und strikten Diäten unterworfen, aber nichts davon funktioniert wirklich. Diese Aktionen dienen dazu, die Symptome zu behandeln, anstatt ihnen Werkzeuge, Informationen und Prozesse zu geben, die ihnen erlauben würden, aus diesem Verhalten herauszukommen. Es war schmerzhaft für mich, mit Menschen zu arbeiten, die keine wirkliche Hoffnung auf Wiedergenesung hatten, also wählte ich, nicht mit Personen zu arbeiten, die eine gestörte Beziehung zum Essen hatten.

Die Werkzeuge von Access Consciousness® gaben mir eine Herangehensweise an diese Störungen, die damit zu tun hatte, Beschlüsse, Bewertungen und Schlussfolgerungen aus vergangenen Leben aufzuheben, die das Verhalten festhielten. Schon nach kurzer Zeit der Verwendung dieser Werkzeuge erhielt ich einen Anruf von einer Frau in ihren Vierzigern, die seit ihren Teenagerjahren Bulimie gehabt hatte. Sie fragte mich, ob ich mit ihr arbeiten würde. Sie sagte mir, sie habe Psychotherapie ausprobiert, aber kein gutes Ergebnis erzielt. Ich sagte: „Ich habe noch nie gesehen, dass jemand mit der Art von Essstörung, die Sie haben, viel Erfolg gehabt hätte. Ich kann nichts versprechen, aber ich habe einige

Werkzeuge, Techniken und Informationen von Access Conscious-ness®, wenn Sie das interessiert."

Sie meinte: „Lassen Sie es uns probieren", also taten wir dies, und nach vier einstündigen Sitzungen war sie von der Bulimie befreit und hat seither nicht mehr exzessiv gegessen oder sich entleert. Wichtig an dieser Geschichte ist, dass ihre speziellen Essstörungen mit einem ehemaligen Leben zu tun hatten. Als wir zusammenarbeiteten, entdeckten wir, dass sie vor über 2000 Jahren am Mord von jemand beteiligt gewesen war, von dem sie wusste, dass er unschuldig war. Sie schleppte unglaubliche Mengen an Schuld mit sich, die sie dazu zwangen, sich ständig zu bestrafen, indem sie ihrem Körper die Nahrung versagte. Als sie in der Lage war, die Beschlüsse und Bewertungen zu zerstören und unzukreieren, die sie im vergangenen Leben über sich gefasst hatte, veränderte dies für sie die gesamte Gegenwart.

Ich habe festgestellt, dass bei vielen Menschen mit Essstörungen das gestörte Verhalten zu Essen als eine Bestrafung für das Wesen und den Körper eingesetzt wird, für etwas, was sie für ein unsägliches Verbrechen halten, das sie in einem vergangenen Leben begangen haben. Ich hatte auch viele Klienten, die erkannt haben, dass Hungern oder Nahrungsentzug in einem vergangenen Leben einer der Hauptfaktoren hinter ihrem Bedürfnis war, ihre Vorratskammern, Kühlschränke und Körper vollzustopfen.

Rauchen

Der Beschluss, für Handlungen in einem vergangenen Leben bestraft werden zu müssen, kann auch bei anderen Sucht- oder Zwangsverhalten eine Rolle spielen. Ich habe zum Beispiel mit einem Mann gearbeitet, der sein ganzes Erwachsenenleben lang ein Raucher gewesen war, trotz unzähliger Versuche aufzuhören. Nachdem wir einige erfolglose Versuche unternommen hatten, frage ich ihn: „Wahrheit, haben vergangene Leben hiermit etwas zu tun?"

Er sagte Ja und schaute sich etwas an, was er meinte, getan zu haben. Das war eine Handlung, die er als so schrecklich bewertet hatte, dass er beschloss, nicht das Recht zu haben zu atmen. Er rauchte in diesem Leben als eine Art, sich den Atem abzuschnüren und langsam umzubringen, als Bestrafung für diese Handlung. Sobald er in der Lage war, seinen Beschluss erneut zu begutachten, verlor er seinen Impuls zu rauchen.

Ein Opfer sein und Missbrauch ermutigen

Ich habe auch Fragen zu vergangenen Leben gestellt, wenn Menschen entschlossen zu sein schienen, ein Opfer zu sein und Missbrauch einzuladen. Ich sage nicht, dass das in allen Fällen zutrifft, aber wenn jemand ständig einzuladen scheint, dass er missbräuchlich behandelt wird, kann es einen Vorfall in einem früheren Leben geben, der ihn glauben lässt, er müsse bestraft werden.

Vor Kurzem sprach ich mit einer Frau, die mir erzählte, alle in ihrem Leben hätten sie missbräuchlich behandelt, sogar Leute, die generell nett zu anderen waren. Nachdem wir darüber gesprochen hatten, wie sie dieses Verhalten bei anderen kreierte, fragte ich: „Bestrafst du dich für etwas, was du in einem vergangenen Leben getan hast?"

Sie sagte: „Ja."

Ich fragte: „Was war das?"

Sie sagte: „Ich habe meine gesamte Familie getötet."

Ich fragte: „Haben sie alle dich irgendwann umgebracht?"

Sie sagte: „Ja."

Ich fragte: „Kannst du erkennen, dass wir alle schon alles gewesen sind und alles getan haben?"

Sobald sie das Gewahrsein hatte und in der Lage war, aus dem herauszukommen, was sie als karmische Schuld beschrieb, konnte sie mit der ständigen Kreation von Missbrauchssituationen aufhören.

Alle von uns sind alles gewesen und haben alles getan. Du bist ein König oder eine Königin gewesen und ein Sklave; du bist ein Guru gewesen und ein Anhänger; du bist ein Niemand gewesen und bist jemand gewesen; du bist bettelarm gewesen und wohlhabend über alle deine Vorstellungen hinaus. Du bist ein Opfer von Verbrechen und Missbrauch gewesen und hast Verbrechen und Missbrauch verübt. Wenn du die Bewertung von dem aufgeben kannst, was du gewesen bist und getan hast, kann dir dies ungemeine Freiheit schenken. Es kann dich von der Notwendigkeit befreien, dich selbst oder andere zu bestrafen, und gibt dir den Raum, präsent zu sein und dich als dich zu zeigen.

Beziehungsabhängigkeit

Vergangene Leben tauchen auch bei Fällen von Beziehungsabhängigkeit auf. Hast du jemals jemanden am anderen Ende des Raums gesehen und gedacht: „Er/sie ist der/die Richtige. Ich habe meinen Prinzen oder meine Prinzessin gefunden"? Normalerweise ist diese Art von Reaktion ein Hinweis darauf, dass du viele Lebenszeiten mit dieser Person zusammen verbracht hast. Und du hast möglicherweise auch eine Menge Schwüre, Verpflichtungen, Verträge und Vereinbarungen mit ihm oder ihr in der Kategorie von „Ich werde dich für immer lieben", „Wir werden immer zusammen sein" oder „Ich werde mich immer um dich kümmern".

Vielleicht möchtest du dir die Person ansehen und fragen: „Ist dies tatsächlich mein Prinz oder meine Prinzessin? Oder ist dies jemand, mit dem ich in einem vergangenen Leben verbunden war?"

Diese Verbindung kann positiv gewesen sein, aber vielleicht war sie auch negativ. Ich arbeitete mit einem Klienten, der sich nicht von seiner sehr missbräuchlichen Ex-Freundin lösen konnte. Sie war unglaublich grausam zu ihm gewesen. Sie stahl sein Geld. Sie erniedrigte ihn. Sie tat alle möglichen gemeinen Dinge und er sagte immer: „Aber ich liebe sie. Ich weiß nicht warum, aber ich muss mit ihr zusammen sein."

Zunächst einmal ist „jemanden zu lieben" nie ein Grund, mit ihm oder ihr zusammen zu sein, besonders, wenn diese Person einen schlecht behandelt. Der Grund, mit jemanden zusammen zu sein, ist, dass er oder sie dein Leben erweitert und ihm beiträgt.

Ich fragte meinen Klienten: „Ist es für dich erweiternd, mit dieser Frau zusammen zu sein?"

Er sagte: „Nein, eigentlich zerstört sie mich, aber ich fühle mich so abhängig von ihr, dass ich nicht weiß, was ich tun soll. Ich kann nicht weitergehen."

Als wir anfingen uns anzusehen, was vor sich ging, fragte ich ihn: „Hat ein vergangenes Leben hiermit zu tun?"

Er sagte: „Ja, auf jeden Fall. Ganz ganz viele."

Ich fragte: „Und was ist dein Gewahrsein hier?"

Er antwortete: „Sie hat viele Male mein Leben gerettet, also schulde ich es ihr, egal wie schlecht sie mich behandelt, mit ihr zusammenzubleiben und zu tun, was immer sie von mir will. Ich bin ihr Sklave."

Ich sagte: „Irgendetwas daran fühlt sich wirklich schwer an. Lass mich dich etwas fragen. Ist es wirklich wahr, dass sie dich all diese Male gerettet hat?"

Er stutzte, schaute sich das an und sagte: „Nein, das waren Lügen, die sie mir eingepflanzt hat."

Sobald er die Lügen erkannt hatte, konnte er darüber hinwegkommen. Seine Abhängigkeit von dieser Beziehung fiel in sich zusammen wie ein Kartenhaus. Die Lüge war die unterste Karte und nachdem wir sie herausgezogen hatten, brach alles zusammen. Er sagte mir in seiner letzten Sitzung: „Ich denke noch nicht einmal mehr an sie." Er hatte begonnen, seine Energie darauf zu lenken, sein Leben zu kreieren.

Eine Sache hieran ist sehr interessant. Er hätte in die andere Richtung gehen können. Er hätte beschließen können, dass das Karma und das Trauma-Drama dieser Vorkommnisse aus früheren Leben real sind, und ewig darin festhängen können. Aber er tat es nicht. Er ließ einfach alles los. Es fiel weg, und nun ist er frei davon. Aber selbst wenn die Ex-Freundin meines Klienten ihn tatsächlich all die Male gerettet hätte, wäre das ihre Wahl gewesen. Er schuldete ihr gar nichts.

Und es gibt noch etwas anderes, was zu bedenken ist: Wie viele „Bis dass der Tod uns scheidet"-Verträge und -verpflichtungen hast du mit all den Leuten, mit denen du verheiratet gewesen oder deren Sklave du gewesen bist? Du gehst Verträge mit Menschen ein, und weil das Wesen nie stirbt, sind möglicherweise die Übereinkünfte, die du Millionen vor Jahren getroffen hast, immer noch in Kraft und ruinieren nun dein Leben. Vielleicht möchtest du all diese Eide, Schwüre, Lehnseide, Flüche, Blutseide, Verträge, Abkommen und Verpflichtungen nun zerstören und unkreieren. Sie haben nun keinen Platz mehr in deinem Leben.

In der Gegenwart zu leben bedeutet, dass du mit jeder Person in deinem Leben im Jetzt bist und eine Wahl hast, was du in jeden zehn Sekunden tun wirst. Merkst du die Energie davon? Wie leicht ist das?

Zwanghaft anderen helfen

Verpflichtungen aus der Vergangenheit können auch am Werke sein, wenn Menschen ein starkes Bedürfnis haben, anderen zu helfen. Du bist möglicherweise in der Vergangenheit Verpflichtungen in religiösen Orden oder anderen Gruppen eingegangen und hast vielleicht das Gefühl, andere im Stich gelassen zu haben oder der Grund ihrer Zerstörung gewesen zu sein, indem du deine Versprechen nicht eingehalten hast. Wenn du merkst, dass etwas Zwanghaftes dabei ist, dass du versuchst, anderen zu helfen oder ihre Probleme zu lösen, oder wenn du das Gefühl hast, ihnen helfen zu müssen und dass dies deine Rolle im Leben ist, könntest du auch fragen, ob dabei vergangene Leben im Spiel sind.

Situationen, die sich nicht verändern

Jedes Mal, wenn du in einer Situation feststeckst, die sich nicht zu ändern scheint, obwohl du viele verschiedene Werkzeuge oder Ansätze benutzt hast, ermutige ich dich zu fragen: „Sind hier vergangene Leben im Spiel?" Du kannst auch fragen:

- Bestrafe ich mich selbst für etwas?
- Mache ich ein Verhalten wieder gut, das ich als schädigend bewertet habe?
- Erfülle ich eine Verpflichtung, die ich in einem anderen Leben eingegangen bin?

Wenn du ein Ja bekommst, stelle noch einige Fragen. Alle von uns haben irgendwann einmal die Vorstellung von Ursache und Wirkung abgekauft, von Karma und einer Art von: „Ich habe ihnen dies angetan, also stehe ich jetzt in ihrer Schuld" oder „Sie haben mir das angetan und nun schulden sie mir etwas." Nichts davon ist wahr. Diese Art von Denken kreiert Polarität und hält dich und andere davon ab, in einen Raum von Bewusstsein und Gewahrsein hineinzugehen.

Bewusstsein umfasst alles und bewertet nichts. Wenn du aus einem Raum des Bewusstseins funktionierst, ist das Verhalten, das aus diesem Raum kommt, generierend und kreativ, nicht destruktiv und kontrahierend.

Es gibt noch etwas, was ich anmerken möchte, wenn man sich selbst oder jemand anderen als den Grund von „Schaden" oder „Zerstörung" ansieht. Diese Konzepte sind eine Bewertung. Alles Verhalten ist grundlegend neutral, wenn man bedenkt, dass der Beobachter eine Bewertung darüber trifft, ob es gut oder schlecht ist. Wenn Dinge an sich gut oder schlecht wären, würde jeder Beobachter dieselbe Bewertung haben und die Dinge auf die gleiche Art und Weise betrachten. Und wir wissen, dass dem nicht so ist.

Ist das jetzt relevant?

Um aus einem Zwangs- und Suchtverhalten herauszukommen, ist es wichtig, im Jetzt präsent zu sein. Du musst dich nicht damit abzulenken versuchen, die Vergangenheit zu analysieren oder alle möglichen Verrenkungen anzustellen, um einen Schaden wiedergutzumachen, den du vielleicht verursacht hast oder auch nicht. Wenn du das tust, lebst du in der Vergangenheit. Du bist dann in deinem Kopf; du bist nicht in deinem Gewahrsein. Du bist nicht präsent und du wirst nicht in der Lage sein vorwärts zu gehen.

Eine Sache, die uns in der Vergangenheit festhält, ist das Konzept der Vergebung. Bitte denke daran, dass Vergebung dich in der Polarität von Richtig und Falsch festhält. Es hat immer mit einer Bewertung zu tun. Was, wenn du niemandem irgendetwas schuldetest und dir niemand irgendetwas schuldig wäre? Wie wäre es, in einen Raum davon hineinzugehen, alles einfach gut sein zu lassen? Wenn du merkst, dass da eine Ladung ist oder eine Erinnerung oder ein Gedanke hochkommt, kannst du immer fragen: „Ist das jetzt relevant?"

Das Aufdecken und Klären einer durch ein vergangenes Leben bedingten Verbindung zu deinem Sucht- oder Zwangsverhalten kann fast sofortige Erleichterung und eine Freiheit bringen, die du dir nie auch nur hast träumen lassen.

KAPITEL ZEHN

Abhängigkeit und Wesenheiten

Alles ist bewusst. Sobald du bereit bist, dir dessen gewahr zu sein, wird sich dein Leben auf Arten erweitern, die du dir noch nicht einmal vorstellen kannst.

Wesenheiten können eine sehr starke Auswirkung auf Abhängigkeit und Wiedergenesung haben. Dies ist ein sehr selten angesprochenes Thema, zum Leidwesen vieler Menschen, die versuchen, ihr Sucht- oder Zwangsverhalten loszuwerden.

Die meisten Leute halten Wesenheiten für Wesen ohne Körper, wie Geister, tote Eltern und Naturgeister, die niemals einen Körper hatten; dies sind auf jeden Fall Beispiele für Wesenheiten, allerdings umfasst die Definition Wesenheit sehr viel mehr als das. Im weitesten Sinne ist eine Wesenheit einfach eine Energie mit einer Identität. Du bist eine Wesenheit und ich bin eine Wesenheit. Tiere sind Wesenheiten. Häuser, Stühle und jedes Business sind Wesenheiten. Wenn du ein Lied schreibst, wird dieses Lied eine Wesenheit für sich selbst. Es gibt natürlich auch Wesenheiten, die keinen Körper haben, und auch sie sind einfach nur eine Energie mit einer Identität.

Einer der größten Fehler, den die Leute machen, ist anzunehmen, nur menschliche Wesen seien bewusst. Das ist eine auf Überheblichkeit basierende Überzeugung, die enorme Begrenzung in unserem Leben kreieren kann, weil sie uns dazu bringt, nicht bereit zu sein, Informationen zu empfangen, die andere Wesenheiten uns geben, egal welche Form sie annehmen. Wenn du beschlossen hast, dass die meisten Dinge und Wesen im Universum nicht gewahr sind und nicht bereit dir beizutragen, wirst du nicht in der Lage sein, von ihnen zu empfangen. Das wäre, als beschlössest du, nur braunhaarige, dreiundvierzigjährige weiße Männer hätten dir irgendetwas zu bieten. In Wirklichkeit ist alles bewusst. Und sobald du bereit bist, das zu wissen und zu empfangen, wird sich dein Leben auf Arten erweitern, die du dir nicht vorstellen kannst.

Leider ist die Vorstellung, nur menschliche Wesen seien bewusst, von einigen Religionen und Kirchen verbreitet worden, die lehren, menschliche Wesen seien allem anderen auf dem Planeten überlegen. Überprüfe dies selbst. Ist das wahr? Sage zu dir selbst: „Nur menschliche Wesen sind bewusst." Fühlt sich das schwer oder leicht an? Solange dir nicht diese Vorstellung beigebracht wurde und du sie ungeprüft übernommen hast, wette ich, dass diese Aussage schwer für dich ist, was bedeutet, sie ist eine Lüge. Wahr ist, dass wir alle Teil des Bewusstseins und Einsseins sind, warum wir auch mit den verschiedensten Wesenheiten kommunizieren können.

Vielleicht fragst du: „Was hat all dies mit Abhängigkeit zu tun?" Es hat eine Menge mit Abhängigkeit zu tun, aus verschiedenen Gründen: Zum einen wird dir bewusst, dass alles Bewusstsein ist. Es erlaubt dir, am Schenken und Empfangen von allem im Universum teilzuhaben. Zweitens: Solange du nicht bereit bist, dir der Präsenz von Wesenheiten und ihres Einflusses auf dein Sucht- oder Zwangsverhalten gewahr zu sein, ist es möglich, dass du ihnen und dem, was sie möchten, dass du es tust, ausgeliefert sein wirst.

Wesenheiten ohne physische Form

Ich habe vor Kurzem im Internet recherchiert und dabei entdeckt, dass fünfzig bis achtzig Prozent der Menschen in den USA eine Erfahrung mit einem Wesen gemacht haben, das keinen physischen Körper hatte. Diesen Leuten zeigte sich eine verstorbene Person, die ihnen nahestand oder sie hatten eine Erfahrung mit etwas, was man als Geist, Geistführer, Engel oder Dämon bezeichnen könnte. Ich möchte dir bewusst machen, dass du nicht alleine bist, wenn du irgendeine Erfahrung mit einem Wesen gehabt hast, das keine physische Form hatte. Du bist sogar in der Mehrheit. Es ist sehr hilfreich zu wissen, dass du nicht nur Wesenheiten ohne Körper wahrnehmen kannst, sondern auch durch ein Steigern deines Gewahrseins und Verständnisses dieser Wesenheiten mehr Leichtigkeit in deinem Leben haben kannst.

Viele Menschen nehmen an, Wesen, die keinen Körper haben, seien immer weise, ehrlich und spirituell. Bitte begehe nicht diesen Fehler. Wenn deine Tante Jane eine Idiotin war, als sie am Leben war, wird sie immer noch eine Idiotin sein, wenn sie ohne Körper zu dir kommt, um mit dir zu sprechen. Wesenheiten lügen auch. Hast du Leute sagen hören: „Ich channele den Erzengel Michael, Jesus oder eine andere berühmte weise Person"? Meinst du, es macht Wesenheiten keinen Spaß, Wesen in Körpern zu foppen? Jedes Mal, wenn eine Wesenheit sich zeigt und dir sagt, wer sie ist, begehe nicht den Fehler anzunehmen, sie erzähle dir die Wahrheit oder wisse mehr als du.

Wesen ohne Körper können überall auftauchen. Sie können jeden Raum einnehmen. Sie können in deinem Haus sein, in deinem Auto oder in deinem Computer. Sie können deinen Körper oder den Bereich rundherum einnehmen. Sie können auch die Körper von Tieren einnehmen. Diese Wesen haben unterschiedlich viel Gewahrsein und viele von ihnen erkennen nicht, dass sie andere Lebenszeiten gehabt haben. Sie sind sich möglicherweise nicht bewusst, dass sie ihren Körper vor Jahrhunderten verloren haben.

Wenn diese Wesenheiten präsent sind, jedoch nicht erkannt werden, haben sie einen nachteiligen Effekt auf dich, deinen Körper und dein Leben. Und in manchen Fällen können sie dein Sucht- oder Zwangsverhalten verstärken oder es schwerer machen, dich von einer Abhängigkeit zu lösen. Mache bitte jedoch nicht den Fehler, die Wesenheiten für dein Abhängigkeitsverhalten verantwortlich zu machen oder sie als den Grund dafür anzusehen. Sie sind vielleicht ein Faktor, der dein Handeln beeinflusst, aber sie haben weder die Abhängigkeit hervorgerufen noch können sie sie „heilen".

Wesenheiten und Abhängigkeiten

Vor vielen Jahren hatte ich eine Klientin, die besorgt war darüber, wie viel sie trank. Anfangs trank sie, um mit ihrer Sozialphobie klarzukommen, und mit der Zeit wurde sie immer deprimierter. Die Depression erschien mir extrem. Sie hatte unerwartete Weinanfälle und Selbstmordgedanken. Nachdem ich viele mögliche Gründe durchgespielt hatte, fragte ich sie, ob eine Wesenheit etwas damit zu tun hatte. Meine Klientin fühlte sich sofort leichter. Die Antwort war ein eindeutiges Ja. Diese spezielle Wesenheit hatte sich während eines Alkoholblackouts an sie gehängt. Sie war jemand gewesen, der mit Alkohol und Tabletten Selbstmord begangen hatte und sich an meine Klientin gehängt hatte, weil diese trank. Sobald wir die Wesenheit klärten, verringerte sich die Depression meiner Klientin ungemein und wir arbeiteten weiter daran, sie darüber hinweg zu bringen, Alkohol suchthaft oder zwanghaft zu konsumieren.

Eine weitere Klientin war eine Frau, der es sehr schwerfiel abzunehmen. Wir verwendeten viele verschiedene Werkzeuge, doch es stellte sich keine Änderung ein. Schließlich fragte ich nach Wesenheiten. Es zeigte sich, dass meine Klientin eine Wesenheit hatte, die verhungert war und sie benutzte, um zu viel zu essen, im Versuch ihre Erinnerung an das Verhungern zu lindern. Sobald wir die Wesenheit klärten, begann meine Klientin Erfolge beim Gewichtsverlust zu haben.

Bei meiner Arbeit mit Abhängigkeiten habe ich häufig festgestellt, dass jemandes Verlangen nach etwas durch Wesenheiten kreiert sein kann, die dieselbe Abhängigkeit hatten wie die Person, deren Körper sie bewohnen. Auch wenn die Wesenheit keinen Körper mehr besitzt, hat sie immer noch Interesse daran, ihre Abhängigkeit auszuleben und versucht dies über diese Person zu tun. Es gibt beispielsweise Wesenheiten, die ein Verlangen haben zu rauchen, und sie hängen sich an Menschen, die rauchen. Ein Hinweis, dass eine Wesenheit dein Verlangen steuert, ist, wenn du hörst: „Du brauchst jetzt einen Drink" oder „Du solltest dir jetzt einen Joint anzünden". Wenn das der Fall ist, kannst du sicher sein, dass das Verlangen zu einer Wesenheit gehört, da du dich selbst nicht als „du" bezeichnen würdest.

Rückfall

Bei herkömmlichen Behandlungsprogrammen wird Alkohol häufig als „tückisch, verwirrend und machtvoll" bezeichnet, weil das Verlangen zu trinken Menschen völlig zufällig zu überkommen scheint, selbst, nachdem sie ihr Programm schon längere Zeit eingehalten haben. Ich habe häufig festgestellt, dass, wenn jemand seinem mit einem Sucht- oder Zwangsverhalten nachgeht, wenn eine Wesenheit im Spiel ist.

Wenn jemand hereinkommt und etwa sagt: „Ich war richtig erfolgreich bei meiner Wiedergenesung, aber gestern Abend hatte ich einen Rückfall. Ich weiß nicht, was passiert ist", bin ich sofort gewarnt, dass Wesenheiten im Spiel sein könnten. Interessanterweise kommt es nach dem Klären dieser Wesenheiten selten zu dem, was in herkömmlichen Programmen als „Rückfall" bezeichnet wird, es sei denn, derjenige hat seine primäre Abhängigkeit von Bewertung und Falschsein noch nicht geklärt.

Was macht dich für Wesenheiten ohne Körper empfänglich?

Wie ich bereits sagte: Eines der Dinge, die Wesenheiten in dein Leben einladen, ist, wenn du einem Sucht- oder Zwangsverhalten nachgehst. Warum ist dies so? Weil du, wenn du dies tust, im Prinzip deinen Körper verlässt und ein „Zu Vermieten"-Schild auf deinem Körper aufstellst. Dies ergibt Sinn, wenn du daran denkst, dass Abhängigkeit jener Ort ist, an den du gehst, wo du nicht existierst. Das ist ein Ort, an dem du nicht präsent bist. Und jedes Mal, wenn du nicht präsent bist, öffnest du den Raum, damit Wesenheiten hereinkommen und deinen Körper besetzen.

Vor vielen Jahren, bevor ich von Wesenheiten und Abhängigkeit wusste, hatte ich einen sehr guten Freund, den ich hier John nennen möchte. John hatte Probleme mit Alkohol. Er war schon eine Weile trocken gewesen, bekam aber sein Leben nicht auf die Reihe. Er begann wieder viel zu trinken – zwei Dreivierterliterflaschen Wodka pro Tag – und traf im Prinzip die Wahl zu sterben. Ich bot ihm an, wenn er dies je wollte, ihm mit dieser Abhängigkeit zu helfen. Aber irgendwann wählte ich, keine Zeit mehr mit ihm zu verbringen, weil so wenig von ihm präsent war, mit dem ich noch einen Bezug hatte und es ganz eindeutig war, dass er kein Interesse daran hatte, sein Verhalten zu ändern.

Eines Tages ging eine gemeinsame Freundin zu John nach Hause, um ihm etwas zu essen zu bringen. Sie erzählte mir, wie sie an die Tür geklopft und gerufen hatte: „John, John, wo bist du?" Schließlich ließ sie sich selbst ins Haus und ein Wesen kam aus dem Wohnzimmer. Es war Johns Körper, aber das war eindeutig nicht John. Es hatte eine sehr kraftvolle, gewalttätige, zerstörerische Energie. Sie erzählte mir, dass noch nicht einmal sein Gesicht aussah wie Johns Gesicht. Sie sagte immer wieder: „John, John, komm raus." Schließlich schüttelte sich der Körper und John wurde wieder präsent. Er war ein sehr freundlicher und großzügiger Mensch, dessen Energie komplett anders war als das Wesen, was sie zu Anfang gesehen hatte.

Fakt ist, dass die Wesenheit nicht in Johns Körper hätte hineinkommen können, wenn er nicht die Wahl getroffen hätte, nicht präsent in seinem Körper zu sein, indem er Unmengen an Alkohol konsumierte. Je mehr er den Weg der Selbstzerstörung einschlug, umso mehr öffnete er die Türen gegenüber diesen dunkleren Kräften. Traurigerweise war John entschlossen, sein Leben zu beenden und nicht die Richtung zu ändern, in die er ging.

Es gibt keinen Grund, Angst vor Wesenheiten zu haben. Sie haben keine Macht über dich, die du ihnen nicht gibst. Sie können sich dir nicht aufzwingen. Du wirst nicht von ihnen besessen, es sei denn, du lädst sie ein. Ich erzähle diese Geschichte von John, weil sie ein drastisches Beispiel davon ist, was du kreieren kannst, wenn du wählst, nicht präsent zu sein in deinem Leben. Wenn du dich auf irgendein Zwangs- oder Suchtverhalten einlässt, kannst du zerstörerische Wesenheiten einladen, die auch diese Abhängigkeit hatten, als sie am Leben waren. Wenn du jemals gesehen hast, wie jemand eine große Persönlichkeitsveränderung durchmachte, wenn er sehr betrunken war oder sich vollkommen einem anderen Suchtverhalten hingegeben hatte, ist es möglich, dass er oder sie

seinen Körper verlassen hatte und eine andere Wesenheit herein-
gekommen war.

Wesenheiten klären

Wesenheiten können mit Prozessen von Access Conscious-
ness® geklärt werden. Es gibt auch andere Arten, sie zu klären. Ich
ermutige dich, Fragen zu stellen und das zu tun, was für dich funktioniert.

Eine Schlussbemerkung: Bitte merke dir, dass keine Wesenheit dich übernehmen kann, solange du dies nicht zulässt. Und
keine Wesenheit ist größer oder kraftvoller als du, selbst diejeni-
gen, die wählen, sich Dämonen zu nennen. Du bist derjenige, der
über sein Leben und seinen Körper bestimmt. Vielleicht brauchst
du etwas Unterstützung, aber wenn du es wählst, kannst du jede
Wesenheit klären, die einen negativen Einfluss auf dich hat.

Wenn wir daran gewöhnt sind, dass unser Leben von einem
Sucht- oder Zwangsverhalten bestimmt wird, fühlt es sich irgendwann natürlich und bequem an, anderen Menschen, Orten und
Dingen ausgeliefert zu sein. Manche Menschen fühlen sich sogar
sehr „besonders", wenn sie merken, dass sie Wesenheiten haben.
Bitte mache diesen Fehler nicht. Du bist wertvoll aufgrund dessen,
wer du wirklich bist, wegen deiner Einzigartigkeit und des Geschenks, das du für die Welt sein kannst. Wenn du dich selbst einer
Wesenheit auslieferst, verleugnest du dich selbst — du verweigerst
die Möglichkeit eines wahrhaft großartigen Lebens.

KAPITEL ELF

Was ist wirkliche Wiedergenesung?

*Menschen, die sich wirklich in der Wiedergenesung befin-
den, sind in einen Raum der Wahl mit ihrem Sucht- oder
Zwangsverhalten gekommen. Es gibt kein Gefühl, ihm nachgehen zu müssen — oder sich dagegen wehren zu müssen.*

Bei den meisten herkömmlichen Suchtbehandlungsprogram-
men bedeutet, sich in Wiedergenesung zu befinden, dass man
nicht mehr einem bestimmten Sucht- oder Zwangsverhalten nachgeht. Weil aber diese Programme nur die sekundäre Abhängigkeit
angehen und sich nicht um die primäre Abhängigkeit kümmern,
tauschen am Ende viele Menschen eine weniger annehmbare Abhängigkeit wie Alkohol gegen eine sozial annehmbarere wie zwanghaftes Arbeiten aus — oder sogar dagegen, Wiedergenesungstreffen
zu besuchen. Sie suchen immer noch nach einem Sucht- oder
Zwangsverhalten, in das sie flüchten können und mit dem sie den
Schmerz ihrer Falschheit lindern können — der Selbstbewertung,
des Gefühls nicht hineinzupassen und des Gefühls, von den Gedanken und Gefühlen anderer überwältigt zu sein.

Die meisten herkömmlichen Wiedergenesungsprogramme
fordern von ihren Teilnehmern, dass sie eine vorgegebene Abfol-
ge von Schritten ständig als das Mittel und Maß ihrer Wiedergenesung verwenden. Dies wird als eine lebenslange Notwendig-

keit betrachtet, um das Suchtverhalten in Schach zu halten. Diese Herangehensweise an Wiedergenesung stellt sie als eine Art von Remission von der Abhängigkeit dar, also einem vorübergehenden oder dauerhaften Verschwinden der Symptome. Es ist, als seien die Symptome präsent, würden jedoch durch die Schritte, die du ausführst, kontrolliert, damit du wieder die Person sein kannst, die du vorher warst, und das Leben haben kannst, das du vorher gehabt hast.

Über all die Jahre, die ich an konventionellen Wiedergenesungsprogrammen teilgenommen habe, erschien es mir nie, als sei es genug, nicht zu trinken, nicht zu rauchen oder nicht meinen anderen gewohnheitsmäßigen Verhaltensweisen nachzugehen. Obwohl ich mir gewahr war, dass, wenn ich diese Verhaltensweisen nicht ausübte, dies mir mehr Möglichkeiten eröffnen würde – ich hatte keinen Kater, ich hatte mehr physische Kapazität in meiner Lunge –, gefiel mir die Vorstellung nie, dass die Abhängigkeit immer irgendwo im Hintergrund lauern würde als etwas, demgegenüber ich machtlos wäre, und dass ich zu einem lebenslangen Programm „verurteilt" sein würde.

Ich dachte immer, bei der Wiedergenesung müsse es um sehr viel mehr gehen als das. Als die Konzepte von *Right Recovery for You* zusammenkamen, begann ich mir intensiver anzusehen, was wahre Wiedergenesung tatsächlich sein könnte. In diesem Kapitel würde ich gerne einige der Elemente wahrer Wiedergenesung darlegen, wie ich sie sehe.

Wenn du es liest, rege ich dich an, Notizen dazu zu machen, wie Wiedergenesung für dich aussehen würde, denn sie kann für jeden Einzelnen anders aussehen. Wenn du zu einem größeren Gewahrsein gelangst, was Wiedergenesung für dich ist, wirst du in der Lage sein, sie zu einem erreichbareren Ziel für dich selbst zu machen. Dies ist wichtig, denn wenn du nicht weißt, was Wiedergenesung für dich bedeutet, kannst du kein Ziel haben, das erreichbar ist. Du wirst es nicht erkennen, wenn es sich zeigt. Nehmen wir zum Beispiel an, du wünschst dir mehr Fülle in deinem Leben, hast aber nicht definiert, was das bedeutet. Woher solltest du dann wissen, was du anstreben solltest? Und woher solltest du wissen, wenn du sie erreicht hast? Dasselbe gilt für wahre Wiedergenesung. Du musst wissen, was du anstrebst. Das bedeutet nicht, dass deine Konzepte und Ziele sich nicht verändern, wenn du wächst und wählst, was für dich expansiv ist. Das ist einfach etwas, womit du anfängst, damit du eine Richtung hast.

Zerstöre und unkreiere alles, was du beschlossen hast, das Wiedergenesung ist

Bevor ich anfange darüber zu sprechen, wie wirkliche Wiedergenesung aussehen könnte, möchte ich dich einladen, alles zu zerstören und unzukreieren, was dir jemals gesagt wurde oder was du beschlossen hast, das Wiedergenesung ist – oder nicht. Wenn du deine Wiedergenesung mit irgendwelchen der konventionellen irrigen Vorstellungen, festen Glaubenssätze oder Definitionen darüber, was Wiedergenesung bedeutet, angehst, wirst du begrenzen, was für dich möglich ist.

Nachdem du alle Ideen über Wiedergenesung, die du angenommen, geglaubt oder denen du zugestimmt hast, zerstört und unkreiert hast, lade ich dich ein, die folgenden Möglichkeiten in Betracht zu ziehen:

- Was, wenn es bei wahrer Wiedergenesung nicht um den Zustand der Abstinenz ginge, sondern um einen ständigen Prozess, in dem du Fragen stellst, dir Möglichkeiten ansiehst und Wahlen triffst, die erlauben, dass dein Leben sich auf Weisen ausdehnt, die du nie für möglich gehalten hättest?

- Was, wenn es bei wahrer Wiedergenesung darum ginge, dir der Energie dessen gewahr zu werden, wie du deine Zukunft gerne hättest?
- Was, wenn es bei wahrer Wiedergenesung darum ginge, Bewusstsein zu wählen?

Bewusstsein

Die letzte Frage spricht einen grundlegenden Punkt an: Was, wenn es bei wahrer Wiedergenesung darum geht, Bewusstsein zu wählen? Viele Menschen sprechen über Bewusstsein, aber die einzige Person, die ich kenne, die das wirklich definiert hat, ist Gary Douglas. Gary sagt: „Bewusstsein umfasst alles und bewertet nichts." Abhängigkeit ist in deinem Universum mit eingeschlossen, aber es ist nichts, was du wählen müsstest.

Wenn du Bewusstsein wählst, stehen dir alle Möglichkeiten zur Verfügung. Wenn du Abhängigkeit wählst, hast du nur Unbewusstsein und Anti-Bewusstsein zur Auswahl. Bei wahrer Wiedergenesung geht darum, dass dir alle Möglichkeiten zur Verfügung stehen – und nicht darum, dich und dein Gewahrsein zu begrenzen. Wenn du Bewusstsein wählst, erlaubt dir dies, Wahlen aus einem viel größeren und ausgedehnteren Feld des Gewahrseins zu treffen.

Fast alle kennen die Energie und Muster von Abhängigkeit – diesen zusammengezogenen, begrenzten „Ich-existiere-nicht"-Raum. Aber nicht jeder erkennt die Energie von Bewusstsein oder wahrer Wiedergenesung, also möchte ich über einige der Wahlen sprechen, die du vielleicht treffen möchtest, wenn du daran interessiert bist, in die wahre Wiedergenesung hineinzugehen.

Die Wahl, gewahr zu sein, erfordert von dir, Phantasien, unrealistischen Hoffnungen oder einem Verharren in der Vergangenheit oder Zukunft fernzubleiben. Es ist die Bereitschaft, mit dir selbst und anderen und allen Informationen, die zu dir kommen, präsent zu bleiben. Wenn dies anfangs auch wie ein überwältigend großes Ziel erscheinen mag, erlaubt es dir, sehr viel mehr Kontrolle in deinem Leben zu haben. Du kannst nur wählen, wie du mit etwas umgehst, wenn du überhaupt bereit bist anzuerkennen, dass es da ist.

Eng verwandt hiermit ist **die Wahl, nichts zu vermeiden.** Hier spreche ich nicht davon, ein Schlagloch zu umfahren oder die Stadt zu verlassen, wenn ein schlimmer Orkan im Anmarsch ist. Das ist gesunder Menschenverstand. Was ich hier meine, ist die Bereitschaft, dich allem zu stellen, was auf dich zukommt, anstatt auf ein Sucht- oder Zwangsverhalten auszuweichen, um mit dem umzugehen, von dem du beschlossen hast, es sei zu viel, als dass du damit klarkommen könntest. Das Tolle an der Wahl nichts zu vermeiden: Wenn du das wählst, stellst du fest, dass du tatsächlich viel kompetenter und kraftvoller bist, als du dir selbst weisgemacht hast.

Die Wahl, einen internen Bezugsrahmen zu haben. Wenn du einen internen Bezugsrahmen hast, bist du anderen um dich herum nicht ausgeliefert. Du operierst als die kreative Quelle in deinem Leben anstatt dem ausgeliefert zu sein, was sich zeigt. Du bist nicht damit beschäftigt, was andere über dich denken oder damit, akzeptierte Rollen oder Verhaltensmuster einzuhalten oder die Gebote, von denen aus so viele Menschen funktionieren. Wenn du stattdessen präsent bist und das wählst, was für dich funktioniert, kannst du ein Leben wählen, das auf einzigartige Weise dein eigenes ist. Das bedeutet nicht, dass du dir anderer nicht gewahr bist oder dessen, was sie von dir brauchen oder sich von dir wünschen. Es geht nicht darum, von allen abgetrennt und vollkommen autark zu sein. Es bedeutet einfach, dass du bereit bist, du zu sein, egal welchen Druck andere auf dich ausüben.

Die Wahl zu wissen, was du weißt, und aus diesem Raum heraus zu handeln ist ganz eng damit verwandt, einen internen Bezugsrahmen zu haben. Es geht darum, dir selbst zu vertrauen, anstatt außerhalb von dir nach Antworten zu suchen. Das bedeutet nicht, dass du nicht nach Informationen fragst oder diese nicht aufnimmst. Es bedeutet, dass du dir vertraust zu wissen, was für dich wahr ist, und basierend auf diesem Wissen entsprechende Schritte unternimmst.

Die Wahl, dir einzugestehen, dass du alles in deinem Leben kreiert hast und dass dir alles nicht „einfach passiert" ist. Das bedeutet nicht, dass du für das Verhalten anderer verantwortlich bist oder dass du keinen Missbrauch oder andere traumatische Ereignisse in deinem Leben erlebt hast – doch es bedeutet, dass du für deine Reaktionen verantwortlich bist und welche Schritte du auch immer wählst zu ergreifen. Menschen, die sich selbst als hilflose Opfer von etwas sehen, dass „ihnen einfach passiert ist", bleiben häufig ewig in ihrem Opfermodus stecken und sind selten in der Lage, über ihr Sucht- oder Zwangsverhalten hinwegzukommen.

Ich werde häufig gefragt, warum manche Menschen in der Lage sind, ihre Abhängigkeiten hinter sich zu lassen und andere nicht. Ein großer Faktor ist ihre Bereitschaft zuzugeben, dass die Abhängigkeit ihnen nicht passiert ist; sie haben die Wahlen getroffen, die zu ihrem Sucht- oder Zwangsverhalten geführt haben. Das ist tatsächlich eine gute Neuigkeit, denn wenn du die Wahlen getroffen hast, die ursprünglich zu deinem Suchtverhalten geführt haben, kannst du andere Wahlen treffen, die dich zu deiner Wiedergenesung führen.

Die Wahl, glücklich und freudvoll zu sein. Dies ist wirklich eine Wahl. Wenn du meinst, du kannst nur glücklich sein, wenn … oder wenn …, machst du dich wieder zum Opfer deiner Umstände. Was, wenn du jetzt wähltest, glücklich zu sein? Spürst du die Energie davon? Merkst du, dass du andere Erfahrungen einladen und kreieren würdest, als wenn du unglücklich bist? Manche Menschen glauben, es sei falsch, glücklich zu sein, wenn ein Freund oder Familienmitglied deprimiert oder krank ist. Aber tust du ihnen – oder der Welt – tatsächlich einen Gefallen, wenn du ihre Energie kopierst? Wenn du aus Traurigkeit und Sorgen heraus funktionierst, kannst du das Geschenk sein, das du bist, wenn du glücklich bist? Die Bereitschaft glücklich zu sein ist ein großer Beitrag für die Welt und wird auch zu einem expansiveren Leben für dich führen.

WERKZEUG: WIE WIRD ES NOCH BESSER?[12*]

Hier ist eine Frage, die du unter allen Umständen verwenden kannst, um neue Möglichkeiten in dein Leben einzuladen. Probiere sie aus, wenn irgendetwas Positives oder Erfreuliches passiert ist. Bist du gerade befördert worden, hast du gut bei einem Test abgeschnitten oder hast du für einen schönen Urlaub freibekommen? Frage dich selbst: „Wie wird es noch besser?" Du wirst vielleicht überrascht sein, was sich zeigt.

Du kannst sie auch verwenden, wenn du den Schluss gezogen hast, etwas sei schlecht oder schrecklich. Hast du dir gerade den Fuß verstaucht? Hat eine Kellnerin heißen Kaffee auf dich verschüttet? Stehst du in einem Stau? Wenn du fragst: „Wie wird es noch besser?" erlaubt dir zu sehen, dass sich aus allem etwas Positives ergeben kann.

Vor nicht allzu langer Zeit fuhr ich alleine auf dem Highway und hatte plötzlich einen Platten. Anstatt zu denken: „Oh nein! Das ist furchtbar!" fragte ich immer weiter: „Wie wird es noch besser?"

Fast augenblicklich hielt ein Polizist und half mir, den Reifen zu wechseln. Wie wird es noch besser als das?

12* „Wie wird es noch besser als jetzt?" ist ein Access-Consciousness® -Werkzeug.

Wenn du immer weiter fragst: „Wie wird es noch besser?", wirst du dem Empfangen gegenüber offener und dein Leben beginnt sich anders zu zeigen.

Es ist auch sehr nützlich, wenn du mit deinem Sucht- oder Zwangsverhalten arbeitest. Hast du gewählt, auf dem Heimweg nicht einen Zwischenstopp für einige Drinks an der Bar einzulegen, wie du es immer getan hast? Hast du gewählt, auf deinen Körper zu hören und dir nicht wie gewöhnlich eine zweite und dritte Portion beim Essen genehmigt? Hast du dich dafür entschieden, nicht am vierten Tag hintereinander Überstunden zu machen? Wenn du fragst: „Wie wird es noch besser?", erkennst du die Wahlen an, die du getroffen hast, die dein Leben erweitern und noch mehr Leichtigkeit und Wahl im Umgang mit deiner Abhängigkeit einladen.

Wenn du wählst, deinem Sucht- oder Zwangsverhalten nachzugehen und fragst: „Wie wird es noch besser?", eröffnet dies andere Möglichkeiten. Leider stellen die meisten Menschen nie eine Frage, die ihnen den Raum für eine andere Wahl eröffnen würde, sodass sie ihr Sucht- oder Zwangsverhalten immer und immer wieder wiederholen.

Die Wahl, „Erlauben" für dich und andere zu haben. Erlauben, also Zulassen, ist die Bereitschaft, eine „interessante Ansicht" in Bezug auf dich und alle anderen und alles andere zu haben. Es ist die Bereitschaft, dir gewahr zu sein, dass Menschen Wahl haben und ihr Leben kreieren und dass es nicht an dir liegt, ihnen zu sagen, was sie tun sollen oder was nicht.

Zulassen ist etwas anderes als Akzeptieren. Akzeptieren impliziert eine Bewertung. Du hast bereits beschlossen, dass jemand etwas Schlechtes oder Falsches getan hat, und akzeptierst es dennoch. Dies ist eine Position der Überlegenheit. Zulassen ist eine Position der Neutralität. Dinge sind, was sie sind; du bewertest sie weder in die eine noch in die andere Richtung, was dir erlaubt, dessen gewahr zu sein, was tatsächlich vor sich geht. Du bist über das Diktat von Richtig und Falsch, Gut und Schlecht hinaus in den Raum deines eigenen Gewahrseins und Wissens gegangen. Du vertraust auf dein Wissen und es gibt eine Gewissheit, die aus deinem Gewahrsein kommt, dass du die Werkzeuge und das Vermögen hast, das Leben zu kreieren, das du dir wünschst.

Die Wahl, keine Geschichten zu erzählen oder dich von ihnen steuern zu lassen. Geschichten sind die Art und Weise, wie wir unser Verhalten und das anderer erklären und rechtfertigen, etwa wenn wir sagen: „Ich spiele, weil meine Mutter gespielt hat", „Ich bin süchtig nach Pornografie, weil mein Vater sie mir gezeigt hat, als ich klein war", „Mein Ehemann missbraucht mich, weil er als Kind missbraucht wurde". Die meisten von uns schmücken unsere Geschichten aus, um sie plausibler erscheinen zu lassen, aber Geschichten sind nur Geschichten. Sie sind nicht nur nicht wahr, sondern bewirken auch, wenn du sie glaubst, dass du nicht weitergehen kannst, um etwas zu ändern. Die Wahl, keine Geschichten zu erzählen, ist auch die Wahl, präsent zu sein mit dem, was ist, anstatt die Vergangenheit zu benutzen, um zu erklären, warum du so bist, wie du bist. Alle Geschichten halten dich in der Energie der Abhängigkeit fest.

(Bitte beachte, dass ich mit Geschichten nicht meine, wenn echte Informationen mitgeteilt werden. Ich frage häufig Klienten nach ihrer Geschichte mit ihrer Abhängigkeit, weil sie mir Fakten und Erkenntnisse liefert, die bei unserer Arbeit sehr hilfreich sein können. Die Geschichten, die nicht hilfreich sind, sind jene, die benutzt werden, um entweder abzulenken oder Gründe und/oder Rechtfertigungen für das Verhalten zu liefern.)

Die Wahl, verletzlich zu sein. Verletzlich zu sein wird häufig als Schwäche angesehen. In Wirklichkeit ist das Gegenteil der Fall. Sie ist eine Position der Stärke und des Mutes. Absolute Verletzlichkeit ist die Bereitschaft, all deine Barrieren herunterzulassen und alles zu empfangen. Es ist die Bereitschaft, nicht aufgrund vorgegebener Vorstellungen darüber, was du empfängst und was du nicht empfängst, zu handeln. Hast du zum Beispiel beschlossen, von einer bestimmten Art von Leuten zu empfangen, jedoch nicht von einer anderen Art von Leuten? Hast du beschlossen, dass du von einer Stadt empfängst, aber nicht vom Land? Hast du beschlossen, dass du von Büchern, aber nicht vom Fernsehen empfängst? Es erfordert ungemeinen Mut, deine Barrieren herunterzulassen, deine vorgegebenen Vorstellungen loszulassen und alles, von dem du beschlossen hast, dass es richtig sei, und alles, was du verfestigt hast – und einfach alles ohne Bewertung zu empfangen. Wir tendieren dazu zu denken, dass Barrieren uns schützen, aber wenn wir Barrieren oben haben, halten wir uns selbst davon ab, Informationen, Gewahrsein und viele andere Dinge zu empfangen, die für unser Wohlbefinden unerlässlich sind.

Die Wahl, für alle und alles in deinem Leben dankbar zu sein. Bei der Dankbarkeit geht es darum, den Beitrag zu sehen, den jedes Wesen oder Ereignis deinem Leben bringt, sogar die, die du vielleicht als negativ eingestuft hast. Dies ist tatsächlich ein sehr praktischer Lebensansatz. Als ich anfing mit der Wiedergenesung, beklagte ich die Jahre, die ich an den Alkohol verloren hatte; nun bin ich dankbar für sie. Ohne meine eigene Erfahrung der Abhängigkeit und verschiedener Formen der Wiedergenesung würde ich meine heutige Arbeit nicht machen und so viel Freude daran haben. Jedes Wesen und jedes Ereignis kann für uns dabei helfen, ein größeres Gewahrsein zu bekommen, sofern wir dies zulassen. Die Bereitschaft, dankbar zu sein, kreiert eine Energie der Leichtigkeit, Ausdehnung und Vorwärtsbewegung, während Bedauern und Ärger zu Zusammengezogensein, Widerstand und Reaktion führen.

Die Wahl, mit deinem Körper im Einssein zu sein. Echte Wiedergenesung erfordert, dass du deine Verbindung mit deinem Körper zelebrierst. Wenn du nicht mit deinem Körper verbunden bist, kannst du deine Abhängigkeit nicht beenden – weil du nicht vollkommen präsent sein wirst. Körper werden immer missbraucht und vernachlässigt, wenn wir Sucht- oder Zwangsverhalten nachgehen. Wiedergenesung muss den Körper auf eine wertschätzende und fürsorgliche Weise mit einbeziehen. Wenn du deinen Körper freundlich und aufmerksam behandelst, kann er dein bester Freund werden und dir auf Arten ein Geschenk sein, die du dir nie vorgestellt hast.

Die Wahl, aus dem *Sein* anstatt aus dem *Tun* zu handeln. Viele Menschen versuchen, ihren Wert durch *Tun* zu beweisen; so sagt zum Beispiel eine Frau: „Ich werde eine tolle Mutter sein. Ich werde zweimal in der Woche Cupcakes backen, meine Kinder zu drei Nachtmittagskursen anmelden und sichergehen, dass sie jeden Abend mindestens zwei Stunden Hausaufgaben machen." Dies ist ganz anders als das Sein, denn um eine wirklich tolle Mutter zu sein, geht es nicht darum, mit einer Liste vorherbestimmter Aktionen aufzuwarten. Es wird für jede Mutter und jedes Kind anders aussehen. Wenn du wirklich eine großartige Mutter *bist*, nimmst du die Energie deines Kindes wahr und siehst, was du beitragen kannst. Es gibt keine fixen Ideen darüber, wie das aussehen sollte oder was du tun solltest.

Wenn du wählst, aus dem *Sein* anstatt dem *Tun* zu leben, erlaubst du deinem Handeln daraus zu entspringen, dass du die Energie einer Situation wahrnimmst und siehst, was du beitragen kannst, anstatt ein zuvor festgelegtes *Tun* zu verwenden, um zu beweisen, dass du etwas *bist*. Beim *Sein* geht um die Energie und den Raum, den du bereit bist zu sein. Je mehr du als du auftrittst, umso mehr gehst du in die Energie des *Seins*.

Die Wahl, aus Frage, Wahl, Möglichkeit und Beitrag zu funktionieren. Menschen, die sich tatsächlich im Prozess der Wiedergenesung befinden, sind immer in der Frage; sie kümmern sich nicht darum, Antworten zu haben. Sie wissen, dass Antworten begrenzen und Fragen ermächtigen. Wenn du Fragen stellst, bekommst du einen ununterbrochenen Fluss an Informationen, der neue Möglichkeiten kreiert. Jede Wahl, die du triffst, kreiert auch ein neues Angebot an Möglichkeiten und bietet neue Arten zu sein und Beitrag zu empfangen.

Das ist das Gegenteil davon, aus Beschluss, Bewertung, Schlussfolgerung und im Autopilot zu funktionieren. Damit ist alles fix, festgenagelt und zusammengezogen. Wenn du aus Frage, Wahl, Möglichkeit und Beitrag funktionierst, öffnet das die Tür zu einem ausgedehnten, freudvollen und sich immer weiter entfaltenden Leben.

Was bist du bereit zu wählen?

Wahre Wiedergenesung ist ein ständiger Prozess. Es ist ständige Erweiterung und Veränderung. Denke daran, du bist das Gegenmittel gegen Abhängigkeit. Die Bereitschaft, als du in Erscheinung zu treten, erlaubt dir, eine Wiedergenesung zu kreieren, die über alles hinausgeht, was du dir je zuvor vorgestellt hast. Jegliche dieser Wahlen kreiert einen Raum, wo es für Zwangs- und Suchtverhalten schwierig ist zu existieren. Wenn du nur eine oder zwei davon wählst, kannst du anfangen, gewahrer zu werden, deine Energie zu ändern und eine komplett neue Auswahl an Möglichkeiten zu kreieren.

Bitte wähle, was für dich funktioniert, wisse, was du weißt, und habe den Mut, hinauszutreten und das Geschenk zu sein, das du wahrhaftig bist.

Bewertung nimmt viele Formen an

In Kapitel 4 habe ich über einige der gängigsten Formen gesprochen, auf die sich Bewertung zeigt, aber sie nimmt bisweilen auch weniger offensichtliche Formen an. Wenn du wählst, Bewertung loszulassen, wird sie hilfreich sein, viele der subtileren Arten wahrzunehmen, in denen sich Bewertung in deinem Leben zeigt – denn Bewertung spielt eine große Rolle dabei, Zwangs- und Suchtverhalten anzunehmen.

SCHLUSSFOLGERUNG	LEBENSZIEL	VERGLEICH
GLAUBENSSATZ	VORSATZ	WETTBEWERB
ÜBERZEUGUNG	URTEILSVERMÖGEN	BEDEUTSAMKEIT
BESCHLUSS	DEFINITION	VERHALTENSRE-GELN UND VER-PFLICHTUNGEN

Schlussfolgerung. Bewertung nimmt häufig die Form von Schlussfolgerungen an. Wie sieht also eine Schlussfolgerung aus? Oft handelt es sich bei Schlussfolgerungen um Interpretationen von Ereignissen. Nehmen wir einmal an, jemand geht an dir vorbei und winkt nicht oder sagt nicht Hallo. Du könntest zur Schlussfolgerung kommen: „Sie mag mich nicht" oder „Da muss etwas mit mir nicht stimmen" oder „Ich muss sie wohl gekränkt haben".

Was, wenn du stattdessen eine Frage stellen würdest wie: „Was geht gerade bei dieser Person vor sich?" Wenn du eine Frage stellen würdest, könntest du vielleicht erkennen, dass sie einen schlechten Tag hat oder dass sie dich nicht erkannt hat. Eine Frage könnte alles verändern. Aber die meisten von uns stellen keine Frage. Wir gehen sofort zur Schlussfolgerung über.

Oder nehmen wir an, du investierst Geld in ein Business und es klappt nicht so, wie du es wolltest. Eine Schlussfolgerung wäre: „Bei mir klappt nie etwas" oder „Ich bin nicht gut mit Geld." Was, wenn du stattdessen Fragen stellen würdest wie: „Wessen war ich mir hier nicht bereit, gewahr zu sein? Gibt es eine Möglichkeit, dies zu ändern? Sollte ich auf diese Weise investieren – oder kann ich etwas anderes tun?"

Wenn du eine Frage stellst, holst du dich selbst aus der Schlussfolgerung heraus – und hinein in ein Gewahrsein von anderen Möglichkeiten.

Glaubenssatz. Eine andere Weise, auf die Bewertung auftaucht, sind Glaubenssätze. Ein Glaubenssatz ist etwas, von dem du beschlossen hast, es sei wahr, basierend auf deiner Erfahrung. Oder es könnte etwas sein, das du von einer Autoritätsperson abgekauft hast, die dir sagte, es sei wahr. Ein Glaubenssatz kann sich auf jeden und alles beziehen, einschließlich dir selbst.

Hast du Glaubenssätze über dich selbst als Teil deiner Identität angenommen? Das könnten Dinge sein wie: „Ich bin gut im Business. Das ist meine größte Stärke" oder „Ich bin einfach nicht kreativ" oder „Ich bin schlecht organisiert". Diese Glaubenssätze sind einfach nur eine weitere Form von Bewertung – und etwas, das du loslassen solltest. Du denkst vielleicht: „Das ist schwierig! Diese Dinge scheinen so wahr zu sein. Und wer wäre ich ohne sie?" Denke daran, ein Glaubenssatz ist eine Form von Bewertung, und eine Bewertung hat eine Ladung, während ein Gewahrsein das nicht hat. Wenn du sagst: „Ich bin gut im Business" und da keine Ladung ist, handelt es sich vielleicht um ein Gewahrsein. Es ist sehr hilfreich, die Energie von allem zu prüfen, was du über dich selbst oder jemand anderen sagst.

Die Glaubenssätze loszulassen, die du über dich hast, ist ein einfaches Konzept, aber in der Praxis kann das eine Weile dauern, da uns von Beginn unseres Lebens an beigebracht wurde, uns selbst zu bewerten. Und es sind jene Bewertungen – jene Glaubenssätze – die alles in unserem Leben an Ort und Stelle einschließen. Sie geben uns keinen Raum für Bewegung.

Dann gibt es all die Glaubenssätze, die im Zusammenhang mit Abhängigkeit auftauchen: „Einmal abhängig, immer abhängig", „Eine Abhängigkeit aufzugeben ist ein langer und schmerzhafter Prozess" oder „Abhängigkeit bedeutet, dass etwas furchtbar falsch an mir ist".

Es gibt auch die Glaubenssätze, die aus unserer Erfahrung zu stammen scheinen. Ich habe mit Männern gearbeitet, die Dinge wie diese sagten: „Alle Frauen sind hinterhältig. Sie werden dich betrügen" und ich habe mit Frauen gearbeitet, die etwas sagten wie: „Alle Männer missbrauchen Frauen."

Meine Antwort lautet immer: „Wirklich? Worauf basiert das?"

Der Mann oder die Frau sagt dann etwas wie: „Ich habe es erlebt. Meine Frau hat mich betrogen" oder „Ich war drei Mal verheiratet und in jedem Fall hat mein Partner mich missbraucht. Also beweist dies meinen Standpunkt".

In Wirklichkeit sind Glaubenssätze, die auf deinen begrenzten Erfahrungen basieren, schädlich für dich – denn deine Ansicht kreiert deine Realität. Wenn du beschlossen hast, dass alle Frauen dich betrügen werden oder dass alle Männer einen missbrauchen, ist das genau das, was du in deinem Leben kreierst. Du wirst immer erfahren, was du zu glauben wählst.

Wir übernehmen auch die Glaubenssätze unserer Gesellschaft, unserer Kultur, unseres Landes und unserer Religion. Sie sind die Wurzeln von Vorurteilen. Alle Frauen sind ____, alle Männer sind ____, alle Leuten anderer ethnischer Herkunft sind ____, alle Italiener sind ____, alle Juden sind ____. Ich ermutige dich, jeden Glaubenssatz, den du hast, in Frage zu stellen, egal, wo er herkam, denn jeder Glaubenssatz ist auf die eine oder andere Art eine Bewertung. Benutze Fragen wie:

- Ist dieser Glaubenssatz wirklich wahr für mich?
- Was weiß ich über dieses Thema?
- Von wem habe ich diesen Glaubenssatz abgekauft?
- Wie dient er mir in meinem Leben? Oder nicht?
- Bin ich bereit, diesen Glaubenssatz loszulassen?
- Habe ich diesen Glaubenssatz benutzt, um mich zu definieren und mir eine Identität zu geben?
- Habe ich eine Bewertung, dass, wenn ich diesen Glaubenssatz loslasse, ich nicht mehr weiß, wer ich bin?

Fragen bringen dich über Glaubenssätze hinaus. Sie geben dir die Freiheit, nach der du suchst, denn sie werden dir helfen, neue Pfade und Möglichkeiten für dich zu kreieren. Anstatt einen Glaubenssatz abzukaufen, frage: „Gibt es hier noch andere Möglichkeiten?"

Überzeugung. Überzeugungen sind besonders solide oder verfestigte Glaubenssätze, die weitreichende Auswirkungen auf dein Leben haben können. Häufig verwenden wir Überzeugungen, um unsere Welt zu organisieren, zum Beispiel: „Ich kann nicht mit meinem Suchtverhalten aufhören. Ich brauche es zum Überleben." Egal welche Form Überzeugungen annehmen, sie umfassen immer Bewertung. Sie schließen Gewahrsein und Möglichkeit aus und geben dir keinen anderen Ort, an den du gehen kannst, denn wie ich bereits erwähnte, wann immer du eine feste Ansicht hast, kann sich nichts zeigen, was dem nicht entspricht.

Einer der untrüglichen Hinweise darauf, dass es sich um eine Überzeugung handelt, ist, wenn Leute bei ihrer Ansicht sehr leidenschaftlich werden. Sie sind *überzeugt*, dass es wahr ist. Wenn du beispielsweise der Überzeugung bist, Abhängigkeit sei das Werk des Teufels, hast du dich selbst dazu verdammt, das als deine Realität zu kreieren. Wenn du hingegen bereit bist, Fragen zu stellen wie: „Ist Abhängigkeit *wirklich* das Werk des Teufels? Oder habe ich einen Anteil daran gehabt, das zu kreieren? Kann ich es klären? Was kann ich noch tun, um diese Abhängigkeit hinter mir zu lassen? Wo könnte ich sonst noch eine andere Ansicht oder mehr Informationen bekommen?", hast du die Möglichkeit, dass sich etwas anderes in deinem Leben zeigt.

Beschluss. Beschlüsse basieren immer auf Bewertungen. Es gibt einen großen Unterschied zwischen *wählen* und *entscheiden*. Eine Wahl ist offen und expansiv. Ein Beschluss hat eine Festigkeit. „Ich habe beschlossen dies zu tun." Das war's. Das hat etwas Endgültiges an sich.

Beschlüsse bringen uns in eine Falle, denn sobald wir einen Beschluss treffen, denken wir, er muss bleiben. Wenn du beispielsweise beschlossen hast, einen Job anzunehmen, wie frei bist du dann, einen Monat später wahrzunehmen, dass der Job nicht funktioniert? Wie frei bist du zu sagen: „Weißt du was? Ich werde etwas anderes tun"?

Und da ist noch etwas mit Beschlüssen. Beschlüsse werden häufig über einen Analyseprozess getroffen, der den Verstand umfasst. Du versuchst herauszufinden, ob du einen Job annehmen solltest, indem du die Arbeitszeiten, die Bezahlung, die Vergünstigungen und andere Faktoren analysierst – und schließt dein Wissen und dein Gewahrsein aus. Du denkst, wenn du alles korrekt analysierst, wirst du den richtigen Beschluss treffen. Aber hat diese Art von Analyse je für dich funktioniert? Nein. Warum ist das so? Weil etwas herauszubekommen nur mit Bewertung zu tun hat.

Und damit nicht genug – wir tendieren auch noch dazu, uns zu bewerten, wenn wir entgegen unseren Beschlüssen handeln. Wenn du zum Beispiel anfängst, mit einem Mann auszugehen, und beschließt, er sei der wunderbarste Mann auf der Welt, und nach zwei Monaten merkst, dass er eigentlich sehr egozentrisch ist und kaum an dich denkt, wird es dir möglicherweise schwerfallen zu sagen: „Moment mal. Ich ändere jetzt meine Meinung. Ich verlasse ihn." In der Regel haben die Leute das Gefühl, bei ihren Beschlüssen bleiben zu müssen; damit machen sie jedoch den Beschluss größer und wichtiger als ihr Gewahrsein davon, was tatsächlich geschieht.

Anstatt aus dem Beschluss heraus zu operieren, ermutige ich dich, zur Wahl überzugehen. Bei der Wahl geht es darum, jeden Moment präsent zu sein und zu erkennen, was für dich funktioniert. Mit der Wahl kannst du immer und immer wieder neu wählen. Du kannst fragen: „Ist es expansiv, diesen Job anzunehmen? Ja? Okay." Sechs Monate später kannst du fragen: „Ist es expansiv, in diesem Job zu bleiben? Nein? Okay." Du kannst etwas anderes wählen. Wie sehr unterscheidet sich das davon zu sagen: „Nun, ich habe beschlossen, diesen Job anzunehmen, also werde ich ewig dabei bleiben, obwohl das überhaupt nicht das ist, was ich möchte"?

Bei der Wahl kannst du sagen: „Ich wähle, diese Diät zu machen" und fünf Tage später kannst du sagen: „Mein Körper möchte das nicht mehr machen. Ich treffe nun eine andere Wahl." Oder du kannst in den Beschluss gehen und sagen: „Dies ist ein 6-wöchiges Programm und ich werde das bis zum Ende durchziehen, auch wenn ich mich furchtbar fühle und mein Körper mir sagt, er möchte es nicht mehr machen."

Eine der einzigen Konstanten im Leben ist Veränderung. Die Dinge ändern sich die ganze Zeit und doch gibt es eine große Bewertung in dieser Realität, jemandes geistige Gesundheit bemesse sich an seiner Konsequenz und seinem Verpflichtungsgefühl. Wir bewundern Menschen, die bei etwas bleiben, egal was passiert. „Ich bin seit sechzig Jahre mit derselben Person verheiratet." „Ich habe vierzig Jahre an demselben Ort gelebt." Das ist wunderbar – wenn du die Person liebst, mit der du verheiratet bist, oder den Ort, an dem du lebst. Aber du würdigst einen Ort, jemand anderes, dich oder irgendetwas anderes nicht, wenn du weißt, dass etwas nicht funktioniert und so tust, als sei dies doch der Fall.

Der Beschluss lässt dich weiterhin zusammengezogen sein, weil er auf Bewertung basiert. Wahl gründet sich auf Gewahrsein; sie erlaubt dir, dich auszudehnen und dich und alle und alles andere zu würdigen – und vor allem hilft dir die Wahl, über deine Abhängigkeit hinauszugehen.

Lebensziel. Das Lebensziel ist der Grund, warum etwas existiert oder getan, gemacht oder benutzt wird. Viele Menschen sagen, sie möchten ein Lebensziel haben, eine Aufgabe im Leben. Aber wie viel Bewertung steckt darin, ein Lebensziel zu haben? Und wie sehr schneidet diese Aussage über dein Lebensziel dein Gewahrsein und deine Möglichkeiten ab?

Wenn zum Beispiel dein Lebensziel darin besteht, freundlich zu sein, musst du eine Bewertung haben, dass freundlich zu sein das einzig angemessene Verhalten in jeder Situation ist. Was, wenn jemand dich bestiehlt und du beschlossen hast, es wäre unfreundlich, ihr zu sagen, sie könne nicht mehr bei dir wohnen oder dich besuchen? Also kommst sie weiter zu dir nach Hause und bestiehlt dich und du sagst dir immer wieder: „Nun, ich habe das Lebensziel, freundlich zu sein, also kann ich sie nicht bitten zu gehen."

Siehst du, wie es dich begrenzen könnte, ein Lebensziel zu haben? Wenn du ein Lebensziel hast, bist du nicht in der Lage, gewahr zu sein und von einem Moment zum anderen zu wählen. Es erlaubt dir nicht, wahre Freiheit zu haben. Statt eines Lebensziels ermutige ich dich, Prioritäten zu haben. Sie sind nicht in Stein gemeißelt. Wenn du es zu deiner Priorität (anstelle eine Lebensziels) machst, freundlich zu sein, kannst du in jeder Situation gewahr sein und sagen: „Meine Priorität ist, hier freundlich zu sein. Wie würde das aussehen?" Vielleicht bedeutet freundlich zu sein in einer Situation, wo jemand dich bestiehlt, freundlich zu *dir* zu sein und der Person zu sagen, sie sei nicht mehr willkommen in deinem Haus, weil dir bewusst ist, dass sie dich bestiehlt.

Ich lade dich ein, vom Lebensziel zur Priorität überzugehen, denn ein Lebensziel erfordert eine Unmenge an Bewertungen und wird dich auf dieselbe Art einschließen wie Abhängigkeitsverhalten.

Vorsatz. Ein Vorsatz ist wie ein Ziel; es ist ein Objekt oder ein Endziel, dass du zu erreichen anstrebst. Es ist außerdem wie ein Kerker (hier wird in einem Wortspiel auf den Gleichklang der Worte „goal" – Ziel – und „gaol", der alten Schreibweise für „Gefängnis" oder „Kerker", angespielt, Anm. d. Ü.). Ziele und Vorsätze umfassen immer Bewertung. Hast du schon einmal Neujahrsvorsätze gefasst, die nicht funktioniert haben? Und warum haben sie nicht funktioniert? Weil sie auf Bewertungen basierten, dass du dies tun solltest – und dies galt als die richtige und korrekte Handlung. Du hast einen Vorsatz gefasst und dich in das Gefängnis deiner Bewertung eingeschlossen.

Vorsätze basieren nicht auf einem Gewahrsein dessen, was wirklich ist. Und sie sind fest an einem Ort verankert; sie sind eine feste Ansicht. Was passiert, wenn die Umstände sich ändern? Wirst du das Gewahrsein haben, das zu erkennen und angemessene Schritte unternehmen – oder wird deine Aufmerksamkeit immer noch auf deinen Vorsatz gerichtet sein?

Eine weitere Schwierigkeit bei Vorsätzen und Zielen ist, dass sie tendenziell zu noch mehr Selbstbeurteilung führen. Wenn wir uns selbst in einen Vorsatz oder ein Ziel einschließen, hängen wir darin fest, selbst wenn die Umstände sich ändern. Wenn du zum Beispiel den Vorsatz fasst, am Ende des Monats mit dem Rauchen aufzuhören, und ein Familienmitglied stirbt oder du eine Krise bei der Arbeit hast, und Rauchen eine deiner Arten ist, mit Stress umzugehen, könnte es unrealistisch sein, von dir zu erwarten, dass du während dieser Zeit aufhörst. Wenn du jedoch den Vorsatz oder das Ziel hast aufzuhören und dann doch weiterrauchst, wirst du dich am Ende sehr hart verurteilen.

Ein expansiverer Ansatz wäre, deine Ziele und Vorsätze loszulassen und stattdessen bewegliche Ziele für dich zu wählen. Ein bewegliches Ziel ist etwas, worauf du nicht zielen kannst; es kann sich bewegen und verändern, wenn du dir neuer Möglichkeiten gewahr wirst.

Urteilsvermögen. Bewertung tritt auch als Urteilsvermögen auf. Tatsächlich wird **Urteilsvermögen** als die Fähigkeit definiert, gut zu urteilen. Es ist der Prozess der Auswahl zwischen dem, was gut, schlecht oder lohnend ist.

Urteilsvermögen wird auch dabei verwendet, den Willen Gottes zu bestimmen, wobei es darum geht zu bewerten, was richtig oder falsch ist. Das wird in der Regel als Ausrede benutzt, sich nicht dessen gewahr zu sein, was wirklich vor sich geht, und alles zu tun, was zum Kuckuck du tun möchtest. Das ist okay, solange du dir im Klaren darüber bist, dass du die Bewertung über das Gewahrsein stellst.

Einmal kam eine Frau zu mir, die gerade eine herkömmliche Wiedergenesung von einer langen Kokainabhängigkeit begonnen hatte. Sie war während der gesamten Teenagerjahre ihrer Tochter kokainabhängig gewesen, und als die Tochter zehn Jahre alt war, fand sie ihre Mutter bewusstlos mit einer Überdosis vor und musste den Notdienst anrufen. Es gab ähnliche erschütternde Ereignisse während des ganzen Lebens der Tochter. Ich fragte die Frau:

„Wie wäre es, wenn wir eine Therapie für Ihre Tochter organisieren würden?"

Die Frau war außer sich vor Wut. Sie war offensichtlich nicht bereit, sich anzusehen, was ihre Abhängigkeit vielleicht für ihre Tochter kreiert hatte. Als sie zu ihrer nächsten Sitzung kam, sagte sie: „Ich werde nicht mit Ihnen arbeiten, weil ich weiß, dass es nicht Gottes Wille ist, dass meine Tochter eine Therapie macht. Sie braucht das nicht. Ich werde einfach zu diesem Wiedergenesungsprogramm gehen und ich muss keinerlei Fragen darüber stellen, wie meine Abhängigkeit für meine Tochter gewesen ist."

Wenn jemand Urteilsvermögen auf diese Art verwendet, ist es sinnlos, mit ihm oder ihr zu argumentieren. Derjenige hat bereits gewählt und verfestigt, was er beschlossen hat, dass es richtig und wahr ist. In diesem Fall habe ich der Frau einfach alles Gute gewünscht und mich verabschiedet.

Definition. Wenn du definierst, wer du bist und wer nicht, hältst du dich selbst davon ab, alles und jedes zu sein, was du sein kannst – denn du bist in die Bewertung gegangen.

Ich habe mich früher als jemanden definiert, der nicht mit großen Mengen an Schreibarbeit umgehen konnte. Ich brauchte jemand anderes, um das für mich zu machen. Ich sagte immer: „Papierkram ist nicht mein Ding." Als ich zurückdachte, erkannte ich, dass mir früh gesagt wurde, ich sei nicht gut mit Formalitäten, und da dies nichts war, woran ich Interesse hatte, habe ich nie die Fertigkeit entwickelt, mich damit auseinanderzusetzen. Vor Kurzem fragte ich: „Was würde es brauchen, damit ich die Fähigkeit entwickle, ganze Stapel an Schreibarbeit zu bewältigen? Das heißt nicht, dass ich nicht immer noch jemanden einstellen könnte, um dies für mich zu erledigen – aber ist dies eine Möglichkeit für mich?" Es war leicht.

Also begann ich zu lernen, wie man Schreibarbeiten erledigt, und kann nun große Stapel davon bewältigen. Wäre ich in der Bewertung und Definition davon verharrt, wer ich bin – dass ich nicht jemand bin, der große Mengen an Papierkram bewältigen kann – wäre ich nie in der Lage gewesen, das zu ändern.

Wenn du dich als irgendetwas definierst, auch als Abhängiger, ist das eine andere Art, dich zu begrenzen und kleiner zu machen – denn du bist so viel mehr als jegliche Definition, die du dir selbst auferlegst. Wenn du Gewahrsein statt Definitionen benutzt, kannst du sehr viel mehr sein und tun, als du bewertet hast, tun und sein zu können. Bitte benutze Definition nicht, um dich zu begrenzen.

Vergleich. Vergleich kann auch eine Form von Bewertung sein. Dies ist insbesondere der Fall, wenn der Vergleich etwas nimmt, das komplex und mehrdimensional ist, es auf ein oder zwei Eigenschaften reduziert und im Vergleich zu etwas anderem bewertet, das auf ähnliche Weise reduziert wurde, und dann zu einer Bewertung über eine ganze facettenreiche Person oder Sache kommt. Diese Arten von Vergleich sind irreführend und bedeutungslos, weil der Kontext des Ganzen weggelassen wurde. Sie sind eine Lüge – oder im besten Fall eine Verdrehung der Tatsachen.

Wenn du dich selbst mit einer anderen Person vergleichst, lässt du unausweichlich deine absolute Einzigartigkeit außer Betracht und versteckst sie. Gibt es irgendjemanden auf der Welt, mit dem du dich wirklich vergleichen könntest? Es gibt kein anderes Du auf der ganzen Welt – hat es nie gegeben und wird es nie geben. Du bist so besonders und einzigartig. Jedes Mal, wenn du dich mit jemand anderem vergleichst, musst du dich bewerten, dich zusammenziehen und dich in das Universum einer anderen Person stecken, was dich unvermeidlich kleiner macht.

Die andere Sache bei Vergleichen ist, dass sie immer auf irgendeinem externen Standard beruhen. Ich sprach vor Kurzem mit einem jungen Mann, der auf einer Highschool ist, die stark von Wettbewerb bestimmt wird. Die Testergebnisse der Schüler wurden publik gemacht und verglichen, als sei daran etwas bedeutsam. Nachdem der junge Mann und ich uns eine Weile unterhielten, begann er zu erkennen, dass die Tests eine unvollständige und unzutreffende Einschätzung der Schüler in seiner Klasse waren. Sie konnten noch nicht einmal das akademische Potential der Schüler zutreffend voraussagen. Dennoch war es so, als hätten sich alle darauf geeinigt, dass die Tests irgendeine ihnen innewohnende Aussagekraft und Grundlage hätten und das Abschneiden eines Schülers bei dem Test im Vergleich zu den anderen Schülern irgendeine Bedeutung hätte.

Wettbewerb. Wettbewerb ist eine Form von Bewertung, die in unserer Kultur sehr stark gefördert wird. Meistens geht es um den Versuch, jemanden anderes zu schlagen oder zu übertreffen, indem man einen willkürlichen Standard erreicht.

Selbst, wenn du den Wettbewerb „gewinnst" und „jemanden schlägst", macht dich das wirklich zufrieden? Wenn du im Wettbewerb bist, ob du nun das Rennen gewonnen, das meiste Geld gemacht oder dich mit der schönsten Frisur präsentiert hast, musst du deinen Titel immer weiter verteidigen, um sicherzustellen, dass dir niemand deinen Gewinn wegnimmt. Stell dir vor, wie sich dies auf deine Lebensweise auswirkt. Du hast die Wahlen vollkommen begrenzt aufgrund der Energie, die es erfordert, ständig danach Ausschau zu halten, wer dich überbieten könnte. Und wie sehr kannst du dich entspannen und als du zeigen, wenn du Wettbewerb betreibst? Wenn jemand mit dir in Konkurrenz geht, kann es sehr verführerisch sein, beim Rennen mitzumachen. Ohne es zu merken, bist du ausgetrickst worden, um mit demjenigen zu wetteifern. Aber du musst das nicht abkaufen – wenn du gewahr bist.

236

Es gibt allerdings eine Art des Wettbewerbs, die generierend wird, und das ist der Wettbewerb mit dir selbst. Wenn du mit dir selbst wetteiferst, geht es nicht um „Ich muss besser sein" oder „Ich muss es richtig hinkriegen". Es ist eher so: „Ich habe es geschafft. Das hat Spaß gemacht. Was könnte ich noch tun?" Es geht darum, dich selbst zu übertreffen. Das ist expansiv; Bewertung gehört nicht dazu. „Ich habe interessante Cookies gebacken. Welche andere Art von Cookies könnte ich backen? Was könnte ich bei diesem Rezept hinzufügen?", „Ich habe diesen Teil der Stadt erkundet, obwohl ich ein wenig Angst hatte. Was könnte ich noch erkunden?", „Wow, ich wähle, als ich aufzutreten, und gehe weniger meinem Sucht- oder Zwangsverhalten nach. Was könnte ich tun, um das zu steigern?"

Je mehr du wählst zu sein, wer du bist, umso weniger wirst du die Realitäten anderer Leute abkaufen – und das ist genau, was Bewertung bewirkt. Sie erfordert von dir, dass du jemand anderes Realität abkaufst und dich selbst nach seinen Maßstäben bewertest. Wie wäre es, wenn du all die Konkurrenz aufgeben würdest, außer dem Spaß, dich selbst zu übertreffen?

Bedeutsamkeit. Um etwas bedeutsam zu machen, erfordert dies immer Bewertung. Was meine ich damit? Hier ein Beispiel: Eines Tages landete ein großer Rotschwanzbussard auf dem Geländer meiner Veranda. Ich freute mich so, ihn dort zu sehen, und machte einige wunderschöne Fotos von ihm. Als ich sie anderen Leuten zeigte, meinten manche von ihnen etwa: „Wow, ein Bussard ist ein Totem – das hat viel Bedeutung."

Es war verführerisch, etwas „Bedeutsames" aus dem Besuch des Bussards zu machen und damit zu beginnen, darüber nachzudenken, was das bedeutete, etwa: „Das heißt, ich muss meine Bussardenergie entwickeln" oder „Was bedeutet die Präsenz des Bussards auf meiner Veranda für mich?" Glücklicherweise ließ ich mich nicht darauf ein. Stattdessen war ich einfach dankbar für das

Geschenk, diesen herrlichen Vogel für eine lange Zeit nur drei Meter von mir entfernt gehabt zu haben.

Wenn du wählst, Dinge nicht bedeutsam zu machen, wirst du sehr viel mehr Gewahrsein und Freude in deinem Leben haben. Beim wirklichen Leben geht es um die Freude darüber, am Leben zu sein, du zu sein und gewahr zu sein. Wann immer du feststellst, dass du etwas bedeutsam machst, frage: „Wenn ich dies nicht bedeutsam machen würde, wessen wäre ich mir dann hier gewahr?"

Verhaltensregeln und Verpflichtungen. All die Verhaltensregeln und Verpflichtungen in deinem Leben sind willkürlich. Sie kommen von den Ansichten und Bewertungen anderer Leute. „Du solltest deine Mutter häufiger besuchen", „Du solltest nicht so sexy sein", „Du solltest mir helfen, wann immer ich dich darum bitte". Wenn du die Verhaltensregeln und Verpflichtungen abkaufst, kaufst du dich in die Energie des Zusammengezogenseins ein. Du gehst in jemand anderes Realität hinein und gibst auf, Wahl in deinem Leben zu haben.

„Ich bin verpflichtet, ein guter Mensch zu sein." Wirklich? Nach wessen Definition von „gut"? Und was ist ein guter Mensch? Jemand, der bereit ist, sich hinzulegen und ein Fußabstreifer zu sein? „Ich bin dazu verpflichtet, mich zum gewisse Familienmitglieder zu kümmern." Wenn sich das leicht und erweiternd für dich anfühlt, wenn es dich achtet, dann tue es, auf jeden Fall. Wenn es sich aber leicht anfühlt, ist es keine Verpflichtung. Es geht um deine Wahl.

Verpflichtungen setzen dich auf Autopilot. Sie nehmen die Wahl fort und erfordern, dass du nach jemand anderes Programm handelst. „Ich habe Verpflichtungen und sie nehmen mein gesamtes Leben ein. Ich existiere nicht wirklich, aber das ist in Ordnung, weil ich meine Verpflichtungen erfülle, und offensichtlich mache ich es richtig." Das ist alles Bewertung.

Wenn du merkst, dass du dich selbst mit einem „Müssen"
festgenagelt hast, einem „Sollen" oder einer Verpflichtung, frage:

- Okay, was ist das?
- Wessen Idee ist das?
- Wer denkt, ich sollte dies tun oder ich sei dazu verpflichtet?
- Funktioniert das für mich?
- Gibt mir das mehr von mir?
- Bereichert es mein Leben?

Wenn du dich selbst dazu verpflichtet hast, dich um all
deine Familienmitglieder zu kümmern, damit sie sich nicht um
sich selbst kümmern müssen, und dich plötzlich von ihnen zu-
rückziehst und beginnst, Wahlen zu treffen, die wirklich für dich
funktionieren, wirst du möglicherweise als selbstsüchtig bewertet.
Häufig sind das die Bewertungen anderer, die uns immer wieder
zu den Verhaltensregeln und den Verpflichtungen zurückkommen
lassen. Sei dir dessen bewusst und kaufe nicht die Vorstellung ab,
dass du, weil du dich um dich selbst kümmerst, egozentrisch oder
egoistisch bist. Tatsächlich ist das Gegenteil der Fall. Wenn du du
bist, bist du auf dem Weg dazu, das Geschenk zu sein, das du für
die Welt bist. Und wenn du du bist, wirst du dich weniger dazu
hingezogen fühlen, Sucht- oder Zwangsverhalten nachzugehen.
Stattdessen wirst du wählen, dich gut um dich und deinen Körper
zu kümmern und Wahlen zu treffen, die dein Leben erweitern,
sogar in stressigen Zeiten.

Nachwort

Eine Abhängigkeit hinter sich zu lassen ist eine Reise, die großen Mut erfordert. Wenn du dies wählst, sei bitte freundlich zu dir. Wenn du anfängst, begrenzende Glaubenssysteme und die Verhaltensregeln und Verantwortungen hinter dir zu lassen, auf die du programmiert wurdest, wirst du möglicherweise auf Widerstand von anderen treffen – oder sogar von dir selbst. Du wirst dich gegen die Norm richten und oft auch gegen das, was als gut und richtig gilt. Bitte denke daran, dass du und nur du wissen kannst, was dein Leben wirklich erweitern wird. Zu lernen, dass du dir vertrauen kannst zu wissen, was du weißt, zu wissen, welches die passende Maßnahme in jeder Situation ist, kann eine Weile dauern. Es kann viele Starts und Stopps geben, wie auch Entmutigung und Angst. Ich ermutige dich weiterzumachen. Das größte Geschenk, das du dir selbst und der Welt machen kannst, ist, dich so zu zeigen, wie du wirklich bist, mit allen Teilen und Einzelheiten, die du für inakzeptabel gehalten hast, wieder an Ort und Stelle. Wenn du dies tust, kann die Abhängigkeit nicht existieren. Abhängigkeit kann es nur geben, wenn du nicht du bist.

Viele Klienten haben mir ihre Besorgnis ausgedrückt: Was, wenn ich ein schrecklicher Mensch bin? Was, wenn die einzige Art, mich davon abzuhalten, Schlimmes zu tun, ist, aus der Bewertung heraus zu funktionieren? Du bist es nicht und das ist es nicht. Wenn du anfängst, dein Leben von dem aus zu leben, von dem du weißt, dass es für dich wahr ist, anstatt aus all den verschiedenen

Formen der Bewertung, die auf dich gehäuft wurden, ist da eine unglaubliche Energie der Leichtigkeit und Ausdehnung, die ein Beitrag für alle ist. Was, wenn du die Inspiration für andere sein könntest anstatt nur ein weiteres Rädchen im Getriebe? Wenn du dich als du zeigst, befreit dich das nicht nur von der Abhängigkeit, es erlaubt auch anderen zu sehen, dass es eine andere Möglichkeit gibt. Die Großartigkeit von dir zu sein kann ein wenig einschüchternd sein. Das widerspricht womöglich allem, was du beschlossen hast, dass es auf dich zutrifft, aber wie viel Spaß könnte das machen? Wie viel mehr Freude und Ausdehnung und Wahl und Möglichkeit bist du bereit zu haben? Die Einladung ist da. Was wirst du wählen?

Weiterführende Links

Um Kontakt mit Marilyn aufzunehmen oder mehr über das Right-Recovery-for-You-Programm herauszufinden, gehe zu:
www.rightrecoveryforyou.com

Um mehr über Access Consciousness® zu erfahren oder einen Access-Consciousness®-Facilitator in deiner Gegend zu finden, gehe auf:
www.accessconsciousness.com

Mehr Informationen zum Access Consciousness® Clearing Statement findest du hier:
http://www.theclearingstatement.com/

Über die Autorin

Marilyn Bradford, MSSW, MEd., CFMW, ist eine internationale Rednerin, Psychotherapeutin und Lehrerin, die über 20 Jahre im Bereich Sucht gearbeitet hat. Sie ist die Leiterin von *Right Recovery For You*, einem radikalen und einzigartigen Ansatz, um jegliches Sucht- oder Zwangsverhalten zu beenden. Ihre eigene Abhängigkeit von Alkohol, Essen und der Falschheit des Selbst sowie ihre Weigerung, die Sucht als lebenslanges Urteil zu akzeptieren, haben sie dazu gebracht, dieses transformative und sehr andersartige Programm zu kreieren.

Marilyn wuchs in einer Akademikerfamilie auf, die den extremen Stellenwert von Logik und der wissenschaftlichen Methode betonte, und wusste schon sehr früh, dass sie nicht gut in diese Welt passen würde. Sie schien völlig fehl am Platze. Was andere als gegeben annahmen, erschien ihr irrsinnig. Dies war der Anfang eines grundlegenden Gefühls, falsch zu sein, das schließlich in eine Flucht über Essen, Alkohol und die Anpassung an die Realitäten anderer Menschen mündete.

Damals schien es keine anderen Alternativen zu geben. Einige Missbrauchsvorfälle verstärkten ihren Wunsch zu fliehen. Nach jahrelanger Abhängigkeit begann Marilyn ein herkömmliches Behandlungsprogramm. Während es ihr dabei half, den Alkohol aufzugeben, wurden die Betonung der Hilflosigkeit, des Falschseins und das Etikett eines Alkoholikers inakzeptabel für sie. Sie wusste irgendwie, dass sie und andere, die sie beim Programm traf, kreative und generierende Fähigkeiten hatten, die durch die vorherrschenden Glaubenssätze im Hinblick auf Abhängigkeit verleugnet und beeinträchtigt wurden.

Als sie nach Alternativen suchte, traf sie auf Access Consciousness®. Hier fand sie pragmatische Werkzeuge und Techniken, die sie verwenden konnte, um sich selbst und andere zu ermächtigen, über die vorherrschenden begrenzenden Überzeugungsparadigmen hinauszugehen. Als sie die immense Besserung bei ihren Suchtklienten beobachtete, die sich aus der Verwendung dieser Werkzeuge ergab, sprach sie Gary Douglas, den Gründer von Access Consciousness®, an und sie gründeten gemeinsam *Right Recovery For You*.

Nun reist sie um die Welt und bietet anderen Menschen die Chance, wirkliche Freiheit von Abhängigkeit zu erlangen.

Right Recovery for You Workshops

Ein radikal neuer Ansatz, um Abhängigkeit schnell zu beenden

Right Recovery for You (RRFY) ist ein radikal anderer Ansatz, um Menschen von Abhängigkeit zu befreien, schneller und mit weniger Energieaufwand als andere herkömmliche Programme. Es ist KEINE Therapie. Es ist KEIN Sucht-Management. Es geht darum, Abhängigkeit komplett zu BEENDEN, für immer.

Während die Anonymen Alkoholiker eine lebenslange Teilnahme erfordern, kann Right Recovery For You die Menschen innerhalb von nur sechs Sitzungen an einen Ort der Wahl im Hinblick auf ihr Suchtverhalten bringen und ihren Schmerz im Zusammenhang mit Abhängigkeiten (Drogen, Essen, Sex, Spielen, Arbeit, Krankheit, Opfermentalität) heilen.

Die Mitbegründerin von RRFY, Marilyn Bradford, MSSW, CFMW, MEd., ist eine internationale Sprecherin und Lehrerin, die über zwanzig Jahre im Bereich der Suchtwiedergenesung gearbeitet hat. Sie hat auch erfolgreich ihre eigene Alkohol- und Zigarettensucht überwunden.

„Die Werkzeuge und Techniken von Right Recovery konnten den Schmerz und die Verwirrung der Abhängigkeit mit mehr Leichtigkeit, weniger Zeit und Energie und ohne eine Krankheitsbescheinigung beenden, die lebenslang an einem haften bleibt", so Marilyn. „Es behandelt den Kern des Problems, nicht nur die Symptome, und ermöglicht eine vollständige Wiedergenesung."

Was ist so anders am Ansatz von Right Recovery for You?

1. **Abhängigkeit ist keine Krankheit**

   Anders als andere Programme behauptet RRFY, dass Abhängigkeit KEINE Krankheit ist; sie ist nur eine Serie persönlicher Wahlen, die auf einem Mangel an Informationen und angemessenen Lebenskompetenzen und Werkzeugen beruhen. Ein Süchtiger verwendet zerstörerische Worte, negative Gefühle und Schlussfolgerungen über sich selbst und das Leben.

2. **Wahl kreieren und nicht Abstinenz**

   RRFY fordert NICHT von den Menschen, das von ihnen gewählte Mittel oder Verhalten aufzugeben. Stattdessen ermächtigt es den Einzelnen erfolgreich, an einen Ort der absoluten Wahl zu gelangen, damit er die Freiheit haben kann, zum Beispiel zu trinken oder nicht zu trinken.

3. **KEIN Stigma als Süchtiger**

   RRFY kategorisiert niemals Menschen als Abhängige. Stattdessen betrachtet RRFY die Sucht als ein Verhalten, das aufhört, wenn der Einzelne das zutreffende Wissen und die zutreffenden Lebenswerkzeuge hat, um eine neue und ermächtigendere Verhaltenswahl zu treffen.

4. **Entdeckung der primären Abhängigkeit im Gegensatz zur sekundären Abhängigkeit**

   Marilyns Entdeckung, dass es eine primäre Abhängigkeit von Bewertung und der Falschheit des Selbst gibt, hat ihren Klienten zu einer noch schnelleren Transformation verholfen. Die primäre Abhängigkeit lauert immer unter jeglicher sekundären Abhängigkeit wie Alkohol, Sex oder Spielen. Wenn diese primäre Abhängigkeit nicht ausgeräumt wird, sind Rückfälle und der Kampf mit den anderen Abhängigkeiten häufig der Fall.

5. **Eine ermächtigende Sammlung an Fragen und Werkzeugen**

Die meisten Menschen mit Suchtverhalten suchen danach, was an ihnen falsch ist. RRFY verwendet strategische Fragen und Werkzeuge, um die Klienten dazu zu ermächtigen, mit ihren Abhängigkeiten zu arbeiten und sie zu beenden, wie beispielsweise:

- Was ist richtig an deiner Sucht, das du nicht mitbekommst? Süchte bergen immer einen Nutzen für die Person, die in dem Verhalten feststeckt – so kann zum Beispiel ein Raucher eine Pause von der Arbeit machen.
- Zu wem gehört das? Die meisten unserer Gedanken, Gefühle und Emotionen gehören gar nicht uns. Eine sehr gute Frage wäre: Für wen trinkst du? Oder gibst du dein Geld aus? Oder isst du? Oder wirst du missbraucht?*
- Ist das schwer oder leicht? Wenn es leicht ist, trifft es zu. Wenn es schwer ist, ist es eine Lüge. Die Verwendung des „Leicht/schwer"-Werkzeugs bringt den Menschen bei, sich wieder zu vertrauen und damit aufzuhören, die Lebensversionen anderer Menschen für sich abzukaufen.*
- Mache jeden Tag etwas anderes. Alle Sucht- und Zwangsverhalten sind Gewohnheiten ungemeinen Ausmaßes. Wenn Menschen den Muskel entwickeln, andere Wahlen zu treffen, erlaubt ihnen dies, mehr Wahl im Hinblick auf ihr Verhalten zu haben.
- Lass Schuld, Scham und Bedauern los. Schuld, Scham und Bedauern sind unnatürliche, erlernte Zustände, die die Sucht speisen. Was wäre, wenn du bereit wärst, sie loszulassen?

ANMERKUNG: Mit einem Sternchen versehene Fragen sind Werkzeuge, die direkt von Access Consciousness® kommen.

Marilyn Maxwell Bradford

Um mehr zu erfahren und um Marilyn Bradford zu kontaktieren, scanne diesen QR-Code:

Scannen für mehr Informationen

Erlebnisberichte

Marilyn Bradford hat mein Leben gerettet. Ich gab wöchentlich etwa 500 bis 1000 Dollar für Kokain aus und schlief eine Woche am Stück nicht. Es war die schlimmste Zeit in meinem Leben. Dann wurde mir Marilyn empfohlen. Nachdem ich sechs Wochen lang zu Marilyn ging, brach ich für das erste Mal seit mehreren Jahren mit meiner täglichen Gewohnheit. Marilyn gab mir die Werkzeuge, um meine Abhängigkeit zu heilen und das Leben zu kreieren, das ich immer gewollt hatte. Heute lebe ich glücklich und frei von Kokainsucht.

CC, Texas

Marilyn Bradford öffnet alle Türen. Ich habe jahrelang in Zwölf-Schritte-Programmen wegen verschiedener Abhängigkeiten verbracht. Zuzugeben, machtlos zu sein, fühlte sich an wie zuzugeben, dass ich falsch sei. Marilyn hat mir geholfen zu erkennen, dass ich davon abhängig war, falsch zu liegen und Unrecht zu haben, dass dieses Falschsein gar ein bequemer Ort für mich war. Es war ein Ort, der mich in alten Gewohnheiten gefangen hielt. Marilyns Facilitation und Prozesse haben mir die Erkenntnisse und die Freiheit gegeben, diese Gewohnheiten und Abhängigkeiten auszuräumen. Jetzt ist alles möglich. Alle Türen stehen offen.

M. L., Australien

Marilyn ist eine behutsame und intelligente Facilitatorin. Sie hat ein Talent, genau den richtigen Kern zu kennen und (aus ihrem umfassenden Repertoire) herauszuarbeiten, den du brauchst, um dich zu ermächtigen, die Veränderungen vorzunehmen, für die du in diesem Moment bereit bist. Es ist eindeutig, dass die Techniken, die sie vermittelt, aus ihrer persönlichen Erfahrung stammen. Marilyn weiß, was funktioniert.

M-J, Korea/Australien

Marilyn ist in der Lage, die Access-Werkzeuge und -Techniken auf brillante Weise mit ihrem Wissen und ihrer Weisheit in Bezug auf Abhängigkeiten zu kombinieren und so eine unglaubliche Wirkung zu erzielen! Dies bringt nicht nur Veränderung in der physischen Realität hinsichtlich des Suchtverhaltens, sondern verändert die energetischen Muster, die die Glaubenssysteme und Programmierungen aus der Vergangenheit (unter anderem Familienmuster, die in jungen Jahren übernommen wurden) an Ort und Stelle halten, die es so schwierig machen, Abhängigkeiten mit herkömmlichen Methoden zu eliminieren, die gewöhnlich in unserer Gesellschaft angewendet werden. Wenn du wirklich wählen würdest, jegliche Art von Suchtverhalten zu eliminieren, ist dies dein Ticket zu einem neuen DU!

D. O., Tennessee

I habe an Marilyns Tele-Kursen teilgenommen und auch Einzelsitzungen mit ihr gehabt. Was ich an Marilyn liebe, ist ihre Authentizität und ihre Bereitschaft, die Access-Werkzeuge zu benutzen, während sie mich gleichzeitig auch anhält, sie zu verwenden. Sie praktiziert, was sie predigt. Erwarte Ergebnisse mir ihr, sie verschwendet weder deine noch ihre Zeit.

L. L., Minnesota

Marilyn hat ein erstaunliches Wissen über Abhängigkeit von allen möglichen Verhaltensweisen, wie es dich festhält und wie du anfangen kannst, das zu verändern. Ich bin immer wieder verblüfft über all die Informationen und die Aha-Momente, die ich bei ihren Calls im Puja-Netzwerk und der Telecallreihe „Beenden der primären Abhängigkeit – Bewertung und das Falschsein des Selbst"

(Ending the Primary Addiction – Judgment and the Wrongness of Self) bekomme. Sie stellt ihr tiefgehendes Wissen sehr klar dar, mit Humor, und ich halte sie für eine sehr ermächtigende Facilitatorin.

C. M., Niederlande

Ich bin so dankbar für Marilyn und den Beitrag, der sie dabei gewesen ist, so viel in meiner Welt zu verändern. Ich habe vor Kurzem am Telecall „Beenden der primären Abhängigkeit" (Ending The Primary Addiction) teilgenommen. Während all dieser Calls war sie die Einladung für mich, mehr ich selbst zu werden. Frage mich nicht, wie ... es ist wirklich wie Magie! Ihre Bereitschaft, der Energie zu folgen und gegenüber jedem einzelnen Teilnehmer im Erlauben zu sein, war so ein Geschenk. Ich weiß, dass dies mir einen Raum gegeben hat, in dem es angenehm war, Fragen zu stellen und verletzlicher zu sein. Danke, Marilyn, für alles, was du bist. Ich bin erfüllt von Dankbarkeit!

F. S., Neuseeland

Marilyn ist großartig. Ihre Bereitschaft, die Welt der Abhängigkeit außerhalb des Üblichen zu erkunden, bringt uns über die Hoffnungslosigkeit und Zerstörung hinaus in die Möglichkeiten zu leben. Marilyns Erfahrung und ihre ständige Suche nach Informationen vereinigen sich mit ihrem intuitiven Wissen, ihrer Fürsorge und Freundlichkeit, um jeden von uns zu ermächtigen, hervorzutreten und unser Leben in die Hand zu nehmen und zu leben.

D. N., Minnesota

Seit ich Marilyn das erste Mal traf, wusste ich, dass sie das „gewisse Etwas" hat. Als ich vor Jahren meine Therapie machte, hätte ich mir gewünscht, zu so jemandem wie Marilyn gehen zu können. Sie ist freundlich, fürsorglich und genial in ihrer Facilitation. Und, lass dich nicht täuschen – sie ist messerscharf und kann dich auf dein „Zeug" stoßen, und sie ermächtigt dich zu „wissen, dass du weißt".

Sie ist wie die freundliche, bewusste, ermächtigende Mutter, die ich mir gewünscht hätte, als ich aufwuchs. Bei den Kursen und Tele-Kursen, die ich bei ihr besucht habe, hatte ich das Gefühl, dass sie für mich da ist und dass ich verletzlich sein und ihr alles erzählen konnte, weil sie im Erlauben ist und nicht bewertet. Wie habe ich so viel Glück gehabt?

Mit Dankbarkeit, L. W., Colorado

Obwohl Englisch nicht meine Muttersprache ist, hatte ich beim Tele-Kurs mit Marilyn immer das Gefühl, wirklich gehört zu werden. Ich fühle mich nicht von ihr bewertet und habe mich daher größeren Veränderungen gegenüber geöffnet, die sich zeigten, und sie war da für mich. Und ich wusste auch, dass sie für jeden Einzelnen beim Call da war. Unglaublich! Am Anfang war ich ganz zusammengezogen und hatte dieses Gefühl der Schwere überall um mich herum. Sie gab mir die Access-Werkzeuge, die ich benutzte. Heute fühle ich mich leicht. Ich habe ein Gefühl von mehr Raum und Frieden. Ich schlafe besser. Mein Kopf dreht sich nicht mehr. Und ich fühle mich gut mit mir. Danke, Marilyn!

N. C., Rio de Janeiro, Brasilien

Andere Bücher bei Access Consciousness®

Sei du selbst und verändere die Welt
von Dr. Dain Heer

Hast du immer gewusst, dass etwas VOLLKOMMEN ANDERES möglich ist? Was, wenn du ein Handbuch für unendliche Möglichkeiten und dynamische Veränderung hättest, das dich anleitet? Mit Werkzeugen und Prozessen, die wirklich funktionieren und dich zu einer vollkommen anderen Art zu sein einladen? Für dich? Und die Welt?

The Ten Keys to Total Freedom
(Die Zehn Schlüssel zur Absoluten Freiheit)
von Gary M. Douglas & Dr. Dain Heer

The Ten Keys to Total Freedom sind eine Art zu leben, die dir helfen wird, deine Fähigkeit im Hinblick auf Bewusstsein zu erweitern, damit du ein größeres Gewahrsein von dir selbst, deinem Leben, dieser Realität und darüber hinaus haben kannst. Mit größerem Gewahrsein kannst du anfangen, das Leben zu kreieren, von dem du immer wusstest, dass es möglich ist, das du aber noch nicht erreicht hast. Wenn du tatsächlich diese Dinge tust und bist, wirst du in jedem Bereich deines Lebens frei.

Embodiment: The Manual You Should Have Been
Given When You Were Born
(Verkörperung: Das Handbuch, das man dir bei
deiner Geburt hätte geben sollen)
von Dr. Dain Heer

Die Informationen, die man dir bei deiner Geburt hätte geben sollen, über Körper, darüber, du zu sein und was wirklich
möglich ist, wenn du es wählst ... Was, wenn dein Körper
eine ständige Quelle von Freude und Großartigkeit wäre?
Dieses Buch stellt dir das Gewahrsein vor, das wirklich eine
andere Wahl für dich ist – und deinen wunderbaren Körper.

Right Body for You
von Gary M. Douglas und Donnielle Carter

Dies ist eine ganz andere Perspektive auf Körper und deine
Fähigkeit, deinen Körper zu verändern. Es könnte alles einfacher sein, als du jemals für möglich gehalten hast! *Right Body*
for You ist ein Buch, das dich inspirieren wird und dir eine
andere Möglichkeit aufzeigen wird, den Körper zu kreieren,
den du dir wirklich wünschst.

Pragmatische Psychologie: Dein Anderssein, deine
Verrücktheit, dein Glück
von Susanna Mittermaier

Jeder hat mindestens eine „verrückte" Person in seinem Leben (selbst wenn wir das selbst sind!), oder? Und es sind viele
Etiketten und Diagnosen im Umlauf – Depression, Angststörung, ADS, ADHS, bipolar, Schizophrenie ... Was, wenn
es eine andere Möglichkeit mit psychischen Erkrankungen
gäbe – und was, wenn Veränderung und Glücklichsein eine
Realität wären, die absolut erreichbar ist? Susanna ist eine

RIGHT RECOVERY FOR YOU

klinische Psychologin mit einer erstaunlichen Fähigkeit, das, was diese Realität oft als verrückt definiert, aus einer vollkommen anderen Ansicht heraus zu facilitieren – einer von Möglichkeit und Leichtigkeit.

Divorceless Relationships
(Beziehungen ohne Trennung)
von Gary M. Douglas

Die meisten von uns verbringen viel Zeit damit, Teile von uns abzutrennen, um uns um jemand anderen zu kümmern. Zum Beispiel joggst du gerne, aber anstatt zu joggen, verbringst du diese Zeit mit deinem Partner/deiner Partnerin, um ihm oder ihr zu zeigen, dass dir an ihm/ihr liegt. „Ich liebe dich so sehr, dass dich diese Sache, die mir so wichtig ist, aufgeben würde, um mit dir zusammenzusein." Dies ist eine der Arten, wie du dich selbst von dir trennst, um eine intime Beziehung zu kreieren. Wie oft funktioniert es wirklich auf lange Sicht, wenn du dich von dir selbst trennst?

Beyond the Stigma of Abuse
(Jenseits des Stigmas von Missbrauch)
von Linda Wasil

Wenn du alles probiert hast und immer noch „festhängst" oder suchst, begleite mich bitte bei einer völlig anderen Art, mit den Missbrauchsthemen umzugehen. Dieses Buch wird nicht sein wie irgendetwas, was du zuvor über Missbrauch gelesen, gehört oder als wahr abgekauft hast. Was, wenn dies die Informationen sind, um die du gebeten hast?

Marilyn Maxwell Bradford

Leading from the Edge of Possibility: No More Business as Usual
(Führung von der Vorderfront der Möglichkeiten:
Nie mehr Business wie gehabt)
von Chutisa und Steven Bowman

Stell dir nur einmal vor, wie dein Business und dein Leben wären, wenn du aufhörtest, auf Autopilot zu funktionieren und anfingst, dein Business mit strategischem Gewahrsein und Wohlstandsbewusstsein zu generieren. Dies ist wirklich möglich, allerdings musst du für Veränderung bereit sein. Eine andere Möglichkeit zu erkennen erfordert eine andere Denkweise und fast immer eine Art von Gewahrsein, die nicht Teil vorheriger Erfahrungen ist. Mit diesem Buch bekommst du das Gewahrsein, das du brauchst, um dein Business in jedem Umfeld zu führen!

Freude im Business
von Simone Milasas

Wenn du dein Business aus der FREUDE daran kreieren würdest – was würdest du wählen? Was würdest du ändern? Was würdest du wählen, wenn du wüsstest, du kannst nicht scheitern? Business ist FREUDE, es ist Kreation, es ist generierend. Es kann das Abenteuer des LEBENS sein.

www.ingramcontent.com/pod-product-compliance
Lightning Source LLC
Chambersburg PA
CBHW010143270326
41928CB00018B/3238